Eine kulinarische Entdeckungsreise

DURCH MÜNCHEN, DIE OBERBAYERISCHE SEENLANDSCHAFT UND DAS ALTMÜHLTAL

Der Bierholer
MILCHHOF

Barbara Kagerer · Thomas Nehm · Johann Scheibner

Eine kulinarische Entdeckungsreise

DURCH MÜNCHEN, DIE OBERBAYERISCHE SEENLANDSCHAFT UND DAS ALTMÜHLTAL

UMSCHAU

INHALT

Inhalt

München
Oberbayerische Seenlandschaft
Altmühltal

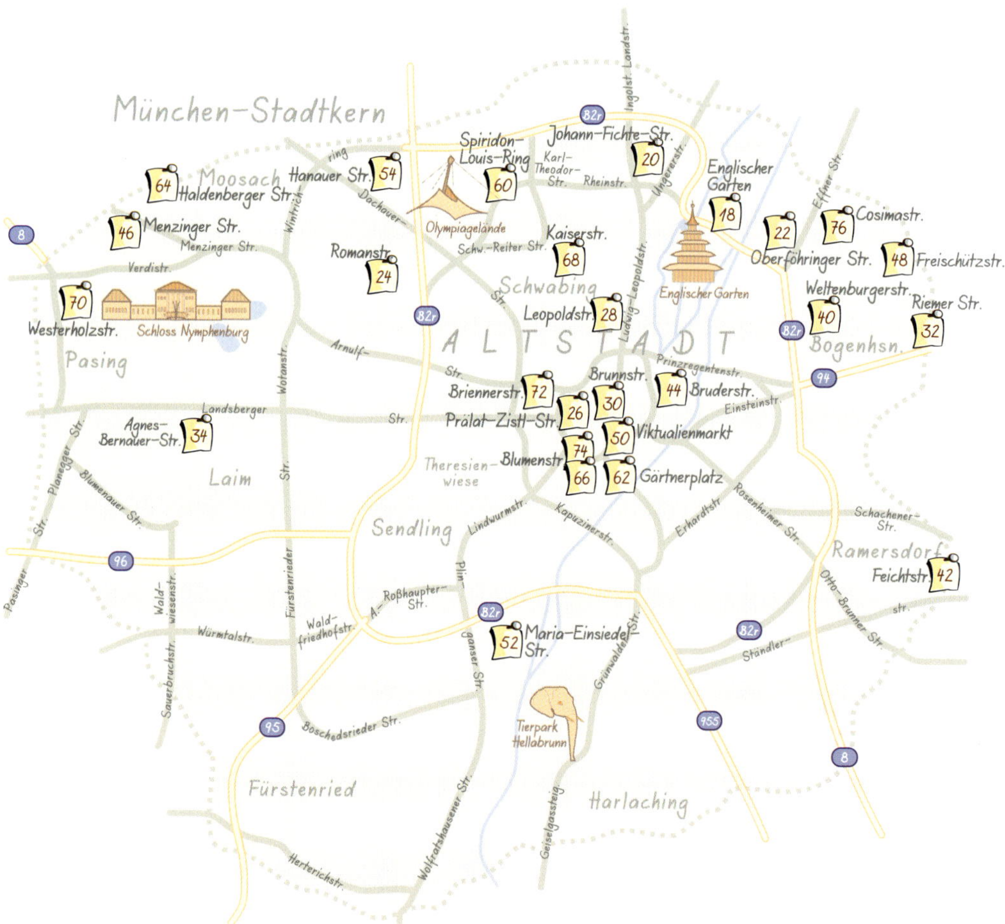

Die Zahlen 128 sind identisch mit den Seitenzahlen der einzelnen Betriebe in diesem Buch und bezeichnen ihre Lage in München, Oberbayerische Seenlandschaft und Altmühltal.

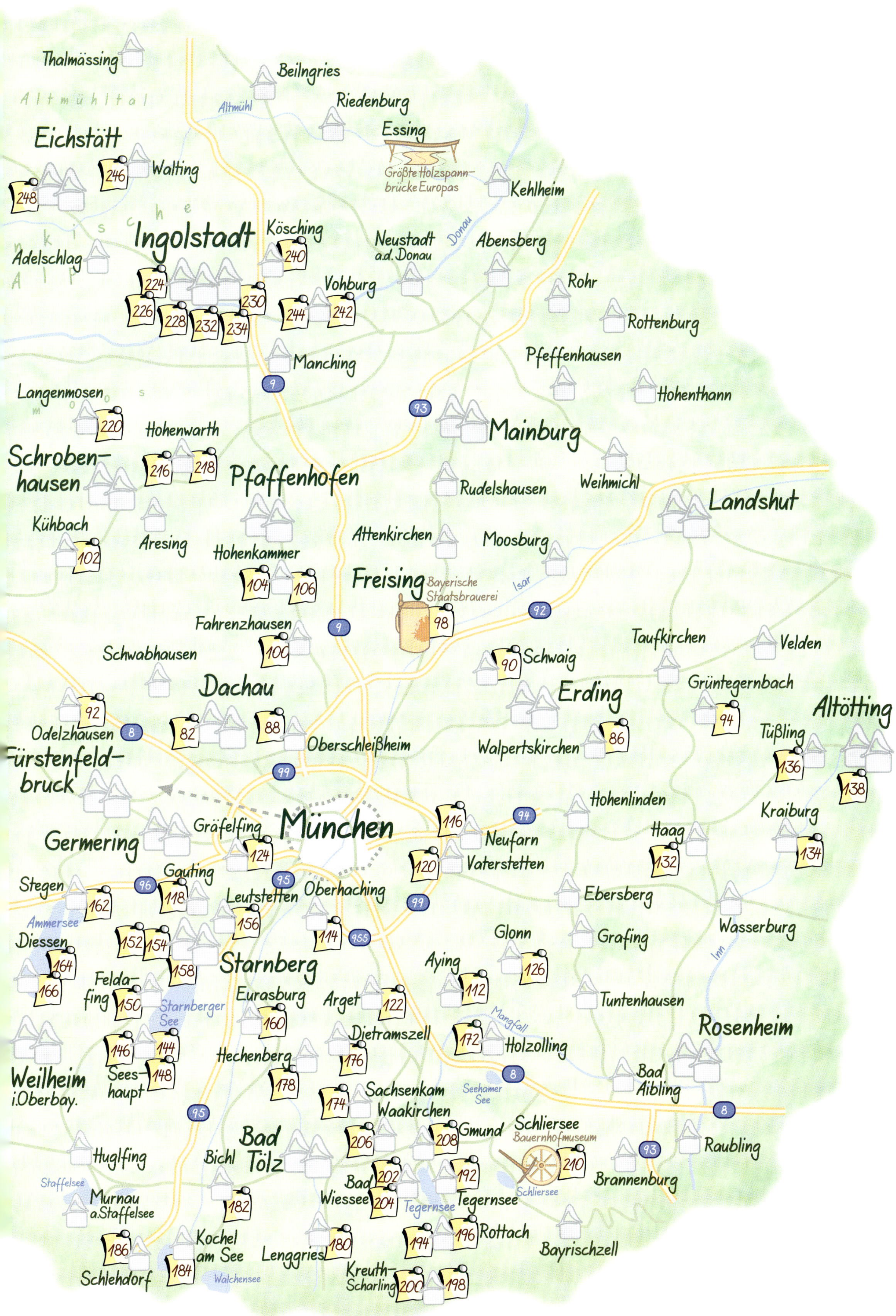
Thalmässing
Beilngries
Altmühltal
Altmühl
Riedenburg
Essing
Größte Holzspann-brücke Europas
Eichstätt
246
Walting
248
Kelheim
Ingolstadt
Kösching
240
Neustadt a.d. Donau
Donau
Abensberg
Adelschlag
224
226
228
232
234
230
244
242
Vohburg
Rohr
Rottenburg
Manching
9
Pfeffenhausen
Hohenthann
Langenmosen
220
93
Mainburg
Hohenwarth
Schroben-hausen
216
218
Pfaffenhofen
Rudelshausen
Weihmichl
Landshut
Kühbach
102
Aresing
Hohenkammer
104
106
Attenkirchen
Moosburg
Freising
Bayerische Staatsbrauerei
Isar
92
98
Fahrenzhausen
100
Schwabhausen
Taufkirchen
Velden
Schwaig
90
Dachau
Erding
Grüntegernbach
92
82
88
94
Altötting
Odelzhausen
8
Oberschleißheim
Walpertskirchen
86
Tüßling
Fürstenfeld-bruck
99
136
138
Hohenlinden
München
Gräfelfing
116
94
Neufarn
Kraiburg
Germering
124
Haag
120
Vaterstetten
132
134
Stegen
Gauting
96
95
118
162
Leutstetten
Oberhaching
99
Ebersberg
Ammersee
156
Diessen
152
154
114
955
Glonn
Grafing
Wasserburg
164
Inn
166
158
Starnberg
Aying
126
Felda-fing
150
Eurasburg
Arget
122
112
Tuntenhausen
Starnberger See
160
Mangfall
146
144
Dietramszell
172
Holzolling
Rosenheim
Weilheim i.Oberbay.
Sees-haupt
148
Hechenberg
176
178
8
Bad Aibling
Seehamer See
95
174
Sachsenkam
Waakirchen
8
Bad Tölz
206
208
Gmund
Schliersee
Bauernhofmuseum
Huglfing
Bichl
210
93
Raubling
Bad
202
192
Brannenburg
Staffelsee
Wiessee
204
Tegernsee
Tegernsee
Schliersee
Murnau a.Staffelsee
182
180
194
196
Rottach
Kochel am See
Lenggries
Bayrischzell
186
Kreuth-Scharling
200
198
184
Schlehdorf
Walchensee

Steg am Tegernsee

Diessen am Ammersee

Herbstlicher Almabtrieb

Geschichten will sie erzählen, diese Kulinarische Entdeckungsreise durch den schönsten Teil Bayerns mit seiner Landeshauptstadt München, den umliegenden Regionen mit ihren herrlichen Seen und ihren Anhöhen zum „Runterschauen". Eine Liebeserklärung an ein gar nicht so kleines Fleckchen Erde unter weiß-blauem Himmel, dass längst schon das beliebteste Reiseziel innerhalb Deutschlands ist. Und eine Liebeserklärung an seine Menschen mit ihrem unverwechselbaren Charakter, Dialekt und der ganz besonderen Lebensart.

München selbst leuchtet und leuchtet mit bekannter Sterneküche, traditionellen Wirtschaften, unzähligen Restaurants ausländischer Couleur und nicht zuletzt seinen „Italienern". „Schnell mal auf eine Nudel gehen", über den Viktualienmarkt zu schlendern oder zwanglos am Biergartentisch Platz zu nehmen, das macht die Hauptstadt der Lebenskünstler, Flaneure und Genießer aus. Rund um die bayerische Metropole behauptet sich trotz moderner Ansiedelungen noch immer die Zwiebelturmkirche im Dorf, und im Bierzelt spielt wie eh und je die Blasmusik.

Alljährlich im Sommer, wenn die Sonne gar zu arg herunterbrennt, dann heißt es „raus aus der Stadt". Zur Landpartie locken die fünf Seen zwischen Starnberg und Herrsching, das Mangfalltal, Tölzer Land und Isarwinkel. Tegernsee und Schliersee sind ganz nah, dort wo Tracht und Brauchtum zum Jahreskreis gehören und noch heute gelebt werden. Wogende Kornfelder und schattige Wälder bestimmen die prachtvolle altbayerische Landschaft in Richtung Inn und Salzach mit ihren Landgasthöfen, die zur Einkehr laden. „Hopfen und Malz, Gott erhalt's" heißt es in der Hallertau, auf dem Weg an die Bayerische Donau – mit einem Abstecher ins Altmühltal und in das Neue Fränkische Seenland.

Bayern tut gut: droben auf den Bergen in würziger Luft, am glasklaren Wasser, in einer urigen Hütte oder im Sternerestaurant. Hier Kulinarisches zu entdecken und dazu Geschichten zu erzählen, das war für uns eine schöne Aufgabe. Gerne wären wir oft gleich da geblieben. Dabei hat sich immer wieder bewahrheitet: „Essen und Trinken hält Leib und Seele zusammen."

Zur Beschreibung des Freistaates Bayern und seiner Landeshauptstadt München reichen lieb gewonnene Klischees von beschaulicher Idylle mit Tracht und Tradition, Blasmusik, Brezen und Bier längst nicht mehr aus. All das gibt es zwar glücklicherweise unverändert, aber München hat sich inzwischen zum erstrangigen europäischen Wirtschafts-, Technologie- und Medienstandort entwickelt. Wichtige Impulsgeber sind auch die Messe München und der neue Flughafen als „Drehkreuz des Südens". Natürlich mit entsprechend positiven Auswirkungen auf Gastronomie und Hotellerie.

Oktoberfest und Opernfestspiele, Hofbräuhaus und die Museumsmeile der Pinakotheken, innovative Autokultur von BMW – in direkter Nachbarschaft zur Konzernzentrale, zum werkseigenen Museum und zum Olympiagelände öffnet im Winter 2006/2007 die BMW Welt – dazu modernste Luft- und Raumfahrttechnik: Neu und Alt, Zukunft und Tradition, Technik und Biergartenkultur – in München sind das keine Widersprüche. Viel mehr basiert die Lebensart dieser Stadt, im Übrigen nach wie vor die beliebteste Deutschlands, gerade auf ihren unterschiedlichen Facetten: Kirchen und Paläste, Schlösser und Museen, Altstadt-Zauber, Märkte und Einkaufsstraßen, Parks und Flusslandschaften, Kunstgenuss und Feste, moder-

Olympiagelände mit dem weltberühmten
Zeltdach des Olympiastadions

nes Leben und junge Szene. Sie ist immer schon, und heute mehr denn je, eine Metropole der Kunst und der Wissenschaft, ein Ort mit Lebensqualität besonderer Art. So hat es auch bereits Thomas Mann in seiner berühmten München-Huldigung empfunden: „München leuchtete. Über den festlichen Plätzen und weißen Säulentempelchen, den antikisierenden Monumenten und Barockkirchen, den springenden Brunnen, Palästen und Gartenanlagen der Residenz spannte sich strahlend ein Himmel von blauer Seide, und ihre breiten und lichten, umgrünten und wohlberechneten Perspektiven lagen in dem Sommerdunst eines ersten schönen Junitages."
„Tor zum Süden" wird München gern genannt. Das macht das heitere Ambiente, die großartigen Zeugnisse namhafter Architekten, Komponisten und Künstler, die es schon vor Jahrhunderten von jenseits der Alpen nach München zog. Allein die Ludwigstraße entspricht italienischer Baukunst in Perfektion, der Königsplatz wiederum ist eine Hymne an die griechische Klassik und Schwabing ein Bekenntnis zu weltstädtischem Künstlertum. Die Münchner Boheme war jahrzehntelang ein Begriff zwischen Berlin und Paris, ihre Spuren sind heute noch zu finden. Denn München stand immer auch für Weltoffenheit, für ein Klima, das Künstlern und Wissenschaftlern gut bekommt. Schon im 19. Jahrhundert fanden hier auch Forscher ausgezeichnete Arbeitsbedingungen vor. Später lebten hier Genies wie Einstein, Röntgen und Heisenberg, Nobelpreisträger wie der Physiker Rudolf Mössbauer und der Chemiker Ernst-Otto Fischer. In der Universitätsstadt München hat eben auch die Vermittlung naturwissenschaftlicher und technischer Erkenntnisse Tradition. So entstand das weltberühmte Deutsche Museum, das 1903 von dem Ingenieur Oskar von Miller gegründet, noch heute seinesgleichen sucht.
Der Olympiapark mit seinen vielfältigen Veranstaltungen wie dem jährlichen 6-Tage-Rennen, den zahlreichen Rock- und Popkonzerten, dem Sommerfest hat seit Frühjahr 2006 eine neue Attraktion: Sea Life bietet in mehr als 30 riesigen Aquarien, wahlweise mit Süß- und Salzwasser gefüllt, völlig neue Einblicke in eine faszinierende Unterwasserwelt mit etwa 10000 Fischen und vielen anderen Meeresbewohnern. Besucher können zudem den Lauf der Isar von der Quelle im Karwendelgebirge über die Donau bis zum Schwarzen Meer und Mittelmeer verfolgen.
Mittelmeer-Feeling gibt es aber auch direkt an der Isar, zum Beispiel am „Flaucher" mit einem wunderbar weißen Strand, in unmittelbarer Nähe des Tierparks Hellabrunn. Zu verdanken ist dies der Renaturierung des ehemals alpinen Wildflusses Isaria Rapida in der Millionenmetropole. So entstand eine naturnahe Flusslandschaft, die genügend Raum für Erholung und Ruhe lässt: Freizeit in der Stadt.

RESTAURANT AM CHINESISCHEN TURM

Lust auf einen kleinen Spaziergang? Inmitten des wundervoll angelegten Englischen Gartens zu München warten Genüsse für Leib, Seele und Geist. Gemütlich und entspannt durch den größten Stadtpark der Welt zu flanieren und danach in das Restaurant am Chinesischen Turm einzukehren, das gehört wohl zu den Höhepunkten eines jeden Besuchs in der Isarmetropole.
Lichtdurchflutete, großzügige Räume stimmen heiter und die mediterrane Atmosphäre lässt an den letzten Urlaub denken. Im Sommer, wenn die Terrasse geöffnet hat, schaut der Gast über den berühmten Biergarten direkt auf den in seiner Art einzigartigen „Chinesischen Turm", eine frühere Aussichts- und Musikpagode, die auch heute noch von Zeit zu Zeit von Blasmusikanten bespielt wird. Wirtin Anneliese Haberl setzt in ihrem Küchenkonzept auf leichte, traditionsbewusste Kost, gern international verfeinert.
Küchenchef Rusty Simoneit zaubert zusammen mit seinem Sous-Chef kulinarische Leckerbissen wie Karotten-Ingwersuppe mit Scampis und Zitronengras. Als Hauptgang locken phantasievolle Kreationen wie gebratener Zander auf Kartoffelrösti, Blattspinat und Schalottenbutter oder ein exotisches Thai-Curry von Edelfischen mit Frühlingslauch, Kirschtomaten, Sojasprossen und Duftreis. Den krönenden Abschluss bildet beispielsweise eine Himbeer-Vanilletarte mit Papayamark und Früchten. Das Geschmackserlebnis lässt sich stilvoll mit der Wahl eines erfrischenden Weißen oder charaktervollen Roten aus der reichhaltigen Weinkarte abrunden, die für jeden Geschmack etwas bereit hält. Das

Restaurant am
Chinesischen Turm
Pächterin: Anneliese Haberl

Englischer Garten 3
80538 München

Telefon 0 89 / 38 38 73 - 27
Telefax 0 89 / 38 38 73 - 73

Restaurant bietet zusätzlich täglich wechselnde Lunchteller als preiswerte Mittagsalternative an.
Kultur wird im Restaurant am Chinesischen Turm groß geschrieben und so avancierte es zu einer festen Institution in der Münchner Szene: Wechselnde Ausstellungen von Münchener Künstlern sowie besondere Eventreihen mit historischen oder literarischen Themen machen den Aufenthalt nicht nur zu einem kulinarischen Erlebnis. Auch rund ums Restaurant gibt es immer wieder Neues zu entdecken: Jedes Jahr am dritten Juli-Sonntag findet ab 6.00 Uhr morgens traditionell der historische „Kocherlball am Chinaturm" unter freiem Himmel statt. Im Advent, wenn der Englische Garten mit seinen schneebedeckten Baumwipfeln märchenhaft fürstlich aussieht, lockt Münchens romantischster Christkindlmarkt zu einem stimmungsvollen Rundgang. Apropos fürstlich: Schon Kurfürst Karl Theodor tafelte mit seiner Hofgesellschaft in der „Chinesischen Wirtschaft". Damals wie heute gehört auch die Pferdekutsche mit zum Bild des Englischen Gartens. Eine Kutschfahrt durch den über 200 Jahre alten Volkspark und anschließend ein köstliches Menü aus dem Restaurant – ein wahrhaft fürstliches Erlebnis. *(bk)*

Gebratener Thunfisch in Sesam-Mantel mit Grapefruitfilet und Zucchinigemüse

Zutaten
4 Tranchen Thunfischfilets ohne Haut (180 g)
je 100 g schwarzer und weißer Sesam
1 Zitrone
1/2 Bund Dill
Salz, Pfeffer

Gemüse
2 mittelgroße Grapefruits, 8 Cherry-Tomaten, 8 Mini-Zucchini, 50 g Butter, Salz, Pfeffer

Reis
250 g Basmatireis, 300 ml Wasser, 1/2 Zwiebel, 20 ml Olivenöl, 1 Lorbeerblatt, Salz, 1 EL Butter

Pesto
40 g Basilikumblätter, 20 g Petersilienblätter, 120 ml Olivenöl, 1 EL geröstete Pinienkerne, 1/2 Knoblauchzehe, fein gehackt, Salz, Pfeffer, 2 Tropfen Tabasco, 1 EL geriebener Parmesan

Zubereitung
Thunfischfilets mit Salz, Pfeffer und dem Saft einer halben Zitrone würzen. In gemischtem Sesam wenden und in einer Pfanne mit Olivenöl auf kleiner Hitze beidseitig ca. 3 Minuten braten. Wer den Fisch durchgebraten vorzieht, kann die Garzeit um einige Minuten verlängern. Die restliche halbe Zitrone in Scheiben schneiden und mit Dill garnieren.
Grapefruitschale mit einem Messer bis zum Fruchtfleisch entfernen und zwischen der Haut die Filets herausschneiden. Cherry-Tomaten in kochendes Wasser geben, ca. 10 Sekunden blanchieren, in eiskaltem Wasser abschrecken und die Haut abziehen.
Mini-Zucchini im gleichen Wasser ca. 4 Minuten bissfest blanchieren und abschrecken. Gemüse in einer Pfanne in Butter schwenken, abschmecken.
Für den Reis Öl im Topf leicht erhitzen, halbe Zwiebel am Stück mit dem Reis leicht glasig anschwitzen, mit Wasser aufgießen, Gewürze dazu geben und zugedeckt bei kleiner Hitze ca. 20 Minuten dünsten lassen. Ab und zu umrühren. Nach Ende der Garzeit Lorbeerblatt und Zwiebel entfernen. Zum Schluss Butter mit einer Gabel vorsichtig unterheben.
Für das Pesto Basilikum- und Petersilienblätter waschen, trocken tupfen, mit Öl und den übrigen Zutaten im Mixer fein pürieren und abschmecken.

RESTAURANT TANTRIS

Kult ist es und so soll es auch bleiben: Münchens erste Adresse für höchsten Genuss ist seit über 30 Jahren das Tantris. Das exklusive Ambiente des Sternerestaurants wurde im vergangenen Jahr originalgetreu aufwändig renoviert, der kultige Stil der 70er Jahre bewahrt. Hummerrot und trüffelschwarz sind die dominierenden Farben, ein feiner, in der Schweiz neu gewebter orangener Teppich ziert die Decke, die goldgelben bauchigen Lampen haben ihren Charme nicht verloren. Neu ist die „Tantris-Lounge", die auf einer Galerie oberhalb der Bar eingerichtet wurde und die Möglichkeit bietet, in stilvoller Umgebung einen gepflegten Aperitif zu genießen, bevor einen die lukullischen Köstlichkeiten der Tantris-Küche in Hochstimmung versetzen. Für Gäste, die lediglich in der Lounge bleiben wollen, erdachte der gebürtige Tiroler und Sterne-Koch Hans Haas „Edel-Finger-Food", an dem man sich in den tiefen schwarzen Ledersesseln ungeniert ohne Messer und Gabel erfreuen kann. Er kreiert feinste Teigtaschen, in Form von Tüten, gefüllt mit Thunfischtartar, Krustentierpastete oder frischem Gemüse – der Inhalt ist immer eine Überraschung. Dies zeigt er auch in seiner eigenen Münchner Kochschule. Champagner, Wein und edle Tabakwaren runden den angenehmen Lounge-Besuch ab und laden ein zum unkomplizierten Wiederkommen.

Die Gartenterasse des Gourmet-Tempels bietet zudem eine exklusive Atmosphäre für alle diejenigen, die gastronomische Spitzenklasse im Sommer auch einmal unter freiem Himmel erleben wollen. 50 Gäste finden inmitten asiatisch anmutendem Ambiente Platz und können in gepflegtem Grün nicht nur die exquisiten Gerichte genießen, son-

Restaurant Tantris
Küchenchef: Hans Haas

Johann-Fichte-Straße 7
80805 München

Telefon 0 89 / 36 19 59 - 0
Telefax 0 89 / 36 19 59 - 22

Ruhetage: Sonntag und Montag

dern auch den Spitzenservice des Mitarbeiter-Teams, für den nach wie vor der Elsässer Maître Dominique Metzger verantwortlich zeichnet.
Durch die Renovierung des Tantris hat sich nichts an Küche, Service und Flair geändert: Hans Haas verwöhnt mit seinen ideenreichen, frischen, naturbelassenen und raffinierten Gerichten weiterhin Feinschmecker aus nah und fern. „Küche muss schmecken" ist seine Devise, passend zur Tantris-Philosophie. Und die hängt unübersehbar in großer Schrift an der Wand: „Fröhlich, freudig, feurig". Dazu berät Deutschlands Spitzensommelière Paula Bosch bei der Auswahl der passenden Weine, ausnahmslos edle Tropfen, von denen das Tantris rund 70 000 Flaschen in zwei Weinkellern bereit hält. Hinzu kommt noch ein schier unglaubliches Sortiment an Digestifs, die den Besuch des Restaurants zu einem wahrhaft unvergesslichen Erlebnis machen. Dem Schöpfer des Tantris, Unternehmer Fritz Eichbauer, ist es unstreitig gelungen, seinen „Traum eines Treffpunkts für wahre Genießer" wahr zu machen und ihn auch über viele Jahre bis zum heutigen Tage hinweg zeitlos zu verwirklichen. *(bk)*

Geschmorte Roulade vom Kalbsbackerl mit Gemüse und Lauchpüree

Zutaten
4 Kalbsbackerl, ca. 500–600 g

Füllung
200 g Karotten, 80 g Sellerieknolle, 60 g Sauerkraut, 4 Cornichons (kleine Gurken) in Stifte geschnitten, TL Senf, 1 TL Meerrettich aus dem Glas, 1 TL fein geriebene rohe Kartoffel, Salz, Pfeffer, 8 Scheiben Bauchspeck, dünn geschnitten, etwas Senf

Ansatz für die Roulade
2 Karotten geschält, halbiert und in 2–3 cm große, schräge Stücke geschnitten, 80 g Sellerieknolle, geschält, 1 Zwiebel, 8 kleine Schalotten, 1 Knoblauchzehe, 2 Tomaten aus der Dose, ca. 150 ml Weißwein, 1 Hand voll Eis, 15 Pfefferkörner, 15 Senfkörner, 1 Zweig Thymian, etwas Rosmarin, 1 Lorbeerblatt, 1 kleine rohe Kartoffel, fein gerieben 750–1000 ml Kalbsjus oder Brühe

Zubereitung
Karotten und Sellerieknolle schälen und in ca. 5 mm dicke Stifte schneiden, kurz andünsten und auskühlen lassen. Mit den übrigen Zutaten gut vermischen, mit Salz und Pfeffer würzen.
Die Kalbsbacken mit dem Schmetterlingsschnitt aufschneiden (ganz vorsichtig, damit keine Löcher entstehen), etwas salzen, pfeffern, mit wenig Senf bestreichen und die Speckscheiben darauf legen. 1–2 EL von der Fülle darauf geben, die beiden Enden vom Fleisch einschlagen, zusammenrollen, in etwas Schweinenetz einschlagen und mit einem Kochbindfaden zur Roulade binden. Danach mit Salz und Pfeffer würzen. In einem Topf etwas Öl und Butter heiß werden lassen, die gewürzten Rouladen hineingeben und von allen Seiten goldgelb anbraten. Das Gemüse dazugeben, kurz mitrösten, dann mit den Tomaten kurz durchschwenken. Den Topf vom Herd nehmen und eine Hand voll Eis dazugeben, ca. 3–5 Minuten stehen lassen. Anschließend die Gewürze dazu, mit dem Kalbsfond oder der Brühe auffüllen, die Kartoffel hinein reiben. Wieder auf die Platte stellen, kurz aufkochen, dann langsam köcheln lassen bis sie schön weich werden. Wenn nötig, ab und zu mit etwas Fond oder Wasser aufgießen. Sind die Rouladen fertig gegart, zusammen mit dem Gemüse herausnehmen.
Das Fleisch von den Fäden befreien, in einen Topf legen und das Gemüse darüber streuen. Die Sauce durch ein feines Sieb darüber passieren, wenn nötig nochmals abschmecken. Die Rouladen einmal kurz aufkochen, auf dem Gemüse mit dem Lauchpüree in einem tiefen Teller anrichten und mit der Sauce nappieren.

FREISINGER HOF

Freisinger Hof
Inhaber: Karl Wallisch

Oberföhringer Straße 189
81925 München

Telefon 0 89 / 95 23 02
Telefax 0 89 / 9 57 85 16

Österreich trifft ... Bayern. Wo? Am Hochufer der Isar, auf dem Weg von der Münchner Innenstadt in Richtung Flughafen, liegt das Hotel-Restaurant Freisinger Hof, seit gut zehn Jahren bei der Familie Wallisch in besten Händen. Der Chef, Karl Wallisch, ist gebürtiger Salzburger und so kommt es nicht von ungefähr, dass sich im Freisinger Hof österreichische und süddeutsche Kochkunst nicht nur stimmig ergänzen, sondern höchstes Niveau erreichen.

Die auffallend vielen Stammgäste von überall her wie auch die Prominenz und Medienwelt des nahe gelegenen Nobel-Stadtteils Bogenhausen schätzen die entspannte, gemütlich-alpenländische Atmosphäre. Herumgesprochen hat sich besonders die Wiener Rindfleischküche, die Karl Wallisch aus dem Effeff beherrscht. Wo sonst noch gibt es täglich in Perfektion frisch Gekochtes vom Mastochsen wie Beinfleisch, Schulterscherzel, Ochsenbrust, Weißes Scherzel, Rinderzunge und Tafelspitz aus dem Kupferkessel, auf der Zunge weich zergehend, mit Wurzelgemüse und Apfelkren. Auch wegen des Steirischen Backhendls, mit Petersilienkartoffeln und Salat stilecht im Körbchen serviert, machen sich viele Österreich-Liebhaber auf, um in der hellen Gaststube im Landhaus-Dekor mit historischen Bildern und herrlichem Blumenschmuck an den großzügigen Tischen Platz zu nehmen. Der warme Topfen-Marillenknödel mit Nussbrösel und Zimteis kann von keinem anderen Dessert des Hauses getoppt werden. Neben einem großen Angebot an österreichischen Tropfen gibt es noch eine kleine internationale Wein-Auswahl, und ein Stamperl mit den aromatischen steirischen Obstbränden – Vogelbeere, Holunder oder Gravensteiner Äpfel – gehören zur angenehmen Pflicht nach den nicht gerade kleinen Portionen.

Hinterm Haus, ganz ruhig und weg von der Straße, ist im Sommer der kleine Biergarten geöffnet. Da kann von einer Extra-Karte gewählt werden, dazu das süffige Bier des Grafen Moy aus Freising. Die 13 Zimmer, im Haupthaus oberhalb des Restaurants gelegen, haben Zuwachs bekommen: Seit dem Frühjahr 2006 steht neben dem alten, natürlich längst renovierten Gebäude von 1875 ein nagelneues Vier-Sterne-Hotel mit 30 Zimmern, vier Suiten und vier zeitgemäßen Familienzimmern, wie gewohnt kompetent betreut von der Familie Wallisch und den überaus freundlichen Mitarbeitern, die dem Freisinger Hof, dem Beispiel der Gäste folgend, schon ganz lange die Treue halten. *(bk)*

Zanderfilet mit Pfifferlings-Gulasch

Zutaten

Zander

4 Zanderfilets
Salz
Pfeffer
Olivenöl
Butter
Zitronenthymian

Pfifferlingsgulasch

1/2 kg Pfifferlinge
2 rote Paprikaschoten
2 Schalotten
1 Knoblauchzehe
1/2 l Sahne
1/4 l Geflügelfond
Olivenöl
1 EL geschlagene Sahne
Salz, Pfeffer
Kümmel gemahlen

Zubereitung

Die Zanderfilets säuberlich schuppen, entgräten und mit Salz und Pfeffer würzen.
Anschließend auf der Hautseite in wenig Olivenöl kross braten, zum Schluss ein Stück kalte Butter und frischen Zitronenthymian dazugeben.
Fein geschnittene Paprika, Schalotten und Knoblauch in Olivenöl anschwitzen. Geflügelfond und Sahne aufgießen, würzen und 20 Minuten leicht köcheln lassen. Danach aufmixen und durch ein feines Sieb passieren. Die gut gesäuberten Pfifferlinge in Olivenöl sautieren, salzen, pfeffern und mit fertiger Paprikasauce aufgießen. Vor dem Servieren eventuell einen EL geschlagene Sahne unterziehen.
Den Fisch mit der schäumenden Butter mehrmals übergießen und auf dem Pfifferlingsgulasch anrichten.

ROMANS

Romans

Küchenchef: Walter Augscheller

Romanstraße 1
80639 München

Telefon 0 89 / 1 68 98 98
Telefax 0 89 / 1 67 55 67

Italienische Momente zu verspüren – das ist immer etwas Sinnliches. Im Romans, seit Herbst 2000 gastronomischer Anziehungspunkt im Stadtteil Neuhausen, können die von „ihren Italienern" sehr verwöhnten Münchner solche besonderen Momente jeden Tag erleben und in Vollendung genießen.
In unmittelbarer Nähe des Rondells Neuwittelsbach, dem Herzstück der gleichnamigen und großbürgerlich-vornehmen Villenanlage im Stadtteil Nymphenburg, 1880 errichtet, steht das denkmalgeschützte Eckhaus, in dem sich das hochherrschaftlich anmutende Restaurant befindet. Das Romans hat seinen festen Platz in der gehobenen italienischen Küche und ist der Szenetreff für italophil geprägte Menschen. Wer die hohen, geschmackvoll eingerichteten Räumlichkeiten an der Nymphenburger- respektive Romanstraße betritt, wird erst einmal persönlich vom professionellen Personal aufs Freundlichste begrüßt. Grund genug, sich sofort heimisch zu fühlen. Eben ein typisch italienisches Ristorante.
Mit einem dampfenden Caffé Latte beginnt schon der Tag, denn das Romans öffnet samstags, sonntags und an Feiertagen bereits morgens um 10 Uhr zum Frühstück seine Pforten. An allen anderen Tagen präsentiert der Südtiroler Küchenchef Walter Augscheller ab 11.30 Uhr seine vielseitige Mittagsmenü-Karte, die täglich wechselt. Das

aktuelle Tagesangebot steht noch einmal extra auf großen Schiefertafeln und ist nach Markt und Saison ausgerichtet. Abends dann klingen die exquisiten und authentischen Gerichte aus der Küche so: „In Meersalz eingelegtes Entenbrustcarpaccio mit mariniertem Kürbis", „Gegrillte Gambas auf Tomatenbeet" oder „Gnocchetti Sardi mit Maronenpilzen und Salsiccia". Phänomenal auch die „Dolci": „Ligurische Apfeltarte mit hausgemachtem Vanilleeis", „Lauwarmer Schokoladenauflauf mit Rumobst" oder, ganz profan, eine „Crème Brulée", die ganz und gar nicht profan schmeckt. Die Weine stammen aus den verschiedensten Weinanbaugebieten Italiens, wie dem Friaul, Piemont oder Sardinien und bringen Weinkenner zum Schwärmen. Beim Prosecco an der Bar lohnt sich das Warten auf einen freien Tisch allemal.

Draußen im milden Sonnenlicht sitzt die Neuhauser und Nymphenburger Nachbarschaft gerne bei Pasta und Vino im schönen Sommergarten. Besonders hier lässt Italien in seiner ganzen floralen Vielfalt grüßen: Toskanische Töpfe und Tröge, mediterran bepflanzt mit Blumen, Sträuchern und Bäumchen, lassen beinahe vergessen, dass man nicht in Florenz, sondern in München ist. *(bk)*

Rehrückenfilet gebraten auf Petersilienwurzelpüree mit Piopini

Zutaten

600 g Rehrücken
Salz, Pfeffer, Butter, Gewürze
300 g Piopini (Pilze)
etwas Olivenöl
700 g Petersilienwurzeln
1 Zwiebel
2 Bund Blattpetersilie
Salz, Pfeffer, Muskat
400 ml Gemüsebrühe
8 EL Olivenöl
400 ml Sahne
400 ml weißer Portwein
1 Glas Wildfond
200 ml roter Portwein
1 Thymianzweig
Salz, Pfeffer, Butter

Zubereitung

Rehrücken würzen und in einer Pfanne in Butter anbraten, danach im auf 180 °C vorgeheizten Ofen 7–8 Minuten weitergaren. Herausnehmen und an einem warmen Ort 10 Minuten ruhen lassen. Piopini in Olivenöl anbraten und würzen.

Für das Petersilienwurzelpüree die Zwiebeln in Olivenöl goldgelb anschwitzen, Petersilienwurzeln kurz anbraten, mit Portwein ablöschen sowie Brühe, Sahne und Gewürze dazugeben. Anschließend 45 Minuten einkochen lassen. Im Mixer pürieren und ganz zum Schluss die ebenfalls pürierte Petersilie untermischen.

Für die Sauce Wildfond einreduzieren, roten Portwein und Thymianzweig dazugeben, mit Salz und Pfeffer abschmecken und zum Schluss mit Butter montieren.

Rehrücken auf dem Petersilienwurzelpüree, Piopini und der Sauce auf einem Teller anrichten.

DER PSCHORR

Der Pschorr
Küchenchef: Peter Lamy

Viktualienmarkt 15
80331 München

Telefon 0 89 / 51 81 85 00
Telefax 0 89 / 51 81 85 45

Lange hat ganz München darauf warten müssen, aber dann, im Herbst 2005, öffnete die Schrannenhalle auf dem ehemaligen Getreideumschlagplatz direkt am Viktualienmarkt ihre Pforten. Vor 150 Jahren schon ein Meisterwerk der Architektur mit viel Glasflächen und filigranen Elementen aus Gusseisen, ist sie heute, verwurzelt in der Geschichte, gleichzeitig modern, lebendig und offen für alles Neue. Einfach ein Stück München. „Leben und leben lassen", das hat in der bayerischen Landeshauptstadt schon immer Tradition und nirgends gilt dies mehr als im Wirtshaus Der Pschorr, nicht nur rein optisch das Flaggschiff der neuen alten „Schranne".
Benannt nach der „Brauer-Ikone" Joseph Pschorr ist Der Pschorr eine „gestandene", aber zugleich auch eine junge und zeitgemäße Wirtschaft mit Münchner Bierkeller-Atmosphäre, die ihr Bier nach alter Manier im Holzfass im unterhalb gelegenen Gewölbe auf Stangeneis kühlt. Gekocht wird erst mal – aber nicht immer – deftig: Küchenchef Peter Lamy schreibt auf die täglich wechselnde Speisekarte kräftige Suppen mit verschiedensten Einlagen und Spezialitäten wie Schönacher Hendl in Blaufränkisch geschmort, vom Schmankerlstand allerlei Terrinen, Pasteten und Geräuchertes oder als Dessert Zwetschgenbavesen mit Staubzucker. Besucher aus aller Welt, Münchner Originale, Geschäftsleute und Studenten, alle sind sie beim Essen und Trinken vereint unter dem hohen Gewölbe mit seinen riesigen Sprossenfenstern und wuchtigen Steinpfeilern. Auf federnden Eichendielen stehen massive Stühle und Tische, die dunkle Eichenholz-

vertäfelung verleiht dem stattlichen Gastraum zudem eine ganze Menge bayerisch-barocker Imposanz. Eine stolze Treppe führt obendrein hinauf auf die Empore, von dort schaut der Beobachter hinunter auf das lebhafte Treiben und Flanieren.
Überraschend öffnet sich im zweiten Stock der edel ausgestattete Theresiensaal mit silbernen Kerzenleuchtern auf den Fensterbänken rundum, gedacht für feine Empfänge und noch feinere mehrgängige Menüs, vom patenten Küchenchef ersonnen. 200 Personen finden an den großen runden Tischen Platz. Von hier aus bietet sich der schönste Panoramablick über den Viktualienmarkt, mit dem Maibaum in der Mitte, dahinter die eindrucksvolle Stadtsilhouette mit ihren prächtigen Fassaden und aufragenden Türmen.
Für ausgelassene Feiern empfiehlt der Wirt Jürgen Lochbihler mit seiner Wirtin Inka Militzer den urigen Bierkeller, und im Sommer ist die Terrasse mit ausgewiesenem Biergartenflair mitten „am Markt" anzusteuern, um sich mit einem kühlen, frisch gezapften Hacker-Pschorr Edelhell vom Holzfass und einer echten Brotzeit zu stärken. In diesem Wirtshaus begegnen sich Gegensätze, Kulturen, Weltanschauungen und damit Menschen, die ihr Leben zu genießen wissen. *(bk)*

München

Zanderfilet mit geräucherter Flusskrebskruste auf Lauchrisotto

Zutaten Zanderfilet
400 g Zanderfilet mit Haut
Sojasauce
10 frische Flusskrebse, gekocht, gewürfelt
1 EL Koriandergrün, gehackt
50 g Speck
100 g Lachsfarce
Fleur de Sel, Pfeffer aus der Mühle
Öl zum Braten

Zubereitung
Das Zanderfilet in vier gleich große Portionen schneiden und mit etwas Sojasauce marinieren. Für die Kruste alle Flusskrebse mit einem EL Sojasauce und Koriandergrün, Speck und Lachsfarce gründlich vermengen und mit Salz und Pfeffer abschmecken. Die Zanderfilets mit Küchenpapier trocken tupfen, auf der hautlosen Seite 1 cm dick mit Flusskrebsmasse bestreichen. Die Filets zuerst mit der Hautseite in einer vorgewärmten, beschichteten Pfanne mit etwas Öl bei mittlerer Hitze kross anbraten, vorsichtig wenden und 1 Minute auf der bestrichenen Seite weiterbraten. Anschließend die Pfanne mit dem Fisch in den auf 180° C vorgeheizten Backofen schieben und 6-8 Minuten im Ofen lassen. Dazu passt Lauchrisotto.

FLEMING'S

Fleming's
Hotel & Restaurant
Direktor: Knut Anton Werner

Leopoldstraße 132–134
80804 München

Telefon 0 89 / 20 60 90 - 0
Telefax 0 89 / 20 60 90 - 999

Es heißt, in Bayern gehen die Uhren anders. Die Münchner glauben, dass in ihrem Stadtteil Schwabing die Uhren obendrein noch einmal anders gehen. Diese Meinung hat sich Direktor Knut Anton Werner und sein Team bei der Planung des Fleming's in München-Schwabing zu eigen gemacht und bietet mit dem neuen Hotel in der Leopoldstraße nicht nur außergewöhnliche Logis, sondern auch eine außergewöhnliche Gastronomie: Traditionen, die Neues einschließen. Das Hotel bietet 166 Zimmer und Suiten, die im postmodernen Design und mit innovativer Eleganz – wie übrigens das gesamte Haus – Tag und Nacht behaglichen Aufenthalt garantieren. In den vier Konferenzsuiten mit multimedialer Technik ist komfortables Tagen erlaubt. Luxuriöses Ambiente auch im Spa mit allem, was dazu gehört: Sauna, Dampfbad, Solarium und Fitnessraum. Der Begriff Spa stammt übrigens aus der antiken römischen Badekultur: „Sanus per aquam", übersetzt „Gesund durch Wasser".
Brasserie, Restaurant und Delikatessenladen sind die kulinarischen Säulen im Fleming's. Im Traiteur- und Deli-Laden, hier macht allein das Wort schon Appetit, gibt es alles von der Speisekarte – und ein bisschen mehr –

zum Mitnehmen: Baguette-Sandwiches, reich belegt mit Mailänder Salami, Schinken, Roastbeef, Büffelmozzarella oder Räucherlachs, italienische Antipasti, Salate, Brot und Butter, Säfte, Pasta, Nudelsaucen, Desserts und Kuchen inklusive eines Angebots von über 50 Flaschenweinen, Champagner und Spirituosen, ja sogar Zigarren – die frischen Brötchen zum sonntäglichen Frühstück inbegriffen. Wer mag, kann gleich das passende Designer-Tischgeschirr dazu mit nach Hause nehmen.

Das Fleming's ist nicht nur für durchreisende Hotelgäste attraktiv. Die lockere Atmosphäre und der gelungene Mix aus französischer Brasserie, Restaurant, Weinbar und Smoker's Lounge erfreuen auch die Schwabinger und versetzen sie in die lockeren Zeiten der Künstler und der Boheme zurück. Lebensfroh und unkompliziert sind Küche und Service. Das extravagante Speisenangebot ist fein, leicht, schnell und bequem in der Brasserie einzunehmen, am Abend diniert man dort stilvoll. Das Weinprogramm zeigt Klasse statt Masse, und die geschulten und professionellen Mitarbeiter beraten gerne bei der Auswahl. Auch die regionale Küche kommt im Fleming's nicht zu kurz: Täglich wird etwas Typisches der hiesigen Kochkunst offeriert, am liebsten serviert auf der Sommerterrasse oder im Biergarten im schönen Innenhof. Alles in bester Art und Weise. Vielleicht ein bisschen eleganter und ein wenig legerer, anders halt. *(bk)*

Gegrilltes Zanderfilet mit Pinienkernen, Koriandersauce und Kartoffelgratin

Zutaten

Zanderfilet
4 Zanderfilets à 160 g mit Haut
40 g Butter
40 g Olivenöl
Salz, Pfeffer aus der Mühle
80 g Pinienkerne
1 Glas Fischfond
200 g Sahne
40 g Koriander, sehr fein gehackt
Weißwein

Kartoffelgratin

40 g Butter
3 Eigelbe
6 Kartoffeln
80 g Crème fraîche
250 ml Milch
2 Knoblauchzehen
Salz, Pfeffer
150 ml Sahne
Muskat

Zubereitung

Fischfilets säubern und mit Küchenkrepp gut abtrocknen. Butter-Öl-Mischung in einer Pfanne rasch erhitzen. Die Filets auf der Hautseite mehlieren und nur auf dieser Seite kross braten. Aus der Pfanne nehmen und auf der Hautseite liegend bei milder Hitze im Backofen fertig garen. Die Pinienkerne trocken goldbraun rösten. Fischfond in der Bratpfanne erhitzen, die Sahne zugeben und einkochen lassen. Koriander beifügen, alles kurz aufkochen. Weißwein dazugeben und auf eine cremige Sauce reduzieren, salzen und pfeffern.

Das Eigelb mit der Milch, der Crème fraîche und der Sahne verquirlen. Anschließend mit Pfeffer, Salz und Muskatnuss würzen. Eine Auflaufform (ca. 20 cm Durchmesser) mit Butter und gepresstem Knoblauch einreiben. Die Kartoffelscheiben in ca. 2 mm dicke Scheiben schneiden und in einer Lage dachziegelförmig im Kreis anordnen. Anschließend die Kartoffeln ganz mit der Flüssigkeit bedecken. In Scheiben geschnittene Knoblauchzehen darüber verteilen und im vorgeheizten Backofen auf 175 °C ca. 35–45 Minuten fertig garen, bis es goldbraun ist. Koriandersauce als Spiegel auf den warmen Teller geben, Pinienkerne darüber streuen. Das Zanderfilet mit Salz und Pfeffer würzen, darauf legen und mit dem Kartoffelgratin anrichten.

Willkommen im Paradies. Ein Paradies für Profiköche, Hobbyköche und all diejenigen, die ziemlich genau wissen, dass zum guten Kochen auch gutes Handwerkszeug vonnöten ist. Vor nunmehr 20 Jahren eröffnete Erika Weissmann ihren kleinen, aber hochspezialisierten Laden Küche & Bar im Münchner Hackenviertel, nur einen Katzensprung von den großen Einkaufsmeilen der Innenstadt entfernt. Ein Fachgeschäft der besonderen Art, deren es nicht mehr viele gibt.

Die Fundgrube für außergewöhnliches Kochzubehör und Bar-Equipment schlechthin, das wunderbare Geschäft ist schon lange kein Geheimtipp mehr. Schon gar nicht für Spitzenköche, die sich hier mit den hochwertigsten Kochutensilien ausstatten, die für ihre Arbeit unerlässlich sind. So manch bekanntes Gesicht der Großen Küche beginnt zu leuchten, wenn der Blick auf blitzende Pfannen, Töpfe und Bräter aus Edelstahl, Gusseisen oder Kupfer fällt. An den Wandgittern Schöpflöffel in allen Größen, Passiersiebe, Hummerzangen, Fischpinzetten, in den Regalen Mandolinen, Gemüse- und Spagettischneider, Kuchenförmchen und Patisserieschälchen in verschiedenen Formen und Ausführungen, all dies stapelt sich wie in einer Puppenküche bis unter die Decke.

Espressomaschinen, Speiseeisbereiter, Woks, Kasserollen, Pastetenformen und Vorratsdosen in allen Varianten, Textiles wie Topfhandschuhe oder Küchentücher – das Sortiment scheint unendlich und wächst trotzdem immer weiter. Küche & Bar wird mittlerweile von über 130 Lieferanten aus aller Welt bestückt, und es gibt wirklich rein gar nichts, was es nicht gibt. Ein Tisch voller Messer, japanische, klassische und welche mit besonderem Design werden da präsentiert, zum Ausbeinen, Filetieren oder ganz einfache zum Gemüseputzen. Und ein französisches Austernmesser mit Holzgriff und einem Schutzhandschuh dazu, um sich beim Öffnen der Schalen nicht zu verletzen. Die vielen hilfreichen Kleinigkeiten wie Pfeffer- und Muskatmühlen, Ingwerreiben, Öl- und Essigsprüher stehen wie von ungefähr zwischen Nudelmaschinen, Brotkörben und Butcher-Block.

In der Abteilung „Bar" hört es natürlich ebenfalls nicht beim Korkenzieher- und Flaschenöffner-Angebot auf. Weinthermometer, Dekantierkaraffe, Garnierwerkzeug, Eiswürfelbereiter und Ice-Crusher, Mixer und Pitcher, Zitruspresse, alles was zum perfekten Geräte-Outfit einer Bar gehört, ist zum Mitnehmen bereitgestellt.

Die große Nachfrage von Privatkunden nach Professionellem für Küche und Bar haben Erika Weissmann und ihren Mann Eugen darauf gebracht, dieses Eldorado der Küchenausstattung zu schaffen. Reichlich Erfahrung bringen sie aus ihrem Großhandel für die Gastronomie mit. Die Auszeichnung durch die Gourmet-Zeitschrift „Feinschmecker" zu einem der „besten Küchenstudios und Küchenläden in Deutschland" kommt deshalb nicht von ungefähr. Für Hobbyköche, Feinschmecker und jene, die den Spuren großer Köche folgen wollen, aber auch Zeitgenossen, die die häusliche Küche als Zentrum von Familie, geselligen Gastgebens, Kochkunst und Lebensqualität ansehen, ist der von außen unauffällige kleine Laden in der beschaulichen Brunnstraße zum wichtigen Treffpunkt in der Münchner City geworden. Bei einer Tasse Espresso kommen Gleichgesinnte schnell ins Gespräch, es werden Erfahrungen ausgetauscht und Tipps gegeben.

Insbesondere diese Klientel schätzt die freundliche Aufmerksamkeit von Erika Weissmann und ihren Mitarbeiterinnen, für die die ausführliche und eingehende Beratung eines jeden Kunden von größter Bedeutung ist. Kundenpflege steht immer im Vordergrund: Willkommen im Paradies der 1000 nützlichen Dinge für Küche und Bar. *(bk)*

Küche & Bar
Inhaberin: Erika Weissmann

Brunnstraße 1
80331 München

Telefon / Telefax 0 89 / 2 60 39 31

Sonntags geschlossen

KitchenAid
KitchenAid

OREGANO
PAPRIKA
PFEFFER
ROSMARIN
BREAKFAST MARMALADE
HONEY
SUGAR
GEWUERZDOSE 8.50 EUR
THYMIAN
VANILLA
WACHOLDER
ZIMT
GARLIC
THE ORIGINAL SUFFOLK
ONION KEEPER
Ideal for Use at Home or on Safari
SALT

PRINZREGENT AN DER MESSE

Hotel Prinzregent
an der Messe

Restaurant Prinzregent

Inhaber: Christian Biermann

Riemer Straße 350
81829 München

Telefon 0 89 / 9 45 39 - 0
Telefax 0 89 / 9 45 39 - 566

Weltoffenheit und bayerischer Charme – diese beiden Komponenten zusammenzubringen, ist dem Inhaber Christian Biermann mit seinem Hotel Prinzregent an der Messe wohl gelungen. Im Zentrum von Alt-Riem, dort, wo einst die Postkutschen noch einmal Rast machten, ehe sie weiter in die bayerische Metropole fuhren, ist vor ein paar Jahren das denkmalgeschützte Hotel entstanden – mit Restaurant, der holzvertäfelten Prinzregenten-Bar, Kaminstüberl und Biergarten. Ein ruhiges und doch mit Leben erfülltes Domizil, nur wenige Gehminuten vom Haupteingang der neuen Messe München entfernt.

Den Kern des Hauses bildet das gemütliche „Restaurant Prinzregent" im elegant-bayerischen Stil. Küchenchef Claus Ruf, von Anfang an dabei, gelingt zusammen mit seinem eingespielten Team eine optimale Verbindung zwischen der leichten mediterranen und der bodenständig bayerischen Küche. Die Speisekarte liest sich abwechslungsreich und fantasievoll: Paupiette vom Wildschwein auf gratinierten Trüffelkartoffeln, Rinderfilet im Lorbeer-Speckmantel gebraten mit Balsamicosabayon, Tagliatelle mit gebratenem Muskatkürbis, Salbei und Büffelmozzarella oder gar Gebackene Feige im Parmaschinken-Taleggiomantel auf Rotweinrisotto sind beispielsweise saisonale Gerichte, die täglich

aufs Neue kreiert werden und reinsten Genuss versprechen. Die Empfehlungen an Köstlichkeiten – Vorspeisen und Desserts inbegriffen – lassen sich in allen Variationen beliebig fortsetzen. Die jeweils passenden Weine stehen zur Degustation bereit. Eine Besonderheit: Nicht ausgetrunkene Flaschenweine können wieder verkorkt und mit nach Hause genommen werden.
Herzliche Gastfreundschaft, eine wohlig warme Atmosphäre und behaglichen Komfort verspürt der Hausgast im liebenswerten Flair des familiengeführten Hotels. Die Zimmer, elegant und exklusiv im Landhausstil ausgestattet, lassen das Motto des First-Class-Hotels „Willkommen zu Hause" lebendig werden. Die vier kombinierbaren Tagungsräume mit Tageslicht, Klimaanlage und modernster Kommunikationstechnik bieten den idealen Rahmen für verschiedene Anlässe.
Momente der Entspannung gibt's zusätzlich in der Wellness-Oase, architektonisch den romantischen Königsträumen Ludwigs II. nachempfunden, mit Bio-Sauna, Dampfbad, Finnischer Sauna, Erlebnisduschen, Fitnessraum und einem wohltuenden Massageprogramm. *(bk)*

Roulade von der Rinderlende mit Rusticoschinken und Spargel gefüllt in Balsamico-Guanajasauce mit gebratenem Chicoree und Kartoffel-Sellerie-Gratin mit Orangenduft

Roulade
4 Scheiben Rinderlende á ca. 120 g ohne Fett und Sehnen, 4 Scheiben Rustico (Parma)-Schinken, 12 Stangen grüner, in Salzwasser blanchierte Spargel, 4 TL Dijonsenf, 2 Zweige Basilikum, Salz, Pfeffer

Balsamico-Guanajasauce
50 g Zucker, 100 ml Balsamicoessig, 100 ml Rotwein, 500 ml brauner Kalbsfond, 100 ml Portwein, Salz, Pfeffer, Stärke zum Abbinden, 20 g Bitterschokolade, gehackt

Chicoree
4 kleine Chicoree, 100 g Butter, 2 kleine Zwiebeln in Würfel, 1 Knoblauchzehe, 100 g Sellerieknolle in Würfel, Salz, Pfeffer, Zucker, 1 Lorbeerblatt, 2 Nelken, 2 Wacholderbeeren, 200 ml Weißwein

Kartoffel-Sellerie-Gratin mit Orangenduft
400 g Kartoffeln, 100 g Knollensellerie, geschält, 150 ml Milch, 150 ml Sahne, 30 g Butter, 2 Orangen, Salz, Pfeffer, Muskat, Cayenne

Zubereitung
Rouladenfleisch zwischen zwei Folien leicht klopfen. Mit Senf einstreichen und mit Schinken belegen. Den Spargel halbieren und jeweils drei Köpfe und drei Stiele auf den Schinken legen. Das Fleisch fest aufrollen und mit einem Zahnstocher feststecken. Nicht zu heiß anbraten und im Rohr bei ca. 180–200 °C ca. 8 Min. fertig garen. Aus dem Ofen nehmen, mit Alufolie abdecken und noch ca. 5 Min. ruhen lassen.
Braunen Kalbsfond, Rotwein und Portwein in einen Topf geben und auf die Hälfte reduzieren. In einem andern Topf den Zucker zu hellbraunem Karamell schmelzen lassen und mit dem Balsamico ablöschen. Auch dieses um die Hälfte einkochen. Die Kalbsfond- und Balsamicoreduktion zusammenfügen und aufkochen. Mit Salz und Pfeffer abschmecken, evtl. mit etwas Balsamico oder Zucker nachschmecken. Die Sauce mit etwas in Wasser angerührter Stärke abbinden. Zum Servieren kurz aufkochen lassen, die Schokolade einrühren, bis sie sich vollständig aufgelöst hat. Dann beiseite stellen.
Die äußeren Blätter des Chicoree entfernen, den Strunk kegelförmig herausschneiden. Butter in einem Topf heiß werden lassen. Die Zwiebel- und Selleriewürfel, Knoblauchzehe, Lorbeerblatt, Nelken und Wacholder kurz angehen lassen. Mit dem Weißwein ablöschen und mit Salz, Pfeffer und Zucker abschmecken. Den Chicoree einlegen, mit Alufolie abdecken und im Rohr ca. 25–30 Min. bei 180 °C langsam schmoren lassen.
Zum Servieren den Chicoree aus dem Fond nehmen, gut abtrocknen, der Länge nach halbieren, etwas ausdrücken und mit Salz und Pfeffer würzen. Dann leicht mehlieren und in einer Pfanne mit Olivenöl vorsichtig anbraten.
Für das Gratin Kartoffeln schälen und mit dem Sellerie in dünne Scheiben schneiden. Gut vermischen und in eine gebutterte Auflaufform geben. Die Milch-Sahne-Mischung würzen und mit der abgeriebenen Orangenschale abschmecken, dann über die Kartoffeln geben. Gut vermischt im Rohr bei 190 °C ca. 40–60 Minuten garen. Gratin auf den Teller setzen, links und rechts je 1/2 Chicoree anlegen. Roulade schräg aufschneiden, die Sauce angiessen. Mit blanchierten Broccoliröschen und Basilikumblättern garnieren.

LINDENGARTEN TRATTORIA

Lindengarten
Trattoria
Küchenchef: Alessandro Bonello

Agnes-Bernauer-Straße 115
80687 München

Telefon 0 89 / 56 44 52
Telefax 0 89 / 58 98 73 75

Wunderbar unprätentiös ist die Küche der Landgasthöfe Italiens. Genau das erwartet die Gäste des Lindengartens, einer Trattoria mit einem nicht gerade italienischen Namen. Früher hieß das Gasthaus „Beim Lindenwirt“ und wurde 1939 als Bierwirtschaft mit Garten und Kegelbahn für „die Versorgung der dort wohnenden Bevölkerung“ errichtet.

Die Lindenbäume – und nicht wie üblich die Kastanien – sind es, die dem Biergarten mit über 100 Plätzen seine besondere Identität geben. Im Sommer lässt sich dort draußen auch das genießen, was die Speisekarte der Trattoria drinnen das ganze Jahr über zu bieten hat: klassische Antipasti, nämlich Parmaschinken, Rindercarpaccio mit gehobeltem Parmesan oder ein gemischter Vorspeisenteller, verschiedene Salate, dekoriert mit Schafskäse, Peperoni und Oliven, Suppen wie eine köstliche Tomatencreme, Pasta in allen Variationen, Fleisch- und Fischgerichte, aber auch Pizzen, wie man sie kennt, Käse und Süßes. Die Wochenkarte, die der Küchenchef Alessandro Bonello empfiehlt, steht im Zeichen seiner Kreativität, die keine Grenzen kennt: eine kleine Edelfisch-

suppe mit Gemüse, lauwarmer Mangold mit paniertem Scamorzakäse und Parmaschinken oder Spaghetti mit Oktopus und Zucchini, zum Abschluss – ganz und gar alpenitalienisch – Zwetschgenknödel mit Vanilleeis oder Pralinenmousse auf Aprikosenmark. Hier spiegelt sich der Einfluss der Provinz Südtirol wider und zeigt, dass die kulinarische Vielfalt des Landes vom Brennerpass bis zur Stiefelspitze sehr gut harmoniert. Das Gleiche gilt selbstverständlich auch für das Weinangebot.

Das Ambiente im Lindengarten erinnert sehr wohl auch ein wenig an Südtirol. Rustikale dunkle Holzvertäfelungen, Eichenboden und schwere Stoffe in der Dekoration strahlen Behaglichkeit aus, weiße Tischdecken und edel gefaltete Servietten auf den einfachen, alten Tischen machen aus der Trattoria optisch ein Ristorante. 70 Gäste freuen sich dort auf ein gutes Essen, schöne Weine und auf das stets gut gelaunte Servicepersonal. Virta Hora, genannt Charly, kümmert sich mit seinem zwölfköpfigen Team als patrone di casa in italienischer Manier nicht nur um die „Versorgung" aller Lindengarten-Besucher, sondern auch um deren Wohl: „Desidera altro? Haben Sie noch einen Wunsch?". *(bk)*

München

Riesengarnelen in Bärlauchkruste und Reis-Tomaten-Timbal

Zutaten

4 Riesengarnelen ohne Schale
1 Bund Bärlauch
2 EL Parmesan
2 EL Semmelbrösel
1 EL Butter
Olivenöl
Salz, Pfeffer
200 g Reis
100 ml Tomatenmark
1 kleine Zwiebel

Zubereitung

Die Riesengarnelen waschen, mittig aufschneiden und schmetterlingsförmig aufklappen. Bärlauch, Parmesan, Semmelbrösel und etwas Butter mit Olivenöl im Mixer zerkleinern. Die vorbereiteten Garnelen in der Masse von allen Seiten panieren. In einer Pfanne Olivenöl erhitzen, die Garnelen von beiden Seiten ca. 4–5 Minuten darin braten, bis sie braun sind.

Für das Reis-Tomaten-Timbal den Reis ca. 8–10 Minuten wie gewohnt kochen. Das Tomatenmark zusammen mit der klein geschnittenen Zwiebel und dem Öl aufkochen. Den angekochten Reis zufügen und alles miteinander vermengen. Mit Salz und Pfeffer abschmecken. Die Garnelen auf dem Reis anrichten.

IN MAIOR DEI GL

In der City

Das neugotische Münchner Rathaus

Der Marienplatz mit dem markanten neugotischen Rathaus und dem weltberühmten Glockenspiel ist der zentrale Ausgangspunkt für jeden Einkaufsbummel. Von hier aus führen die wichtigsten Shopping-Straßen in alle Richtungen. Zum Beispiel ins Tal, mit seinen Einrichtungshäusern, Designerläden und Geschäften für den alltäglichen Bedarf. Es endet am Isartor mit dem bekannten Valentin-Museum und dem dazugehörigen Turmstüberl.
Von dort aus ist es nur ein Katzensprung zum weithin gerühmten Viktualienmarkt mit seinen kunstvoll aufgebauten Obst- und Gemüseständen, der Bauch Münchens. Neben den saisonfrischen regionalen Produkten des Bauernmarktes werden Fleisch und Geflügel, Wild und Fisch angeboten, dazu Käse- und Brotspezialitäten, Weine und frisch gepresste Säfte, Gewürze, saure Gurken und Oliven in üppigster Vielfalt. Mittendrin der schattige Biergarten, in dem sich waschechte Münchner und „Zuagroaste" aus der ganzen Welt gemeinsam vor Ort stärken.

Unweit des „Marktes" hat sich das malerische Gärtnerplatz-Viertel zu einem Mekka für Trendsetter entwickelt. Hier weht ein kreatives Lüftchen. Liebhaber des Außergewöhnlichen sowie die internationale Gay-Szene finden dort ihren letzten Schrei. Über den Jakobsplatz geht es zur originellen Sendlinger Straße und zur Asam-Passage. Oh Wunder! Zwischen Laden und Lädchen für modische Basics und Accessoires eng eingebettet, entfaltet sich ganz überraschend Rokoko-Pracht vom Feinsten: die weltberühmte Asamkirche.
In der Fußgängerzone, Kaufinger- und Neuhauserstraße, reiht sich Kaufhaus an Kaufhaus, Einkaufstempel an Einkaufstempel, gewiss auch mit architektonischem Reiz. Bis zum Karlsplatz, im Volks-

mund Stachus genannt, stürzen sich hier alle ins Getümmel. In dieser beliebten Einkaufsmeile, eine der Pulsadern Münchens, gibt es nichts, was es nicht gibt. Ruhiger wird es, vorbei an der Liebfrauen-Kirche, auf dem Weg zur Residenz- und Theatinerstraße, dem Bereich der ehemaligen Hoflieferanten, in dem heute der Kunde König ist. Gehobene Ansprüche prägen auch die Fünf Höfe mit dem Schäfflerblock. Im Dunstkreis der hoch renommierten Kunsthalle der Hypovereinsbank hat sich urbane Ästhetik entwickelt, funkelnde Schaufenster mit Kleidung, Schmuck, Literatur, feinen Papieren, Porzellan, Kosmetik und Wohnen bieten pure Inspiration für Betrachter mit Sinn für Ausgefallenes und Kreatives.

Absoluten Luxus findet man in der Maximilianstraße, die an der Oper beginnt und am Maximilianeum, dem Bayerischen

Landtag, endet. In dieser denkmalgeschützten Prachtstraße, einst von Friedrich Bürklein im Auftrag von König Maximilian II. erbaut, residieren alle Nobelmarken aus Mode, Design und die besten Uhrmacher dieser Welt – feudaler Lifestyle im schönsten städtearchitektonischen Rahmen überschaubar präsentiert. In den Galerien geht es mehr um immaterielle Werte, die in dieser Lage allerdings auch ihren Preis haben. Ohne Zweifel hat die Landeshauptstadt bei Tageslicht diesen unverwechselbaren Charme auf ihren Straßen und Plätzen.

Und was nach Ladenschluss und Sonnenuntergang folgt, steht dem in nichts nach. Es gibt internationale Sterne- und Spezialitätenlokale, Cafés, Bars und Clubs, eine junge innovative Szene-Gastronomie, deren Ruf weit über die Stadtgrenzen hinausreicht. Die Angebote sind so vielfältig wie die Wünsche und Möglichkeiten der Nachtschwärmer. Um nach der Geschäftsbesprechung oder dem Opernbesuch noch gut zu essen oder nach Theater, Kino und Kabarett in einer Bar zu sinnieren oder zu tanzen, bietet das Münchner Nightlife bis in die Morgenstunden die ganze gastronomische Vielfalt einer weltoffenen, feierfreudigen Metropole. Legendär auch die berühmten „Langen Nächte“, wie die der Museen, der Musik und der Literatur, die die Nacht zum Tage machen.

Der noble Max-Joseph-Platz mit Oper und Residenz

BACKSPIELHAUS

Das Glück liegt ganz eindeutig zwischen dem Duft von frisch gebackenem Zwetschgendatschi mit Zimtzucker und anderem köstlichen Backwerk, zwischen Frühstück, Herzhaft-Deftigem, kalten Snacks, Süßem, aber auch knackfrischen Salaten, zwischen Brot und Kuchen und Allerlei für zwischendurch: Die Rede ist vom Backspielhaus, das sich mit seinem innovativen Konzept am Rande des Stadtteils Bogenhausen schon längst einen Namen gemacht hat.

Vor über 25 Jahren von Petra und Josef Schmid gegründet, hat die bunte Bäckerei der etwas anderen Art mittlerweile über 20 Filialen in ganz München. Die Urzelle und Zentrale des Backspielhauses ist in einem weiträumigen Loft untergebracht, mit einem schönen geschützten Innenhof, der schon bei den ersten Sonnenstrahlen zum Draußensitzen verführt. Auf kleinen abgeteilten Veranden lässt sich ein flotter Brunch mit Kind und Kegel doch fast familiär genießen. Innen aber öffnet sich eine überraschende Welt aus Formen und Farben im feinen Landhausstil. Die edel-üppige Dekoration folgt den Jahreszeiten. Decken und Wände sind von namhaften Künstlern geschmackvoll und appetitanregend bemalt. Produktion, Gastronomie und Verkauf bieten ein effektvolles Ganzheitserlebnis wie auf einer Theaterbühne – Backspielhaus eben. Die Gäste sitzen in Gastraum und Backstube zugleich. Hier wird Teig geformt, werden Torten dekoriert – dies alles vor den Augen der Kundschaft. Geschäftige Mitarbeiter bringen Bleche voll Backwerk, Semmeln und Brezen frisch aus dem Ofen. Jetzt stehen sie wohlriechend, wohlschmeckend und warm in geflochtenen Körben und Holzschütten auf den unterschiedlichsten Tischen, zum perfekten Start in den Tag. Dazu offeriert das Backspielhaus röstfrischen Kaffee in allen möglichen Zubereitungsvariationen und allein 14 verschiedene Teesorten.

Die Frühstückskompositionen reichen vom „Japanischen Frühstück" mit Thunfisch in einer Sesam-Honig-Hülle, gegrilltem Lachssteak mit Ingwer- und Sojasauce, mariniertem Gemüse und Reis bis hin zum „Original Münchner Weißwurstfrühstück" und sind individuell zusammenzustellen: „Montana" beispielsweise beinhaltet lockere Rühreier mit Salamistreifen, Mozarella, gerösteten Sonnenblumenkernen und gebratenen Tomatenscheiben, dazu Butter, hausgemachte Marmelade und Liliputsemmeln. Diese sind wie die Mini-Ciabatta wohlbekannte Spezialitäten des Hauses, genauso wie das selbst gemachte Müsli aus täglich frisch gemahlenen Körnern und Haferflocken sowie frischen Früchten. Das Plundergebäck wird auf bunten, speziell für das Backspielhaus entworfenen Tontellern präsentiert. Der Kunde kann diese neben Back- und Konditorwaren in einer exklusiv gelungenen Kombination zusammen mit anderen Wohnaccessoires, Dekorationsstücken und Einrichtungsgegenständen erwerben.

Süße Köstlichkeiten, frisch angerichtet, werden über die Theke am Eingang verkauft und geben auch der heimischen Kaffeetafel den richtigen Pep: Apfelkuchen mit rotem Amarant, Feigen- und Dattelkuchen, Kuchen mit Marzipan und Eierlikör, um nur einige zu nennen. Dazu Croissants mit zarten Füllungen aus Schokolade, Vanille oder Aprikose. Alles selbstverständlich aus der hauseigenen Produktion. Deren Markenzeichen sind Frische, hohe Qualitätsmerkmale und rein natürliche Grundstoffe. Auf die Verwendung von Backpulver wird gänzlich verzichtet. Glutenfreie Backwaren, magenschonend und besonders Allergikern empfohlen, erfüllen höchsten gesundheitlichen Standard und schmecken daneben auch noch ausnehmend gut.

Wer eine unterhaltsame Betriebsamkeit neben gemütlicher Gastlichkeit, wer fundiertes Handwerk, gepaart mit Ideenreichtum und außergewöhnlicher Atmosphäre erleben will, wer sehen, spüren und riechen will, wie es zischt, wie herrlich es duftet, wenn Brot und Kuchen frisch aus dem Ofen kommen, wer eine umfangreiche und fantasievolle Menükarte liebt, der ist im Backspielhaus goldrichtig. *(bk)*

Backspielhaus

Inhaber: Petra und Josef Schmid

Weltenburger Straße 6
81677 München

Telefon 0 89 / 9 28 70 90
Telefax 0 89 / 92 87 09 15

MichaeliGarten
Inhaberin: Antje Schneider

Feichtstraße 10
81735 München

Telefon 0 89 / 43 55 24-0
Telefax 0 89 / 43 55 25 13

Eine weite, einladende Wiesenlandschaft mitten in der großen Stadt, das ist nicht gerade etwas Alltägliches: Und doch zu finden im Ostpark, der seit den 70er Jahren die „grüne Lunge" des Münchner Ostens ist. Die unprätentiös gestaltete Parkanlage ist umrahmt von dicht bewachsenen Hügeln und bietet Besuchern höchst interessante Perspektiven.
Die schönste aber hat man wohl am Ende des Wiesentals mit dem Blick auf den weithin sichtbaren großen See, auenartig umgeben von Weiden und Pappeln. Dort, am nördlichen Ufer, steht das Restaurant MichaeliGarten, mit seinem urigen und großzügigen Biergarten für 3500 Gäste, die sich unter schattigen Kastanien Gemütlichkeit und Genuss gleichermaßen servieren lassen können. Eine üppige Brotzeit und ein kühles Bier, was gibt es Schöneres nach den vielfältigen und bunten Freizeitaktivitäten, die es im Ostpark zu entdecken gibt? Als wunderbare Beigabe und ganz umsonst zu Kaffee und Kuchen auf der herrlichen Terrasse direkt am Haus zeigt sich der traumhaft angelegte See – eine faszinierende Augenweide.
Das MichaeliGarten-Team ist sehr stolz auf die Auszeichnungen als besonders kinderfreundlicher Betrieb, die das gastliche Haus schon mehrfach erhalten hat. Die Kinderspeisekarte zum Ausmalen und Mitnehmen und ein zum Biergarten gehörender großer Spielplatz bleiben bei den kleinen Gästen noch beeindruckend lange in guter Erinnerung. Für die Großen hält Küchenchef Arno Kirsch typisch Bayerisches bis Internationales bereit. Zusätzlich ist das thematische Angebot der Küche an saisonalen Spezialitäten für ihn längst selbstverständlich: Von Muscheln, Vital und Fit, Fisch wie Maischolle oder Matjes, Salat und Spargel über Kirchweih-Essen mit Ente und Gans bis hin zu Wild im Herbst und diversen Weintagen wird das ganze Jahr über fast jeden Monat für reichlich kulinarische Abwechslung gesorgt.
Außerhalb der warmen, sonnigen Tage im Biergarten oder auf der Terrasse ist das hell-rustikal gestaltete Restaurant, in dem 120

Gäste speisen können, und die urgemütliche Zirbelstube hervorzuheben, die auch geschlossene Gesellschaften bis zu 80 Personen aufnehmen kann. Erwähnenswert ist im Besonderen auch noch die wunderschöne und heimelige Laube, die mitten im Biergarten steht, eine zünftige Feieroase für alle Gelegenheiten. *(bk)*

Geschmorte Kalbsvögerl in Rotweinsauce auf Wirsinggemüse mit Speck-Pfifferlingsknödel

Zutaten

Kalbsvögerl
1 Kalbshaxe (ohne Knochen, ca. 1 kg netto), 2–3 EL Butterschmalz, Salz, Pfeffer, je 180 g Karotten, Lauch, Sellerie, Zwiebel, 20 g Tomatenmark, 300 ml Rotwein, 500 ml Kalbsfond, 2 zerdrückte Knoblauchzehen, 1 Lorbeerblatt, 1 Nelke, etwas abgeriebene Zitronenschale

Wirsinggemüse
1 Wirsingkopf, 1 Schalotte, gewürfelt, 3 EL Speckwürfel, 1 EL Butterschmalz, 250 ml Sahne, Salz, Pfeffer, Muskatnuss

Speck-Pfifferlingsknödel
250 g altbackenes Weißbrot, 200 g Pfifferlinge, 1/2 l lauwarme Milch, 1 Schalotte, gewürfelt, 1 Knoblauchzehe, gewürfelt, 100 g Tiroler Speck, gewürfelt, Salz, Pfeffer, Muskat, 4 Eier, 2 EL Petersilie, gehackt, 1 TL Thymian, Butter

Zubereitung
Kalbshaxe enthäuten, entsehnen und der Muskulatur folgend trennen. Würzen, scharf anbraten, aus dem Topf nehmen und das gewürfelte Gemüse anrösten. Tomatenmark unterrühren und einen Teil des Weines hinzufügen. Einkochen lassen, mit dem restlichen Wein aufgießen, nochmals reduzieren, das Fleisch hineingeben, mit dem Kalbsfond auffüllen, Gewürze hinzu und bedeckt bei 170 °C im Ofen garen. Sind die Kalbsvögerl weich, herausnehmen und warm stellen. Die Sauce passieren, auf die Hälfte einkochen, abschmecken und evtl. mit der angerührten Stärke abbinden. Das Fleisch in die Sauce zurückgeben.
Äußere Wirsingblätter entfernen, Strunk herausschneiden. Die restlichen Blätter abschälen, in kochendem Wasser blanchieren und in Eiswasser abschrecken. Abtropfen lassen, Blattrippen herausschneiden und in große Würfel schneiden. Schalotten und Speckwürfel anbraten, Sahne hinzugeben, etwas einkochen, den Wirsing und die Gewürze beifügen.
Pfifferlinge säubern, gut trocknen und hacken. Weißbrot entrinden, fein würfeln, mit der Milch vermischen und etwas quellen lassen. Schalotten und Knoblauch in Butter glasig braten, alles zusammen zur Brotmischung geben. Speckwürfel in Butter anschwitzen, Pfifferlinge, Kräuter und Gewürze dazugeben, mit 2 Eiern gut durchmischen. Restliche Eier gründlich verquirlen, salzen, pfeffern und in etwas Butter zu sehr weichem Rührei stocken lassen. Zum Brot geben und gründlich, aber locker mischen. 15 Minuten ziehen lassen, danach zu kleinen Knödeln formen, in sprudelndes Salzwasser legen, aufkochen lassen und weitere 15 Minuten leise ziehen lassen.

SAMARA ORIENTAL

Samara Oriental

Restaurant & Lounge

Inhaber: Sylvia Schäfer

Bruderstraße 6
80538 München

Telefon 0 89 / 25 54 22 94
Telefax 0 89 / 25 54 22 95

Die Liebhaber orientalischer Genüsse haben seit kurzem eine neue Pilgerstätte in der bayerischen Landeshauptstadt: Das erste und einzige ägyptische Restaurant Münchens hat Ende letzten Jahres im Stadtteil Lehel eröffnet: Das Samara Oriental.
Eine Begegnung der Kulturen, der Nationen und der Geschmäcker soll es sein, das gehobene Restaurant mit seinem dezent orientalisch gestalteten Ambiente, bei dem die Details unauffällig-auffällig bestechen. Im Hocharabischen bedeutet „Samara“ Unterhaltung, und Inhaberin Sylvia Schäfer ist es gelungen, eine Oase des Wohlfühlens und gleichzeitig der Kommunikation zu schaffen. Dazu gehört auch die farbenprächtige Lounge im Untergeschoss mit nahöstlichem Flair, ideal für einen Drink plus feinem arabischen Fingerfood und – wer mag – einem Zug aus der obligatorischen Wasserpfeife

(Schischa) mit wunderbarem Duftaroma, die hier im Samara Oriental wie im Land der Pharaonen ganz selbstverständlich dazu gehört.
Ägyptische Köstlichkeiten sind hierzulande bislang nicht so bekannt. Deshalb möchten Küche und Gastgeber Jahrtausende alte Esskultur und hoch gerühmte arabische Gastfreundschaft vermitteln. Bekömmlich, leicht, fettarm und mit den Gewürzen des Orients bereitet Küchenchef Nagy Sayed seine Speisen, manchmal auch scharf und mit Knoblauch angereichert. Fleisch gibt es in vielen Varianten, nur auf Schweinefleisch wird aus religiösen Gründen verzichtet. Eine Spezialität vom Lamm beispielsweise heißt „Okra", das sind Würfel von der Keule mit Basmatireis. Köstliche Geflügelgerichte sind gegrillte Wachtel mit orientalischem Kartoffelpüree und Minz-Joghurt oder die mit gegartem Weizen gefüllte Taube. Eine im Ofen gebackene Dorade oder ein gegrillter Loup de Mer mit Gemüsefüllung klingt nicht nur wie eine interessante Fischspezialität, sondern schmeckt auch so. Hinter dem typischen Dessert „Mehalabia" verbirgt sich ein gar wundersamer Pudding mit Nüssen, Rosinen und Rosenwasser, eine wirklich neuartige Geschmacksoffenbarung. Und danach – als Krönung – frisch am Tisch aufgebrühter ägyptischer Kardamom-Mocca oder exzellenter Tee. Tausend und eine Nacht? Samara Oriental. *(bk)*

Gebackene Taube mit gegartem Weizen gefüllt

Zutaten

4 Tauben
50 g Weizen pro Taube
Zwiebelsaft
2 Zwiebeln
Olivenöl
Salz und Pfeffer

Zubereitung

Den Weizen eine Stunde vor Verwendung in heißes Wasser geben. Die Tauben gut waschen. Noch einmal mit einer Mischung aus Zwiebelsaft, Salz und Pfeffer abwaschen. Weizen abseihen und mit klein geschnittenen Zwiebeln sowie Salz und Pfeffer vermengen. Die Tauben mit der Mischung füllen, mit Rouladenspießchen schließen oder mit Küchengarn zunähen. Reichlich Wasser in einem Kochtopf zum Kochen bringen, die gefüllten Tauben hinein geben und 30 Minuten kochen lassen, anschließend herausnehmen, in eine mit Olivenöl gefettete Bratreine geben und für 10 Minuten in den Backofen (mit Grill) schieben, damit die Täubchen knusprig werden.

MENZINGER'S

Ende des 18. Jahrhunderts, Kurfürstenzeit in Bayern, war das Haus Nr. 51 in „Neulustheim" ein Dienstgebäude von Schloss Nymphenburg. Später, um 1921, erhielt Josefine Weinmayr, geb. Fassl, die Erlaubnis der Stadt München, den „Ausschank von Kaffee, Tee, nur fruchtigen, nicht geistigen warmen Getränken auszuüben", und zwar in der Zeit von April bis Oktober. 1922 durfte dann schon Bier verkauft und die „Verabreichung von Speisen erfolgen", allerdings ausschließlich an die Arbeiter, die rundherum die neuen Siedlungen im Stadtviertel Obermenzing erbauten. Ende der 20er Jahre erhielten die nachfolgenden Wirtsleute dann endlich eine umfassende Konzession für die „Waldwirtschaft Burenschänke" in der damaligen Menzinger Straße Nr. 51.

Im heutigen Menzinger's hat sich nicht nur die Hausnummer (123), sondern auch ansonsten eine ganze Menge verändert. Der dreigeschossige Walmdachbau mit wunderschönem Stuckdekor steht unter Denkmalschutz und wird vom jetzigen Gastronomen Carlo Rieder im Frühjahr 2007 von Grund auf renoviert. Alle Elemente der „guten alten Zeit" werden natürlich erhalten, aus der bürgerlichen Wirtschaft mit Kegelbahn und Biergarten ist allerdings schon lange ein richtig mediterranes Wohnzimmer geworden. Wohnzimmer deshalb, weil sich Stammgäste

Menzinger's
Trattoria – Bar – Biergarten
Küchenchef: Franco Saggio

Menzinger Straße 123
80997 München

Telefon 0 89 / 89 16 19 41
Telefax 0 89 / 59 98 375

und solche, die es werden wollen, schon im ersten Augenblick wie zu Hause fühlen. Mediterran deshalb, weil die Küche aus Italien stammt, genau wie deren Chef Franco Saggio. Ländliche Hausmannskost aus Italiens Regionen bringt er im wöchentlich wechselnden Turnus auf den Tisch: Eine Minestrone mit Ditalini, hausgemachte Cannelloni mit Spinat-Ricotta-Füllung und Käse im Ofen gratiniert, Filet von der Goldbrasse mit frittierten Selleriejulienne auf Kartoffel-Oliven-Puree und Schokosoufflée mit Mascarpone werden in der lichten Trattoria serviert. Der eiligere Gast hat die Auswahl drei verschiedener Mittagsmenüs oder die „Pizza der Woche", wie zum Beispiel mit Gamberini und Tomatenwürfel, und kann sich vom überaus freundlichen und unkomplizierten Servicepersonal schnell bedienen lassen.
Üblicherweise geht es allerdings sehr italienisch-bayerisch-gemütlich zu im Menzinger's, mit seinem typischen Kastanien-Biergarten, der den Sommer über rund ums Haus für 200 Gäste geöffnet ist. Amadeo Trocalli, der Geschäftsführer, steht mit der Trattoria für eine modern interpretierte, italienisch eingefärbte bayerische Gastlichkeit. *(bk)*

Seeteufel auf Kürbisgemüse mit Prosecco-Sauce

Zutaten
400 g Seeteufel-Medaillons
400 g Kürbis
1/2 l Fisch-Bouillon
1 Lorbeerblatt
Zitronensaft
1/4 l Prosecco
20 g Butter
Weißwein
Salz, Pfeffer, Dill, Kürbiskerne

Zubereitung
Die Seeteufel-Medaillons salzen und pfeffern. Die Fisch-Bouillon mit dem Lorbeerblatt, etwas Zitronensaft und wenig Weißwein aufkochen, den Fisch einlegen und etwa 8 bis 10 Minuten darin dünsten.
Den in Streifen geschnittenen Kürbis in Weißwein weich dünsten und mit Salz und Pfeffer abschmecken.
Für die Sauce den Prosecco mit wenig Fisch-Bouillon aufkochen, danach mit der Butter montieren und über den Seeteufel geben. Mit dem Kürbisgemüse, Dill und den Kürbiskernen anrichten und servieren.

MARKTHALLE ENGLSCHALKING

Am Anfang stand in diesem Falle nicht das Wort, sondern der Apfel. Für die hohe Qualität seiner Äpfel und des gesamten Sortiments an Viktualien aller Art ist Klaus Seinig, hoch motivierter und engagierter Inhaber der Markthalle Englschalking in Münchens östlichem Stadtteil, bei seinen Kunden im Wort, um sie mit ausgesucht bester Ware zu bedienen.
Gutes Obst und frisches Gemüse sind die wesentlichen Bestandteile für eine gesunde und abwechslungsreiche Ernährung – diese Erkenntnis bewogen den Fachmann in Sachen Lebensmittel, Weine und Bioprodukte, 1983 in einem alten Heustadel beziehungsweise einem umgebauten Kuhstall eine kleine Markthalle zu eröffnen. Diese Art von Gemüseladen gab es seinerzeit weit und breit nicht, und der unkonventionelle Verkauf von Obst und Gemüse aus der Region und Früchten aus aller Welt fand schnell Liebhaber bei denen, die gerne gut kochen und essen. Der Geheimtipp war bald keiner mehr und durch die ständige Sortimentserweiterung platzte die „Markthalle" schnell aus allen Nähten. 2001 zog Klaus Seinig mit seinem Geschäft nach gegenüber und ermöglicht seither im neuen mediterranen Ambiente Einkaufen wahrlich mit Freude und ganz ohne Hast und Eile. Die kompetente Beratung durch den Chef und seine wachsamen Mitarbeiter macht das Ganze zusätzlich zu einem wohltuenden Erlebnis.

Alles, was das Herz an frischen Salaten, Kräutern, Wurzel- und Knollengemüsen, heimischem Obst und exotischen Früchten begehrt, ist so einladend präsentiert, dass dem einen oder anderen allein schon beim Anblick das Wasser im Munde zusammenläuft. Elementares, wie täglich mehrmals frisch gebackenes Brot, Eier, Käse und andere Milchprodukte werden genauso angeboten wie asiatische, spanische, italienische oder griechische Spezialitäten. Gewürze und Öle, ja sogar Schnittblumen und edel gebundene Sträuße erinnern in der Tat an den großen Bruder, den Viktualienmarkt.
Das Interessanteste an der Markthalle Englschalking ist aber wohl der integrierte Biomarkt. Auf diesen legt Klaus Seinig ganz besonderen Wert: ein Vollsortiment an biologisch erzeugten und kontrollierten Produkten für eine gesunde Lebensweise in überreichlicher Auswahl. Menschen, die besonderen Wert auf wirklich gesunde Nahrung legen oder durch ihr Kaufverhalten zum Erhalt der Natur beitragen wollen, sind hier allemal richtig. Allein 25 Honigsorten, 50 verschiedene Biosäfte, beste Mineralwässer, sogar Tiefkühlkost auf biologischer Basis – das ist nur ein kleiner Auszug aus der Angebotspalette. Ein Eldorado nicht nur für Vegetarier, Veganer oder Allergiker. „Slow Food" heißt hier die Devise, besondere Bedürfnisse seiner Kunden und die Erfüllung von speziellen Wünschen, sind für Klaus Seinig niemals ein Problem.

Markthalle Englschalking
Inhaber: Klaus Seinig

Freischützstraße 9–11
81927 München

Telefon 0 89 / 93 75 55
Telefax 0 89 / 99 30 05 14

Sonntags geschlossen

Keinesfalls unerwähnt bleiben darf eine sehr wichtige Abteilung: Die Weine der Markthalle Englschalking gereichen jedem Weinspezialhaus zur Ehre. Wein ist die Leidenschaft des Inhabers. Er kennt die Arbeit der Winzer und die Weinmacher der Welt ganz genau. Ob über Bestlage-Weine, Jahrhundertjahrgänge, erstklassige und doch preiswerte Weine für den täglichen Genuss, gerne diskutiert der Experte mit seinen Kunden über dieses und jenes. „Wein“, sagt er, „ist mehr als nur ein Getränk.“ „Wein ist ein sinnliches Lebensmittel von hohem gesundheitlichem Nutzen. Jeden Tag ein Glas Wein genießen, bedeutet, jeden Tag sich etwas Gutes tun, innehalten, entspannen und positive Lebensqualität praktizieren.“ Deshalb stehen über 400 verschiedene Weine, davon mehr als 100 Bioweine – Tendenz steigend –, in den Regalen, neben Sekten, Proseccos und feinen Champagnern, sodass zu jeder Gelegenheit das Passende zu finden ist. Probieren und verkosten darf man natürlich auch – das gehört zum Wohlbefinden und zur einmaligen Lebensqualität.

Einkaufen in der „Markthalle“ macht Spaß und Lust auf häusliches Kochen und Gastlichkeit. Es ist dieses Persönliche, das den Charme dieses Marktes ausmacht und die Gewissheit, dort wirklich nur das Beste vom Besten zu bekommen. *(bk)*

KUSTERMANN

Kustermann – das ist in München eine echte Institution. 1798 gegründet, wurde 1873 das wunderschöne Haus mit der Neu-Renaissance-Fassade aus rotem Marmor als Firmenstammsitz erwählt und wird heute bereits in der siebten Familiengeneration geführt. Der Weg durch das weitläufige Geschäft im Zentrum der Stadt ist in der Tat die kürzeste Verbindung zwischen den Sehenswürdigkeiten Rindermarkt und Viktualienmarkt. Wer die Empfangshalle betritt, traut seinen Augen kaum. Ursprünglich eine Eisenwarenhandlung, ist Kustermann heute ein anerkanntes Fachgeschäft für Tischkultur, trotz allem aber noch immer ein Vollsortimenter für Eisenwaren, Werkzeuge, Sanitär, Garten, Hausrat, Keramik, Glas und Porzellan in ausgewählter Qualität und schier unglaublicher Sortimentsfülle geblieben. Von der kleinsten Schraube bis zum edelsten Glas, über 100 000 Artikel werden auf den drei Verkaufsetagen mit stattlichen 5 000 Quadratmeter präsentiert.

Das war schon immer so: Der Münchner geht, wenn er was braucht, einfach hin „zum Kustermann“. Der unverwechselbare Charme, die gute Lage im Herzen der Stadt, die kompetente, erstklassige Beratung, das Angebot an hochwertigen Markenartikeln und der umfassende Service, das ist es, was heutzu-

Kustermann GmbH
Geschäftsführer: Gerald Funk

Viktualienmarkt 8
80331 München

Telefon 0 89 / 2 37 25 - 0
Telefax 0 89 / 2 37 25 - 194

Sonntags geschlossen

tage kaum mehr zu finden ist. Für beste Qualität zu sorgen und dafür auch zu bürgen, ist hier eine Selbstverständlichkeit. Traditioneller und zugleich zeitgemäßer Einzelhandel auf allen Ebenen und in allen Abteilungen, das ist schon wirklich etwas Besonderes.
Überraschendes steht praktisch an der Tagesordnung: Neben „heißen" Events mit Starköchen, Vorführungen von Küchengeräten, Kaffeemaschinen, Koch- und Gussgeschirren, Backutensilien, Vorbereitung auf Grillsaison und Gartenpartys weisen Profis beispielsweise in das Arbeiten mit dem Wok oder das Dekorieren einer schönen Tafel. Apropos Tafel ein. Im so genannten „Hochzeitszimmer" steht ein Mustertisch, an dem Geschenkwünsche auch zu jedem anderen Anlass individuell positioniert sind. Freunde und Verwandte können dann das passende Geschenk auswählen, denn es wird gleichermaßen wirklich alles, was zu einem gepflegten Haushalt gehört, aus einer Hand geboten.
Im Vier-Wochen-Turnus wechseln regelmäßig die Aktionsthemen, die sich die „Kustermänner" einfallen lassen: „Vital und Wellness", „Farben", „Frühling" und „Herbst",

„Die Welt zu Gast" ist nur eine kleine Auswahl. Die elf großen Schaufenster und Vitrinen werden hierzu jedes Mal komplett umgestaltet und auffällig dekoriert. Dem Kunden begegnet dann im Hause selbst in allen Abteilungen immer wieder, vermeintlich willkürlich, jedoch wohl durchdacht, punktuell das Angebot zum jeweiligen Thema. Vor kurzem wurde das gesamte Gebäude innen aufwändig und stilecht renoviert, der schönste Teil – und vielleicht zunächst nur mal zum Anschauen – ist aber wohl die völlig neu gestaltete Porzellanabteilung: Hell und ansprechend, zwischen weiten Rundbögen, herausgearbeiteten alten Fensterelementen, originalen gusseisernen Säulen und altem, wieder hervorgeholtem Parkett, mischt sich feinstes Porzellan aus den besten Manufakturen mit der ehrwürdigen Architektur des Hauses und macht Lust und Laune auf ein neues Service oder modernes Geschirr.
Ist dies und das besorgt, gönnt sich der Kunde gerne eine Shopping-Pause. Dafür haben die Inhaber mitten im Laden ein ruhiges Plätzchen geschaffen. Ein ganz und gar nicht alltäglicher Geheimtipp ist das Caffé Siena, eine gelungene Mischung zwischen Wiener Kaffeehaus und italienischem Dolce Vita. Dort kann, wer mag, anderen beim Flanieren und Einkaufen zusehen, sich inspirieren lassen oder bei einer Tasse erlesener Kaffeespezialitäten einen Blick in die Zeitung werfen. Täglich frische Snacks, Kuchen und Torten versüßen den Aufenthalt.
Ungewöhnlich, aber nicht minder interessant ist es schon, zwischen Töpfen und Tiegeln kultige Lebensart zu genießen – und Kultstatus hat Kustermann. Unbenommen. *(bk)*

KOCHSCHULE JOSEPH PETER

Seine Profession ist nicht – wie man bei dem Urbayern Joseph Peter zunächst vermuten möchte – die bayerische, sondern die asiatische Küche. Aus der großen Liebe des bayerischen Weltenfahrers zu Thailand ist fast ein Lebenswerk geworden, und er hat sein Ansinnen, Lebensweise und Kochkultur der Thais bekannt zu machen, in seiner Heimat tatsächlich verwirklichen können. Als Chef des Mangostin Asia, das er 1990 zusammen mit seinem Partner Roland Kuffler in der Nähe des Tierparks Hellabrunn eröffnete, ist Joseph Peter ein echter Pionier. Er hat die authentische Thailand-Küche mit als erster nach München gebracht. Inzwischen gibt es eine weitere Dependance am Flughafen München.

Joseph Peter gilt als „Food-Hunter", rastlos immer auf der Suche nach neuen Trends und innovativ traditionellen Gerichten. Mit Kräutern, Zitronengras, Bananenblättern, Reis, Chilipasten, Ölen, Gewürzen und Früchten wie beispielsweise der Duftmango bringt er Ungewöhnliches und Exotisches direkt aus dem fernen Osten in das Restaurant und seine Kochschule.

Die Thaiküche ist sehr beliebt, weil sich die Aromen der ganzen Welt in ihr wiederfinden. Zum besseren Verständnis für diese gesunde und leichte Art des Kochens konzipierte der ehemalige und langjährige Küchenchef des Bangkok Hilton seine Thai Food Cooking Highschool im Mangostin Asia ursprünglich nur für seine Stammgäste. Inzwischen ist sie längst als ständige Einrichtung etabliert, und seine regelmäßigen Kochkurse bringen Genießern und Hobbyköchen Asia-Küchen-Feeling näher. Anfängern wird ein Thai-Basis-Kochkurs angeboten, mit ausführlicher Warenkunde, gemeinsamem Kochen und Zubereitung der pikanten und „berüchtigt-scharfen" Garnelensuppe „Tom Yam Gung" bis hin zur Herstellung knuspriger Frühlingsrollen und Anleitung zu augenfälligen thailändischen Früchte- und Gemüsedekorationen. Für Fortgeschrittene ist der Thai-Aufbau-Kochkurs mit erweiterter Kochtechnik, Kreationen diverser Vor- und Hauptspeisen und Lebensmittelinformationen zu empfehlen und schließlich, für die Perfektion in Sachen Thailands Küche, der Thai-Master-Kochkurs. Lehrstücke des Meisterkurses: „Yum vom frischen Taschenkrebs", „Stirfry von Abalonepilzen und Kammmuscheln", „Duo von der Ente (Lackente und gesimmerte Paloente)" und die Herstellung von spezifischen Dips. Bei allen Kursen werden natürlich die erlernten und gekochten Gerichte mit den passenden Getränken verkostet, teilweise beinhaltet das Angebot ein komplettes Menü samt Exotic-Drinks, und der Teilnehmer erhält neben einem Zertifikat auch die dazugehörigen Rezepturen.

Themen wie die „Herbale Küche Vietnams", „Asiatische Buffet-Kunst", „Japanische Zensai-Vorspeisen", „Indische und Südthailändische Curries", „Wok-Seafood-Kochkurs", „Sushi & History" und einen „Cocktail-Partysnack-Bar-Kurs", bei dem das Mixen von exotischen Cocktails vom klassischen „Mai Tai" bis zu „Lemongrass" und das Zubereiten von leckeren Partysnacks gezeigt wird, sind nur eine kleine Auswahl, die Joseph Peter im Repertoire hat. Ab 15 Personen aufwärts kann er in individuellen Kursen wirklich jedem beibringen, was in der Asia-Küche alles möglich ist. Als Service steht während der Kurszeiten von Mai bis September der „Food-Market im Mangostin" nicht nur den Teilnehmern zum Einkauf zur Verfügung. Der kleine, gut sortierte Markt im stimmungsvollen Garten des Restaurants ist samstags von 11 bis 14 Uhr auch für alle anderen Liebhaber der Thai-Küche geöffnet und offeriert die verschiedensten asiatischen Lebensmittel aus Direktimporten.

Kurzweilig, interessant, locker und mit viel Witz vermittelt der Kursleiter Grundsätzliches, gibt Tipps und zeigt Tricks zur Vervollkommnung des häuslichen Thai-Cooking. Gekrönt von einem exzellenten Essen sind die Samstagskurse von und mit Joseph Peter auch ein Treffpunkt für Gleichgesinnte. Übrigens: Ein Gutschein für „Einen Tag thailändisch Kochen lernen" ist eine tolle Geschenkidee. *(bk)*

Kochschule Joseph Peter
Im Mangostin-Asia

Maria-Einsiedel-Straße 2
81379 München

Telefon 0 89 / 7 23 20 31
Telefax 0 89 / 7 23 98 47

Kurse von Mai bis September
und auf Anfrage

½ Hummer in
Zitronengras
Nage

EMILIA

Emilia im OEZ

Feinkost aus Italien

Geschäftsführer: Dieter Wollner

Hanauer Straße 68
80993 München

Emilia im PEP

Ollenhauerstraße 6
81737 München

Telefon 0 89 / 14 34 64 20
Telefax 0 89 / 14 34 64 21

Sonntags geschlossen

Das ist die Geschichte von Emilia: Emilia ging auf Reisen. Ihr Mann war Banker, viel unterwegs und sie begleitete ihn oft bei seinen geschäftlichen Aktivitäten durch ganz Italien. Dann begann sie, aus der Not eine Tugend zu machen und unternahm weite Ausflüge aufs Land. Schon bald fühlte sie sich den Landschaften viel tiefer verbunden als den Metropolen, traf ihre Bewohner, sprach ihre Sprache und – fand Gefallen an ihrer Küche.

Ihre Reisen führten sie zunächst in die Regionen im Norden Italiens, auch heute noch Speisekammer für Feinschmecker. Sie durchstreifte die Lombardei mit ihren vorzüglichen Risotti, kostete den berühmten Parmaschinken und Parmigiano in der Emilia-Romagna, verglich die toskanischen Chianti zu Wild und Steinpilzen, durchquerte Ligurien und sah, wie aus den feinen Basilikumblättchen würziges Pesto wurde und besuchte den Piemont zur Trüffelernte.

Emilias Reisen wurden zu einem nicht enden wollenden Festessen. Mit unersättlicher Neugier suchte und fand sie Bäckereien, Käsereien, kleine Manufakturen, Olivenölmühlen, Essigkeltereien, Salumerien, dazu Nudelmacher und Winzer, deren höchstes Gut ihre seit Generationen weitergegebenen Verfahren und Rezepte sind. Meist waren es die einfachen Dinge, die Emilia besonderen Genuss und besondere Freude bereiteten.

So hält es Emilia noch heute: Ausgesuchtes für die Sinne mit den beiden italienischen Feinkostläden in den Münchner Einkaufszentren OEZ und PEP. Viele kleine Hersteller sind in den unterschiedlichen Regionen Italiens ansässig, die ihre Produkte noch nach ganz ursprünglichen Methoden herstellen. Das ist die Profession der Emilia-Macher: nach dem Besten und Besonderen, und dennoch Traditionellem der Cucina Italiana zu suchen. Die für Schinken und andere Köstlichkeiten verwendeten Rohstoffe werden fast ausschließlich aus dem Fleisch der Region gewonnen und unterscheiden sich deutlich von Industrieprodukten. Nur so gelingt es, den besonderen und unvergleichlichen Geschmack zu erreichen. Diese Hingabe und Sorgfalt der Auswahl spürt der Kunde sofort, der glaubt, im italienischen Schlaraffenland zu sein. Unübersehbar auch die Kompetenz der Mitarbeiter und des Services.

Schon beim Betreten einer dieser Delikatessen-Inseln werden Urlaubserinnerungen wach. Während der Parmaschinken frisch geschnitten wird, versüßt ein kostenloser Espresso den Aufenthalt. Alle Produkte können natürlich vor dem Kauf auf Qualität und Geschmack verkostet werden.

Zubereitungshinweise und vollständige Rezepte, ja sogar eine Empfehlung für den passenden Wein, werden vom freundlichen und hilfsbereiten Fachpersonal gerne mitgegeben. Ganz nach Wunsch können Wurst- oder Käseplatten namens „Emilia Classico & Gourmet" auch für zu Hause zusammengestellt werden. Emilias Sortiment umfasst herrlichen Parma-, Wildschwein- oder Rosmarinschinken, Mortadella, nach alter emilianischer Tradition gewürzt und in Heißluftöfen gegart, kleine Salamis, viele Käsesorten aus Kuh-, Schafs- oder Ziegenmilch wie Parmesan, echter sardischer Pecorino oder Büffelmozzarella, Nudeln und frisch gebackenes Brot, ausgesuchte Pralinen, beste Olivenöle, eine große Auswahl an Antipasti, hausgemachte Pestos und großartige Weine.

Neben all diesen Schlemmereien gibt es noch das streng gehütete Geheimnis aus einer kleinen Pizzabäckerei in Mailand: gleich hier direkt zum Essen eine original italienische Pizza, die ihresgleichen sucht. Für den einzigartigen Geschmack sorgen frische Zutaten und spezielle Steinöfen.

Und das mag Emilias Vermächtnis sein: auf ihren Spuren die Welt des guten Geschmacks zu entdecken, eine neue, andere Art von Genuss zu erleben, das Ganze mit Freunden oder der Familie zu teilen oder allein für sich einen Moment des Glücks zu finden. Mit den erlesenen und unverfälschten italienischen Spezialitäten aus den Emilia-Feinkostgeschäften ist dies bestimmt kein Kunststück mehr. Buon appetito! *(bk)*

Kulturelles und sportliches München

Die Stadt, in der Mozart gerne Hofkapellmeister geworden wäre und Richard Wagner mit einigen seiner bedeutendsten Opern Uraufführungs-Triumphe feierte, bietet ein unverwechselbares musikalisches Profil auf höchstem Niveau. An nur wenigen Orten der Welt gibt es ein vergleichbares Angebot im Bereich der klassischen Musik. Das Dreigestirn international renommierter Stardirigenten mit Christian Thielemann als Generalmusikdirektor der Münchner Philharmoniker, Zubin Mehta, Chef des Bayerischen Staatsorchesters und Mariss Jansons, Leiter des Symphonieorchesters des Bayerischen Rundfunks, prägen das Münchner Musikleben ebenso wie lebendige Konzertreihen mit Neuer Musik, Kammermusik- und Klavierabende, Open-Air-Events mit Opern und Sinfonien. Die Opernfestspiele 2006 läuteten das Ende einer höchst erfolgreichen Ära ein. Sowohl Generalmusikdirektor Zubin Mehta als auch Intendant Sir Peter Jonas verließen nach dieser Spielzeit die Bayerische Staatsoper. Ab 2007 führt Kent Nagano den Taktstock, der neue Intendant heißt dann Klaus Bachler.
Auch sportlich gesehen ist München Spitze. Im Jahr 2005 eröffnete die Allianz-Arena, Heimat der beiden Vereine FC Bayern und TSV 1860. Sie wurde als reine Fußball-Spielstätte von den Schweizer Architekten Jacques Herzog und Pierre de Meuron konzipiert. In nicht einmal drei Jahren Bauzeit ist ein architektonisch einzigartiger Fußball-Tempel entstanden. Die Außenfassade aus einer glatten, transluzenten Umhüllung mit Rautenmuster, die sich über Projektionen in unterschiedliche Farbenspiele tauchen lässt, gibt dem Gebäude eine fast magische Poesie. Das Innenleben des Stadions mit den drei Rängen garantiert für die 66 000 Zuschauer eine unmittelbare Nähe zum Spielgeschehen mit großer emotionaler Einbindung. Nichtsdestotrotz: Die Münchnerinnen und Münchner bewegen sich am liebsten unter freiem Himmel. Über 6 000 Sportangebote

Schloss Nymphenburg, ehemalige königliche Sommerresidenz

Im Brunnenhof der Residenz

Monopteros, Aussichtspunkt und Musentempel

in und um München beinhalten 250 unterschiedliche Sportarten, jedem die seine: Von Schwimmen, Tennis, Golfen, Inline-Skaten über Radfahren und Klettern gibt es alle Möglichkeiten. Wer aber gerne nach individuellen Vorgaben und ohne organisatorische Zwänge unterwegs ist, kann sich auf den zahlreichen Fitness-Parcours und Trimm-Dich-Pfaden im Grünen ertüchtigen, allem voran in den Isarauen und im Englischen Garten. Mit ihm besitzt München die größte innerstädtische Grünanlage der Welt, größer als der Central Park in New York und der Hyde Park in London. Bereits 1989 feierte er seinen 200. Geburtstag. Von Kurfürst Karl Theodor von Bayern in Auftrag gegeben, wurde der Park von dem Amerikaner Benjamin Thompson, dem späteren Grafen Rumford, angelegt. Auch der Hofgärtner Friedrich Ludwig von Sckell trug wesentlich zur Gestaltung nach englischem Vorbild bei. Im Laufe der Zeit gab es einige sehenswerte Ergänzungen, wie den Chinesischen Turm, den Kleinhesseloher See mit seinen romantischen Ruderbooten und dem Monopteros auf einem künstlichen Hügel erbaut, mit herrlichem Blick auf die turmreiche Stadtsilhouette und die Königliche Residenz als einem der Fixpunkte.

Der zur Residenz gehörige Hofgarten ist beliebte Innenstadt-Oase und zu allen Jahreszeiten ein Refugium inmitten des großstädtischen Trubels. Anfang des 17. Jahrhunderts nach dem Muster italienischer Renaissancegärten entstanden, im Norden und Westen von 125 Bögen umgeben, lockt er heute Kaffeehausbesucher an und ist zu einem Eldorado der Boulespieler geworden. Im offenen Dianapavillon, dem oktagonalen Mittelpunkt des Gartens, treffen sich im Sommer Tango-Tänzer zur nächtlichen Stunde. Draußen, vor dem Hofgartentor, ragt die angestrahlte Theatinerkirche in den dunklen Sternenhimmel.

Zum grünen und wasserreichen München gehört auch der kunstvolle Park von Schloss Nymphenburg mit seiner 300-jährigen Entwicklungsgeschichte. In Nymphenburg ist es gelungen, einen klassischen Landschaftsgarten von herausragender Qualität zu schaffen. Sein besonderer Reiz liegt im gleichzeitigen Fortbestehen geometrisch barocker Elemente in einem natürlich erscheinenden Umfeld. Durch ein ausgeklügeltes Kanalsystem mit dem Flüsschen Würm verbunden, wurde die Anlage mit Wasserspielen, Springbrunnen, Seen, Kanälen und einer Kaskade ausgestattet, alles angetrieben von Pumpwerken, die man jetzt noch in den historischen Brunnhäusern besichtigen kann. Hier zeigt sich München als eine Stadt zum Lustwandeln und zum Niedersetzen.

DREHRESTAURANT IM OLYMPIATURM

Höchster Genuss ist es im wahrsten Sinn des Wortes, denn nirgends in ganz München kann derjenige, der ganz hoch hinaus will, so exzellente Küche genießen wie im etwas ungewöhnlichen, weil runden Drehrestaurant im Olympiaturm. In exakt 181 Meter Höhe bewegt sich das Restaurant in 49 Minuten um 360 Grad und lässt einem rundum die bayerische Landeshauptstadt in ihrer ganzen Faszination zu Füßen liegen.

Ist es allein das mittlerweile kultige Olympiagelände schon wert, sich auf den Weg in Richtung Schwabing zu machen, so ist das Highlight mit Sicherheit der Besuch des Drehrestaurants auf einem der höchsten Türme nicht nur Bayerns, sondern der ganzen Republik. Der besondere Reiz liegt neben den Gourmetfreuden im eleganten Rahmen und im fantastischen Ausblick auf die Alpenkette am entfernten Horizont – allerdings sollte das Wetter ein wenig mitspielen. Am besten „erfährt" man den Olympiaturm am Abend zum Candlelight-Dinner: Der Sonnenuntergang, die Lichter der Stadt und ein atemberaubender Sternenhimmel krönen die exklusiven Gerichte von Küchenchef Alfred Rupp, der mit seinem Team regionales, internationales und mediterranes Crossover auf hohem Niveau offeriert. Hier ein

Drehrestaurant im Olympiaturm
Küchenchef: Alfred Rupp

Spiridon-Louis-Ring 7
80809 München

Telefon 0 89 / 30 66 85 - 85
Telefax 0 89 / 30 66 85 - 88

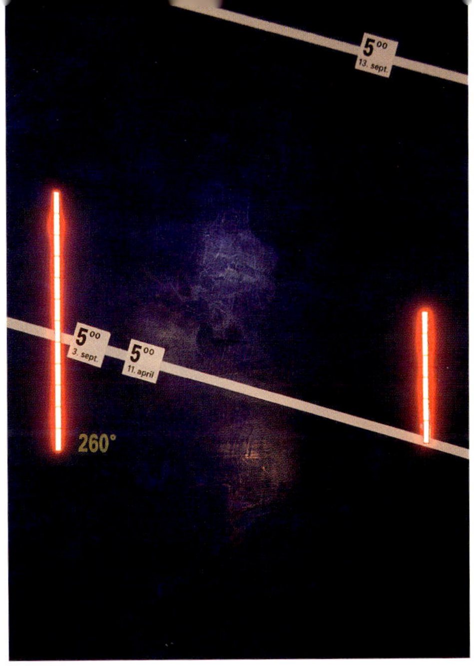

kleiner Vorgeschmack: „Perlhuhnbrüstchen mit Traubenkruste an bunten Frühlingssalaten mit gebratenen Shitaki-Pilzen". Oder: „Dorade Royale mit Lorbeer auf wildem Fenchel gebraten". Oder für Zwei: ein „Chateaubriand, auf heißem Stein serviert, umlegt mit Gemüse und Kartoffeln". Das „Mango-Chili-Parfait auf Salat von frischen Früchten und Beeren, auf Maraschinoschaum" lässt in jedem Fall möglichen Widerstand gegen Süßes dahinschmelzen. Das Gourmetmenü wird in sieben, wahlweise auch in vier Gängen serviert und gereicht der feinen klassischen Küche sehr zur Ehre. Aus dem gut sortierten Getränkeangebot empfiehlt der freundliche Service dazu gerne passende Weine aus der erlesenen Auswahl an internationalen Flaschenweinen.
Die Mittagskarte ist ebenfalls geprägt von Gerichten, die Lust auf außergewöhnliche Kombinationen machen. Hier lassen sich Geschäftsessen für den gehobenen Anspruch perfekt vereinbaren. Das Wichtigste für den langjährigen Küchenchef ist in jedem Falle immer der Einkauf der Produkte, deren hohe Qualität für ihn als Gastgeber erste Verpflichtung ist. All diese Komponenten, zusammen mit dem exponierten Platz, machen das Drehrestaurant im Olympiaturm zu einem ganz besonderen Stück München. *(bk)*

Schokoladen-Mohnmousse mit marmoriertem Kardamomeis

Zutaten

Schokoladen-Mohnmousse
40 g Eigelb
100 g Kuverture
1,5 Blatt Gelatine
30 g Eiweiß
50 g Rotweinmohn (175 ml Rotwein, 100 g gemahlener Mohn, 30 g Zucker)
250 g geschlagene Sahne

Kardamomeis
250 g Sahne
250 g Milch
100 g Zucker
1 Vanilleschote
5 Kardamomkapseln
4 Eigelb
2 EL Himbeermark

Zubereitung
Die Zutaten für den Rotweinmohn zusammen aufkochen und davon 50 g für das Mousse verwenden. Den Rest gut verschlossen im Kühlschrank aufbewahren.
Eigelb schaumig schlagen, Kuvertüre und Rotweinmohn beifügen, aufgelöste Gelatine dazugeben und nach und nach das geschlagene Eiweiß und die Sahne unterheben. In Förmchen abfüllen und kalt stellen.
Für das Kardamomeis Sahne, Milch, Zucker, Vanille und Kardamom ca. 5 Minuten köcheln lassen, vom Herd nehmen, vorsichtig das Eigelb einrühren, zur Rose abziehen (die Masse im Wasserbad so lange rühren, bis eine Bindung entsteht) und abkühlen lassen. In der Eismaschine frieren, herausnehmen und mit dem Himbeermark marmorieren.

SEVEN FISH

Seven Fish
Wein & Fischbar
Inhaber: Vasilis und Angelos Konstantinidis

Gärtnerplatz 6
80469 München

Telefon 0 89 / 23 00 02 19
Telefax 0 89 / 48 95 21 81

Sieben Fische aus sieben Meeren – das klingt nach mehr, macht neugierig. Seven Fish, der verheißungsvolle Name des Restaurants ist ein Synonym für alle essbaren Schätze der Ozeane, serviert im Ambiente der interessanten Unterwasserwelt. „Located" am kreisförmig angelegten Gärtnerplatz, zwischen Viktualienmarkt und Isarvorstadt, ist diese neue Kombination aus Fisch- und Weinbar so szenig und mondän wie die ganze Umgebung. Mit seiner coolen, zeitgemäßen architektonischen Eleganz bildet es einen reizvollen Kontrast zum gegenüberliegenden Gärtnerplatz-Theater mit seiner unverwechselbaren Fassade von 1865. In den großen Fenstern des puristisch modernen Lokals spiegelt sich feinste Klassik des 19. Jahrhunderts. Mit den im Inneren eingesetzten Materialien aus Marmor, Schiefer, gepaart mit warmem Ziegel- und anderen Natursteinen und einem blitzblauen Anstrich wie die Farbe des Wassers der Karibik, ist der Liebhaber von Fisch & Co. ganz sicher am richtigen Ort bestens angelandet.

Tagsüber als elegante „Essbar" anzusehen, gehört Seven Fish mit seiner Abendkarte absolut zur gehobenen Münchner Restaurant-Szene. Sei es ein „Hummersüppchen mit Flusskrebsen" zum Start, eines der Gerichte aus dem „Seafood Experience" wie Jumbo Gamba & Rotbarbe mit Paprika-Vanillepolenta und Granatapfel oder Café de Paris, Wolfsbarsch mit Rosinen-Süßkartoffelgemüse, die den Gaumen überraschen, oder etwa Pasta, natürlich mit Meeresfrüchten, und frische „Business-Salate", Küchenchef

Jochen Laaß versteht sein Handwerk. Täglich wird Neues kreiert, selbstredend abhängig davon, was aus Meer und See frisch auf den Markt kommt. Ein kleines Non-Seafood-Angebot überzeugt auch diejenigen, die Lust auf etwas anderes verspüren.
Der vorzüglichen Küche folgen hervorragende Weine, wie es einer eleganten Weinbar nur zu gut zu Gesicht steht. Die beiden Inhaber Vasilis und Angelos Konstantinidis bieten auf ihrer wohlsortierten und üppig umfangreichen Karte nicht nur die besten Weine aus ihrer griechischen Heimat, sondern bewährte Rebsorten und Raritäten aus aller Herren Länder an: Österreich, Deutschland, Italien, Spanien und Frankreich, Ausgewähltes aus den USA, Australien und Südafrika, Chile, ja sogar Argentinien. Dass sie neben Fischen und Meeresfrüchten auch Experten in Sachen Wein sind, beweisen die beiden leidenschaftlichen Gastro-Profis mit einer ganz neuen Dependance: Im zweiten Szene-Viertel Münchens, in Haidhausen rechts der Isar, haben sie 2006 ganz neu die Wein-Cantina eröffnet und geben dort ihr gesammeltes Weinwissen samt kleinen kulinarischen Köstlichkeiten an alle Genießer weiter. *(bk)*

München

Fisch-Maki mit Butterfisch und Karotten-Daikonrettich-Salat

Zutaten

Reis
400 g Sushi-Reis aus dem Asia-Markt
40 ml Reisessig
20 g Zucker
20 g Salz

Maki-Rollen
100 g gebeizten Butterfisch
4 ganze Noriblätter
400 g gekochten Sushi-Reis
16 eingelegte Kürbisstreifen aus dem Asia-Markt
4 Avocados
200 ml Sojasauce

Salat
8 Karotten
2 Daikonrettiche aus dem Asia-Markt
10 g Zucker
10 g Salz
20 ml Reisessig
60 ml Sonnenblumenöl

Zubereitung
Den Sushi-Reis in einem Reiskocher zubereiten, anschließend Reisessig, Zucker und Salz in den gekochten, noch dampfenden Reis geben und evtl. nachwürzen.
Den so vorbereiteten Sushi-Reis mit Klarsichtfolie abdecken und auskühlen lassen.
Den abgekühlten Sushi-Reis am unteren Ende der ausgebreiteten Noriblätter zu 2/3 verteilen, dabei den oberen Rand (ca. 1/3) frei lassen. Butterfisch, Kürbisstreifen und Avocadostifte mittig auf die Noriblätter legen und das ganze mittels einer Sushi-Matte einrollen. Danach in 12 gleichmäßig große Stücke schneiden.
Gemüse in kleine Stifte reiben. Die übrigen Zutaten in einer Schüssel verrühren und zum Gemüse geben, abschmecken und evtl. nachwürzen. Zusammen mit dem Sushi anrichten.

CORRETTO

Corretto – das klingt schon so schön italienisch und das ist es auch: Ein kleiner schwarzer Espresso mit einem Schuss hochprozentigem Grappa, der „Caffé Corretto" belebt die Sinne. Nicht nur einen kleinen Schuss italienischer Lebensart hat das gleichnamige Café-Restaurant-Bar Coretto in Münchens westlichem Stadtteil Untermenzing in sich. In der Multi-Lokalität, mit der Holzofenpizzeria als Kernstück, fühlt sich der Gast gänzlich ins heutige Italien versetzt.

Ein leuchtendes und doch warmes Orange an den Wänden, puristisch und ohne Schnickschnack, kombiniert mit dem dunklen Holz der funktionalen Stühle und Tische, bestimmt das Erscheinungsbild. Die raffinierte indirekte Lichtgestaltung verbreitet eine angenehme Atmosphäre. Seitliche große Glasfenster geben dabei den Blick nach draußen auf die Villen der Nachbarschaft frei.

Mitinhaber Lamberto da Re („Ciccio") pflegt neben seiner Liebe zum Essen noch eine andere Leidenschaft – die zur zeitgenössischen Kunst. Dezent und fein auf das Ambiente abgestimmt, präsentiert er die Werke des italienischen Fotokünstlers Giancarlo Dall'Antonia. Das Corretto hat zwei verschiedene Gesichter: Tagsüber elegant-unprätentiös und bistroartig, abends stimmungsvoll mit Kerzen und Bar-Restaurant-Touch. Willkommen ist im Lokal mit seiner ebenfalls mediterran gestalteten Gartenterrasse jeder und jeden Tag. Ob nur auf ein Eis aus hauseigener Produktion, ein Glas Wein, einen Cocktail, ob zum „Astro-Frühstück", ob auf eine der klassischen oder auch selbst zusammengestellten Wunschpizzen bis hin zum individuellen Sechs-Gänge Menü – Familien

Corretto
Inhaber: Carlo Rieder und
Lamberto da Re

Haldenbergerstraße 28
80997 München

Telefon 0 89 / 14 34 81 48
Telefax 0 89 / 58 98 73 75

und Geschäftsleute werden vom freundlichen und aufmerksamen Personal gleichermaßen verwöhnt. Nachmittags gibt es aus der Vitrine leckeren italienischen Kuchen und selbstverständlich original italienischen Kaffee dazu.
Viele Facetten hat auch die Küche: Küchenchef Rui Fae, Brasilianer italienischer Herkunft, ist spezialisiert auf hauchdünne, hausgemachte Pasta. Bei seinen Canneloni, gefüllt mit Kaninchen und Artischocken, Ravioli mit Rote Bete und Ricotta in Butter-Salbei-Sauce oder anderen Feinheiten wähnt sich so mancher Liebhaber im Nudelhimmel. Das Corretto hat keine „Standard"-Karte, Tagesgerichte werden handschriftlich unkonventionell auf ein großes weißes Blatt Papier geschrieben. Abends wechselt das kleine Speisen-Angebot mit der jeweiligen Stimmung: Zwei Vorspeisen, zwei Nudelgerichte, ein Fisch- und ein Fleischgang und zweimal „Dolce", alles nach traditioneller Art, die ausgesuchten Weine inbegriffen, lassen Italien ganz nahe rücken. *(bk)*

Rote-Bete-Ravioli

Zutaten Pastateig
400 g Mehl
100 g Hartweizenmehl
1 Prise Salz
7 Eigelb
2 Eier
1 TL Olivenöl

Füllung
2 Knollen frische Rote Bete
250 g Ricotta
Salz, Pfeffer aus der Mühle

Zubereitung
Mehl und Salz in einer Schüssel vermischen. Die Mischung auf die Arbeitsfläche geben, anhäufeln und eine Mulde in die Mitte drücken. In die Vertiefung die Eigelbe, die Eier und das Öl geben und das Mehl mit der Hand einarbeiten. Das Ganze gründlich verkneten, bis ein fester, elastischer Teig entstanden ist. Den Nudelteig in Frischhaltefolie einschlagen und für eine halbe Stunde in den Kühlschrank stellen. Für die Füllung die Rote Bete sehr weich garen, kalt abschrecken, schälen und pürieren (möglichst Einmal-Handschuhe verwenden, da das Gemüse die Hände verfärbt!). Das Püree in ein Tuch geben und auspressen. Den Saft auffangen, ca. 100 g Püree mit Ricotta vermengen und mit Salz und Pfeffer abschmecken. Kurz beiseite stellen.
Für die Ravioli mit der Nudelmaschine aus dem Teig hauchdünne Bahnen rollen und auf der mit etwas Mehl bestreuten Arbeitsfläche auslegen. Eigelb in eine Schüssel geben, umrühren und die Hälfte der Teigbahnen damit bestreichen. Die Füllung möglichst mit einem Spritzbeutel mit etwas Abstand in haselnussgroßen Portionen auf den Teig setzen. Das Ganze mit der zweiten Teigplatte abdecken. Den Teig um die Füllung gut andrücken und die Ravioli mit einem Förmchen ausstechen. Die Butter und den Salbei mit etwas Gemüsefond in einen kleinen Topf einrühren und so lange köcheln lassen, bis die Masse cremig ist. Die Ravioli in einem großen Topf mit Salzwasser etwa 2 bis 3 Minuten „al dente" garen lassen. Zum Servieren die Ravioli auf vorgewärmten Tellern anrichten und den Buttersalbei darüber geben.

LEBENSART R. WITTGENSTEIN

Lebensart R. Wittgenstein

Inhaberin: Renate Wittgenstein

Blumenstraße 17
80331 München

Telefon 0 89 / 24 23 46 00
Telefax 0 89 / 24 23 46 01

Sonntags geschlossen

Kunden sind Gäste – das ist seit der Geschäftseröffnung im Jahre 2000 die Maxime von Renate Wittgenstein. Wer immer die Lifestyle-Galerie Lebensart in der Blumenstraße, unweit des Viktualienmarktes, betritt, steht als Mensch im Mittelpunkt und soll sich in erster Linie einmal wohl fühlen. Das fällt leicht. Großzügige, lichte Flächen und hochwertige Produkte laden zum Verweilen und Erkunden ein. Hervorragend geschultes Personal steht für Fragen jederzeit und diskret bereit.

Weil der Mensch sich nicht nur kleidet, sondern auch isst und wohnt, sah das Konzept der Inhaberin von Beginn an vor, diese drei wesentlichen Aspekte des menschlichen Lebens in der Produktpalette widerzuspiegeln. Das Angebot umfasst stilvolle Damen- und Herrenmode renommierter Designer mit passenden Accessoires, Schmuck, Wohnaccessoires erstklassiger Hersteller und alles, was eine Küche wirklich braucht.
Die Messlatte bei Design und Qualität liegt hoch, erstklassig muss es sein, mit einer

hohen Konstanz seitens des liefernden Herstellers. Das kann, muss aber nicht teuer sein, das richtige Preis-Leistungs-Verhältnis zählt. „Was dieser Maxime entspricht, das entscheide ich – aus dem Bauch“, so Renate Wittgenstein. Ihr jahrelang geschultes Auge und ein ausgeprägtes Gefühl für die schönen Dinge des Lebens bilden dafür die entscheidende Voraussetzung.

Bei ihrer Produktauswahl setzt die Chefin auf qualitativen Purismus. Es gibt alles, was man in der Küche und zum Wohnen braucht, reduziert auf die Quintessenz aus Notwendigkeit und bester Qualität. Renate Wittgenstein, aktives Slow-Food-Mitglied, erläutert dies beispielhaft beim Rundgang: „Zwei Messer, eines mit großer und eines mit kleiner Schneide, mehr braucht eine Küche nicht. Der Stahl für unsere exzellenten Klingen kommt aus Japan und wird mit speziellen Schleifsteinen geschliffen. Diese Messer werden noch an die Enkel vererbt!“

Lebensart spricht Menschen an, die umweltbewusst, klassisch gebildet und kultiviert sind. Das hat nicht unbedingt mit der Höhe des Einkommens zu tun. Schöne Dinge dürfen auch einfach nur bewundert werden. Und die Inhaberin ist vehement gegen den schnellen Konsum. Wer sich nach reiflicher Überlegung wirklich etwas leisten und mit Sorgfalt damit umgehen möchte, kann auch die Lust am sinnvollen Sparen neu entdecken.

Ihre Ideen, die sie auf ihren häufigen Reisen, bei Messebesuchen und aus Büchern und Magazinen gewinnt, setzt sie eigenhändig phantasievoll in Szene. Die themenorientierte Präsentation ihrer Produkte in jahreszeitliche Aktionen zaubert anregende Bilder in die Köpfe und entlässt die Entdeckungsreisenden bereichert wieder in die Wirklichkeit Münchens.

Auch internationale Reisende will sie mit ihrem Konzept ansprechen, sofern sie ihre Lust auf Entdeckungen nicht in der Uniformität der metropolen Shopping-Malls verloren haben. „Wider die Konformität und für mehr Lebenskultur“, so der Leitgedanke ihres Konzeptes, als sie, nach Jahren der Beratungstätigkeit für andere und als Produktmanager in der Industrie, ihr erstes eigenes Geschäft eröffnete. Diese Geschäftsphilosophie kommt an.

Dem Trend, viel Geld für Werbung auszugeben, mag Renate Wittgenstein nicht folgen. Sie investiert lieber in Menschen. Nach gängigen Kriterien verfügt Lebensart über einen hohen Personalbestand, doch nur so kann sie für den Kunden gewährleisten, dass er qualifiziert Informationen bekommt, wenn er sie benötigt. Konsequenterweise entsprechen die Mitarbeiter von Lebensart dem hohen Stellenwert der Kunden und der Güte der Waren.

Die eigene Motivation wurzelt hingegen in der Freude an der Arbeit, der Lust am Gesundsein und -bleiben, der Nähe zur Natur und vor allem Dankbarkeit über den eigenen Platz im Leben. „Ich will sorgfältig umgehen mit dem, was ich bekommen habe“, sagt sie mit einem nachdenklichen Blick auf die kleinen und großen Schätze von Lebensart. Und ihre Freude daran ist unübersehbar. Die Kunden spüren dies – und honorieren es. *(ne)*

KAISERGARTEN

Bei Kaiserwetter ist es natürlich am schönsten in der Schank- und Speisemeisterei Kaisergarten, ein klein wenig abseits der quirligen Leopoldstraße mitten in Münchens Künstlerviertel Schwabing gelegen. Denn das altbekannte Lokal verfügt über einen sehr schönen Garten mit großen Holztischen und Bänken, um die alten Kastanienstämme sind sogar kleine Tische herumgebaut. Sobald man draußen sitzen kann, kehrt hier zusammen mit den Gästen auch Natur ein. Der schmiedeeiserne Zaun, Hauswand und Mobiliar werden „wie zufällig" mit Blumenschmuck bestückt, am Abend brennen viele Kerzen: sommerliche Romantik pur. Dann werden die Kaisergarten-Freaks an der Gartenbar mit „Sekt-Rose" oder der legendären „Erdbeer-Bowle" empfangen.
Hausherren sind seit Frühjahr 1998 die jungen Gastronomen Markus und Florian Thatenhorst – seit kurzem gibt's auch eine Wirtin Steffi – die die alte Gaststätte damals in weniger gutem Zustand übernommen haben. Dann wurde von Grund auf renoviert: im Restaurant drinnen die fehlende Wandvertäfelung ersetzt, ein neuer Dielenboden ausgelegt und Tische und Bänke, mit dunkelgrünem Leder bezogen, Stühle aus England herbeigeschafft. An der Rückwand befindet sich ein überdimensionaler „Setzkasten", jeweils nach jahreszeitlichem Motto dekoriert. Alte, prachtvolle Kronleuchter erinnern an glanzvolle wilhelminische Zeiten, denn der Kaisergarten ist schon seit der Wende zum 20. Jahrhundert Teil eines wunderschönen Jugendstilhauses in der gleichnamigen Straße. Er wurde von jeher gerne von Intellektuellen, Schriftstellern und Künstlern als Treffpunkt genutzt und hatte seinen Höhepunkt in den 1920er und 1930er Jahren, später noch einmal in den 1960ern, als Schwabing die Hochburg allerlei Vergnügungen war. Seitdem hat sich freilich viel geändert, den Wirtsleuten aber ist es gelungen, das Gasthaus wieder so zu etablieren, dass es seinen bayerisch-cosmopolitschen Ursprung nicht verheimlichen, aber auch nicht stur an ihm haften muss.

Kaisergarten
Inhaber: Steffi, Markus und Florian Thatenhorst

Kaiserstraße 34
80801 München

Telefon 0 89 / 34 02 02 03
Telefax 0 89 / 33 07 95 26

Der ebenfalls junge und engagierte Küchenchef Andreas Schmidt berücksichtigt in seiner modern-bayerischen Küche die Einflüsse der umliegenden Nachbarn Österreich, Italien und Frankreich und bringt viele eigene Ideen und Visionen mit. Den Klassiker „Wiener Schnitzel" setzt er beispielsweise etwas anders um als andere: Es ist vom Kalbsfilet mit Meerrettich-Schaum und Rote-Bete-Gratin. Bei den Weinen bleibt man vorwiegend im Lande und den besagten Nachbarn. Der Abend im Kaisergarten beginnt manchmal mit einem „Kleinen Gruß aus der Küche", manchmal mit Speck, dünn aufgeschnitten von einer antiken italienischen Aufschnittmaschine. Die Speisekarte wechselt wöchentlich und nimmt Rücksicht auf das saisonale Angebot der Zutaten. An der kommunikativen Bar trifft sich Schwabinger Publikum erst zum Aperitif, dann zum ausgesuchten Digestif – und für alles dazwischen. *(bk)*

Wiener Schnitzel vom Kalbsfilet an marmoriertem Kartoffel-Rote-Bete-Püree und Meerrettich-Schaum

Zutaten

1 Kalbsfilet, vom Metzger pariert, 3 Bio-Eier, 1/2 Kastenweißbrot, 200 g geklärte Butter, Mehl, Meersalz, frischer Pfeffer, 1 kg mehlige Kartoffeln, 2 vorgekochte und geschälte Rote Bete, 100 g Butter, Olivenöl, Sahne, Muskat, 3 Schalotten, 1 frischer Meerrettich, 100 ml trockener Weißwein, 200 ml Sahne, 50 g Butter, Olivenöl, 1 Zweig Thymian, 1 Lorbeerblatt

Zubereitung

Das Kalbsfilet in acht gleiche Stücke teilen, das Kastenbrot entrinden und mit dem Mixer zerbröseln. Die Eier aufschlagen, verquirlen und wie das Mehl und die Panierbrösel in je eine Schüssel geben. Das Kalbsfilet leicht andrücken, mit Salz und Pfeffer würzen, erst in Mehl, dann im Ei wenden, beidseitig in die Brösel drücken. Eine große Pfanne mit der geklärten Butter erhitzen und die Kalbsfilets von jeder Seite goldbraun anbraten. Die Schnitzel aus der Pfanne nehmen, auf ein Grillblech legen und ca. 5 Minuten bei 180 °C im Ofen „medium" backen. Abgedeckt 3–5 Minuten ruhen lassen.

Für das Püree die Kartoffeln schälen, in große Stücke teilen, in Salzwasser weich kochen und durch eine Kartoffelpresse drücken. Rote Bete in Würfel schneiden und mit etwas Olivenöl, Salz und Pfeffer pürieren. Den Kartoffelschnee mit Butter und Sahne verrühren sowie mit Salz, Pfeffer und Muskat würzen. Zum Schluss die Rote-Bete-Masse vorsichtig mit einem Esslöffel unter das Kartoffelpüree heben.

Für den Meerrettich-Schaum die Schalotten schälen und in kleine Würfel schneiden. Den Meerrettich ebenfalls schälen und auf einer Käsereibe fein hobeln. Einen Topf mit Olivenöl erhitzen, die Schalotten glasig anschwitzen, mit Weißwein ablöschen und auf 1/3 reduzieren. Sahne, Meerrettich und das Lorbeerblatt zugeben und bei schwacher Hitze ca. 20 Minuten köcheln lassen. Mit Salz, Pfeffer und Thymian abschmecken, durch ein feines Sieb abseihen, pürieren und vor dem Servieren mit Butter und etwas Mineralwasser aufschäumen. Mit den Schnitzeln anrichten.

SPEISEMEISTEREI LA TRATTORIA

Eine „Haustrattoria" ist sie, die Speisemeisterei, für die Liebhaber der Küche von La Mamma und La Nonna, die hier in Perfektion zelebriert wird. Ganz nahe am romantischen Flüsschen Würm und dem Nymphenburger Kanal gelegen, verführt sie nicht nur die Bewohner aus den umliegenden Häusern des Stadtteils Obermenzing dazu, die eigene Küche öfters einmal kalt zu lassen.

Am Herd steht der sizilianische Küchenchef und Mitinhaber Domenico Bavastrelli, der mit seinen bodenständig-italienischen Gerichten ganz eindeutig seiner Heimat verbunden ist. Zu seinen Speisekreationen, wie Wildschweinschinken-Carpaccio mit mariniertem Gemüsebouquet und einer Scheibe Pecorino-Käse, Grüne Muscheln gratiniert auf Oktopus-Carpaccio, Tagliatelle mit gemischten Pilzen und Speck oder ein Entrecôte mit Kapern, Oliven und Tomatenfilet, die ursprünglich „Essen für Arme" waren, lässt sich nur sagen: „Il mangiare era eccellente!" („Das Essen war ausgezeichnet!"). Umso mehr noch, wenn man es mit einem süßen Dessert abschließt, wie hausgemachtem Gianduia-Parfait mit Schokoladensauce oder einem frischen Obstsalat mit Mascar-

Speisemeisterei
La Trattoria

Inhaber: Carlo Rieder und
Domenico Bavastrelli

Westerholzstraße 1
81245 München

Telefon 0 89 / 88 29 01
Telefax 0 89 / 82 02 07 16

pone und Joghurteis. Viele klassische Nudelgerichte klingen genauso wie die verschiedensten Pizzen nach Sommer, Sonne und Meer in Süditalien. Bei den Weinen ist die Auswahl keineswegs auf diese Region beschränkt. Neben hervorragenden roten „Sizilianern" stammen die übrigen köstlichen Weine aus allen Provinzen Italiens.
Es ist aber auch schön, nur einen Capuccino oder Averna mit Zitrone zu trinken und die Nostalgie der Inneneinrichtung zu bewundern. Die dunkle Kassettendecke, die durch helle Farben und schlichte Freskenmalerei aufgelockert ist, und die rustikal-einfachen Dekorationen, wie die „antiken" Flaschen auf der Umrandung der Holvertäfelung ringsum, zahlreiche Bilder, Kerzen und ein kleines Podest im vorderen Teil des Gastraumes machen das Lokal erst zur richtigen Trattoria und den Gast mittendrin gänzlichst zufrieden. Der Blick durch die zimmerhohen Fenster und den romantischen Erker hinaus in den spitz zulaufenden Garten, der zur Sommerzeit 200 Personen aufnehmen kann, zeigt viel Grünes, fast wie auf dem Lande.

(bk)

Mittelmeer-Goldbrassenfilets mit Donna-Fugata-Sauce

Zutaten

300 g entgrätetes Goldbrassenfilet pro Person
Mehl
Olivenöl
etwas Weißwein („Donna Fugata")
500 g Kartoffeln
frischer Basilikum
300 g Cherry-Tomaten
4 Knoblauchzehen mit Schale
weißer Pfeffer
Salz

Zubereitung

Die Kartoffeln kochen, etwas abkühlen lassen und dann samt der Schale der Breite nach in feine Scheiben schneiden.
In einer Pfanne etwas Olivenöl erhitzen. Die ungeschälten Knoblauchzehen dazugeben, ebenfalls kurz erhitzen und anschließend wieder entfernen. Die entgräteten Goldbrassenfilets in etwas Mehl wenden und dann in das heiße Öl geben. Von jeder Seite etwa drei Minuten anbraten, dann mit dem Wein „Donna Fugata" ablöschen. Mit weißem Pfeffer und Salz würzen. Bei ausgeschaltetem Herd zum Schluss die Cherry-Tomaten und den frischen Basilikum dazugeben und kurz andünsten. Die Kartoffelscheiben auf einem Teller ziegelförmig anordnen, darauf die gebratenen Fischfilets mit der Sauce anrichten und servieren.

WEINKEHR

Man nehme eine gute Portion österreichischen Charme, eine große Auswahl an ausgezeichneten Weinen, klassische alpenländische Küche, ein unaufdringlich modernes Ambiente und eine noble Umgebung: Das Restaurant Weinkehr im Münchner Bankenviertel ist das wohlgelungene Resultat.

Dort steht das „Oberösterreich-Haus", in dessen historischen Gewölben aus dem 19. Jahrhundert das Restaurant sein Domizil gefunden hat. Lodernde Fackeln weisen den Weg die Treppen hinunter, und überraschend hell und modern zeigt sich das Kellerlokal von seiner besten Seite. In feinem Weiß eingedeckte Tische bilden den perfekten Kontrast zum dunklen Holz des Mobiliars und der Wandverkleidung. Rot-Weiß-Rotes Dekor weist wie die Vitrinen mit den kostbaren Spitzenweinen aus ganz Österreich auf das Heimatland hin. An der schönen Bar am Eingang lässt sich auch nur einmal ein Wein „beißen", d.h. Weine von allen namhaften österreichischen Winzern probieren und natürlich auch mitnehmen. Unverzeihlich wäre es aber dann doch, in der Weinkehr auf die Klassiker und die Neuinterpretationen aus der Küche von Küchenchef Manfred Müller zu verzichten. Landestypische Gerichte, angefangen bei den Suppen wie Erdäpfelrahmsuppe mit Flusskrebsen, Kürbis- oder Steinpilzcremesuppe mit Schwarz-

Weinkehr
Betriebsleiter: Harald Limberger

Brienner Straße 23
80333 München

Telefon 0 89 / 5 12 66 28 58 96
Telefax 0 89 / 5 12 66 28 59 99

Ruhetag: Sonntag

brotcroutons, und die Hauptgerichte wie der klassische Tafelspitz, gedünstete Kalbsvögerl „Alt Wiener Art" oder eine „Weinkehr-Forelle im Speckmantel" garantieren kulinarische Abwechslung. Ein Großteil der qualitativ hochwertigen Zutaten stammt, um authentisch zu bleiben, direkt aus unserem südlichen Nachbarland. Bei den gehaltvollen Nachspeisen liegen die Österreicher bekanntermaßen sowieso ganz vorne: Gebackene Apfelradeln auf Zimt-Sauerrahm-Sauce oder Rahmdalken auf Waldbeerröster und Topfenpalatschinken mit Vanillecreme lassen sich herrlich mit einem heimischen Digestif aus der Produktion der bekanntesten österreichischen Edelbrandherstellern kombinieren.

„Kork raus – Österreich drin!" heißt es auch im Gastgarten im Innenhof. Abgeschirmt von der Hektik der Großstadt lassen sich dort im Sommer Weindegustationen mit Menüführungen genießen, die im Restaurant mehrmals im Jahr veranstaltet werden.
Ein großes Stück Österreich hat Betriebsleiter Harald Limberger aus dem oberösterreichischen Linz mit seiner Weinkehr nach München gebracht – rundherum ein Küss-die-Hand-Gefühl, zu verdanken auch dem sehr freundlichen und professionellen Serviceteam. Meine Verehrung. *(bk)*

Kalbsvögerl „Alt Wiener Art"

Zutaten

1 kg Kalbsvögerl (ausgelöste Kalbsstelze)
4 EL Öl
3 dl Suppe
1/8 l Sauerrahm
20 g Mehl glatt
Zitronenschale, gerieben
Zitronensaft
Salz
Mehl zum Wenden

Zubereitung

Vögerl putzen, allerdings ohne die Deckhäute abzuziehen, und entlang der Muskelstränge in Stücke teilen. Fleisch salzen und in Mehl wenden. Öl in der Kasserolle erhitzen, Vögerl darin allseitig anbraten, mit Suppe aufgießen. Leicht salzen und zudecken. Ca. 1,5 Stunden dünsten, dabei die Flüssigkeit nach Bedarf ergänzen. Sauerrahm mit Mehl abrühren, Vögerl aus dem Saft heben und das Mehl-Sauerrahmgemisch einrühren. Zitronenschale beigeben, durchkochen, passieren und etwas Zitronensaft dazu gießen. Kalbsvögerl einlegen, ein wenig ziehen lassen und servieren.
Als Beilage: Bandnudeln oder Spätzle.

WIRTSHAUS ZUM STRAUBINGER

Wirtshaus Zum Straubinger
Wirt: Hermann Zimmerer

Blumenstraße 5
80331 München

Telefon 0 89 / 23 23 83 0
Telefax 0 89 / 23 23 83 20

Gemütlichkeit geht hier über alles – das merken diejenigen, die die paar Stufen zum Portal dieses gastlichen Hauses hinaufgehen, als Allererstes. Die Rede ist vom Wirtshaus Zum Straubinger, früher bekannt als Straubinger Hof, im Alt-Münchner Angerviertel gelegen, nahe der Innenstadt und dem Viktualienmarkt, direkt gegenüber der neuen Schrannenhalle.

Das Gasthaus steht nach eingehender Renovierung in neuem Gewand für die traditionsbewusste Münchner Wirtshauskultur, angelehnt an die Zeit der Jahrhundertwende. Anheimelndes altes Mauerwerk mit roten Ziegelsteinen in den freigelegten, innen liegenden Fensterbögen fällt sofort angenehm ins Auge, die lange Biertheke, ein wohliges Kaminfeuer und geschmackvolle Dekorationselemente vervollständigen die behagliche Atmosphäre. Lange Tische und gemütliche Bänke laden im großen Gastraum mit 100 Sitzplätzen zum längeren Verweilen ein. Im Stüberl können sich noch einmal 35 Gäste wie daheim fühlen. Der schöne Wirtsgarten spendet an sonnigen Tagen mitten in der Stadt erholsamen Schatten unter alten Linden- und Kastanienbäumen. Bis zu 180 Biergartenfreunde können dort, bei gepflegten Paulaner-Bieren und schmackhaftem Essen, in bester Stimmung sitzen.

Der Wirt, Hermann Zimmerer, schaut zusammen mit Küchenchef Joachim Bauer und den beiden Restaurantleitern Georg Schmideler

und Horst Merwald darauf, dass ein jeder das findet, was und wie er es gerne mag. In der umfangreichen Speisekarte stehen viele Straubinger-Klassiker und zusätzlich auf den Schiefertafeln täglich wechselnde bayerische Schmankerl. Opulentes wie „Bruder Straubingers Festschmaus in der Pfanne serviert" (bestehend aus ofenfrischer Ente, saftigem Schweinsbraten, resche Haxn, Bratwürstl, Sauerkraut, Apfelblaukraut, zweierlei Knödel und Bratensaft) wird genauso aufmerksam vom trachtigen, leder-behosten Straubinger-Team an den Tisch gebracht wie eine einfache Brotzeit. Täglich ab 10.00 Uhr geöffnet, gibt es werktags unter dem Motto „Auftischt't is" preiswerte Mittagsgerichte für den eiligen Gast. Dennoch steht die Ruhe für eine gepflegte Mahlzeit aus der gehobenen Küche im Vordergrund, auf die das Wirtshaus besonderes Augenmerk legt. Rundherum wohl fühlen und auch einmal einen Extrawunsch erfüllt bekommen, das macht das Wirtshaus um Straubinger zu dem, was es für alle, Einheimische wie Fremde, ist: gemütliches Sitzen und Reden bei feinem bayerischen Essen. *(bk)*

Straubingers Schweinsbraten-Ravioli

Zutaten Nudelteig

400 g Mehl, 100 g Hartweizen-Griess, 1 Prise Salz, 6 Eigelb, 2 Eiweiß (werden später zum Bestreichen benötigt)

Füllung

500 g gebratener Schweinsbraten, 2 Äpfel, 1 Zwiebel, 1 Stange Staudensellerie, 1 TL Butter, 20 Blätter frischer Majoran, 1 Prise Salz, Pfeffer aus der Mühle , 100 ml Orangensaft

Zubereitung

Für den Teig alle Zutaten ohne das Eiweiß mit den Händen kräftig verkneten, bis ein fester, geschmeidiger Teig entsteht. Den Teig in Folie wickeln und eine Stunde bei Zimmertemperatur ruhen lassen.

Für die Füllung den Schweinsbraten, die Äpfel, den Staudensellerie und die Zwiebeln würfeln und in der Butter bei niedriger Temperatur andünsten, ohne Farbe nehmen zu lassen. Mit Orangensaft aufgießen und zwei Minuten köcheln lassen. Mit der Moulinette eine Farce erstellen und mit Salz, Pfeffer und Majoran abschmecken.

Den Nudelteig zwei mm dünn ausrollen. Auf eine Hälfte des Teiges die Farce walnussgroß in gleichen Abständen verteilen. Den Teig zwischen den Abständen mit dem Eiweiß bestreichen. Die zweite Teighälfte darüber klappen und die Zwischenräume gut mit den Fingern andrücken. Mit einem Pizzaroller werden die Ravioli sauber zugeschnitten.

Die Ravioli in sprudelndem Salzwasser gar kochen, anschließend in Salbeibutter schwenken und heiß servieren. Dazu passt ausgezeichnet Krautsalat oder glaciertes Gewürz-Blaukraut.

ZOE'S RESTAURANT

Zoe's Restaurant
Inhaber: Yen und Caesar Witzel

Cosimastraße 133
81925 München

Telefon 0 89 / 95 60 30
Telefax 0 89 / 52 31 03 15

Samstag Mittag geschlossen

Eine gelungene Euro-Asiatische Kombination ist das moderne Ambiente und eine perfekte euro-asiatische Kombination sind auch die Gastgeber Yen und Caesar Witzel. Yen ist in Vietnam geboren und führt zusammen mit ihrem Mann Caesar das neue asiatische Restaurant Zoe's am Rande von Münchens Nobelviertel Bogenhausen. Zoe heißt die kleine Tochter der beiden und sie ist die Namensgeberin des sehr schicken Lokals. Die Speisekarte mit gut ausgesuchten asiatischen Gerichten bedeutet eine kulinarische Reise durch drei verschiedene fernöstliche Länder: Thailand, Vietnam und China sind im Zoe's jeweils mit exzellentester Küche vertreten. Traditionelle, wenngleich ausgefallene Vorspeisen, Suppen, Salate, Hauptgerichte mit Fisch, Fleisch oder Nudeln und Desserts sind Standard. Die „Renner": Ente gegrillt nach traditioneller Art auf Pakchoi-Gemüse und süßer Sojasauce, das Thai-Gelbcurry mit Hähnchenbrust und frischer Ananas, Zitronengras und Limettenblättern sowie Seezunge im Ganzen gedämpft mit jungem Ingwer und Frühlingszwiebeln.
Die sich stetig ändernde Spezialitätenkarte stimmen die Köche aus den genannten Ländern auf die jeweilige Jahreszeit und die Verfügbarkeit der frischen Zutaten ab. Da findet sich beispielsweise eine Tom Yam Gung mit Zitronengras, Chili und Limetten, Riesengarnelen im Kokosmantel mit Pflau-

mensauce oder Spanferkelrücken geschmort mit Pfeffersauce im Tontopf und als Dessert Mangopudding mit Kokosmilch. Alles frisch zubereitet, wie auch die beliebten vietnamesischen Frühlingsröllchen wahlweise gefüllt mit Riesengarnelen.

Nicht nur kulinarisch fällt das eher puristisch ausgestattete Restaurant aus dem Rahmen, dessen allererster Blickfang die vielen großen roten Seidenballons an der Decke sind. An Asien erinnernd, tauchen sie den Raum in außergewöhnliches Licht wie aus dem Reich der Mitte. Zu einem fernöstlich dunklen Holzboden kontrastiert modernes weißes Mobiliar, im hinteren Teil können vor einer Reisfeldwand an langen hölzernen Tischen mit Bänken größere Gesellschaften, wie Familien oder der Freundeskreis, zusammen sitzen. Ganz angenehm knistert im Winter der elegante offene Kamin neben der geschmackvollen Bar, an der ein gelernter Barkeeper vielfältige exotische Cocktails mixt, zudem aber auch fein gegessen werden kann.
Eingerahmt von exotischen Pflanzen öffnet sich im Münchner Sommer eine kleine Veranda für 50 Personen – Asia-Feeling in der Cosimastraße. *(bk)*

Hähnchen-Curry mit frischer Ananas

Zutaten
400 g Hähnchenbrust
200 g feste, geschälte Ananas
3–4 Zitronenblätter
2 Zweige Thai-Basilikum
2 rote Chilischoten (scharf)
400 ml Kokosmilch
1 EL rote Currypaste
2–3 EL Fischsauce
1–2 EL Palmzucker
50 ml Wasser

Zubereitung
Die Hähnchenbrust in mundgerechte Stücke, Ananas in Würfel schneiden. Zitronenblätter waschen und trocken tupfen, danach die Blätter abzupfen und zerkleinern. Chilischoten waschen, ebenfalls trocken tupfen und die grünen Stiele entfernen. Den Chili anschließend in Scheiben schneiden.
Etwa 6 bis 8 Esslöffel Kokosmilch mit der Currypaste im Wok bei mittlerer Hitze 1 bis 2 Minuten erhitzen, dann das Hähnchenfleisch dazugeben. Nach kurzer Zeit Ananas, Fischsauce, Palmzucker und Zitronenblätter hinzugeben. Die restliche Kokosmilch unterrühren, wenn nötig mit wenig Wasser verdünnen. Alles kurz aufkochen und mit Thai-Basilikum abschmecken. Mit gekochtem Reis servieren.

Blick auf den Domberg von Freising

Wie in München selbst, so gehen auch im Umland Tradition und Fortschritt Hand in Hand. Im florierenden „High-Tech-Gürtel“ rund um die Stadt behauptet sich trotz moderner Ansiedelungen auch noch immer die Zwiebelturmkirche im Dorf, Trachtenvereine pflegen das Brauchtum und im Bierzelt spielt die Blasmusik. Auch die Hochkultur hat hier ihren festen Platz.

Nur einen Katzensprung von München entfernt liegt Schloss Schleißheim, das größte Barockschloss Deutschlands mit den schönsten Treppen und Parkanlagen dieser Epoche. Berühmte Baumeister und Künstler ihrer Zeit haben hier zusammengewirkt: Zuccali und Effner, Asam und Amigoni, Günther und Zimmermann – als Kaiserschloss konzipiert, ein Pantheon für Europas Sieg über die anstürmenden Heere des Halbmondes. Nicht weit davon ist historische Technik zu besichtigen. Die Flugwerft Schleißheim, eine Außenstelle des Deutschen Museums, beeindruckt mit spektakulären Original-Flugmaschinen aus der Pionierzeit der Aeronautik.

„Dachau selbst mag zu den schönsten oberbayerischen Städten gerechnet werden: Der geschweifte Anstieg der Straße von Osten nach Westen hinauf; die hoch gelegene Kirche inmitten alter Häuser; der Zusammenlauf der Zugänge auf dem Platz, dreifach heraufmündend und dreifach zu Tale gleitend …“, so poetisch beschreibt der Kunsthistoriker und Schriftsteller Wilhelm Hausenstein einen Ort, der allein für Kunst und Kultur stehen könnte, hätte nur nicht die jüngste Vergangenheit den Namen so vereinnahmt. Wie aus dem Schatten heraustreten? Dieser Aufgabe stellt sich das Dachau von heute in respektabler Weise. Die eigentliche Stadtgeschichte und die

Der symbolträchtige Freisinger Marienplatz

wirtschaftliche Bedeutung tun ein Übriges, von der malerischen Umgebung ganz zu schweigen. „Malerluft" und „Malerlicht" lagen und liegen über dem Dachauer Moos, wie hier das Moor genannt wird. Nicht von ungefähr wurde Dachau ab Mitte des 19. Jahrhunderts bekannt. Zahlreiche Maler, Grafiker und Bildhauer bildeten eine bedeutende Künstlerkolonie mit so berühmt gewordenen Namen wie Eduard Schleich, Carl Spitzweg und Wilhelm Leibl. Auch Lovis Corinth, Max Slevogt und Max Liebermann gehörten dazu. In der großen Dachauer Gemäldegalerie sind ausgewiesene Werke jener Zeit zu bewundern. Die Kulturstadt Dachau pflegt ihr kulturelles Erbe in ihrem renommierten Bezirksmuseum und im hochgelegenen Schloss der Wittelsbacher mit seiner wertvollen Renaissancedecke.

Im Hügelland nördlich hinter dem Wissenschaftsstandort Garching mit seiner „Neuen Forschungs-Neutronenquelle", dem attraktivem Nachfolger des bekannten „Atom-Eis" der Technischen Universität München, liegt die Stadt Freising, uralter bayerischer Kulturboden mit Zukunftsperspektive. Seit dem 8. Jahrhundert ist Freising Bischofssitz. Aus dem 12. Jahrhundert stammen die Ursprünge des heutigen Domes, unter dem sich eine der größten romanischen Krypten befindet. In der ehemals Fürstbischöflichen Residenz ist heute das Diözesan-Kunstmuseum untergebracht.

Hier gibt es kostbare Exponate aus der Kultur- und Glaubensgeschichte des Abendlandes zu sehen. Gegenüber dem Domberg, auch „mons doctus", der gelehrte Berg genannt, erwarten den Besucher auf dem westlich gelegenen „Nährberg" noch ganz andere Freuden: Zur Brotzeit im beliebten Bräustüberl gibt es Bier aus der ältesten Brauerei der Welt. Benediktinermönche von Kloster Weihenstephan haben die Brauerei vor über 1000 Jahren gegründet, und bis heute wird hier Bier gebraut, selbstredend nach dem bayerischen Reinheitsgebot, aber mit modernster Technik.

Die altbayerische Herzogstadt Erding ist heute als Kreisstadt Zentrum eines prosperierenden Landkreises und damit so modern, wie eine Stadt, die zwischen der Landeshauptstadt München und dem Flughafen im Erdinger Moos liegt, nur sein kann. Dazu besitzt sie mit der „Therme Erding" die beste Therme Deutschlands, ein „Südseeparadies" für Wohlbefinden und Gesundheit auf über 39 000 Quadratmetern. Obendrein hütet Erding aber auch verborgene Schätze: im Heimatmuseum, in Kirchen, auf Wanderwegen im Erdinger Moos. Richtig: Moor heißt auf bayerisch Moos. Die Moore um Erding sind, ebenso wie die rund um Dachau, Überreste der Eiszeit. Soweit nicht kultiviert, haben sie auch heute noch etwas Geheimnisvolles und Weltfernes.

Der Dachauer Kirchplatz

Moderne Kunst vor dem Dachauer Schloss

Aurora
Hotel – Sauna – Restaurant
Inhaber: Gerdi und Herbert Keil

Roßwachtstraße 1
85221 Dachau

Telefon 0 81 31 / 51 53 28
Telefax 0 81 31 / 51 53 32

Ein kleines Hotel mit einem göttlichen Namen: Aurora, die römische Göttin der Morgenröte, stand Patin, als 1992 im Osten von Dachau das Hotel - Sauna - Restaurant Aurora eröffnet wurde. Der Sage nach steigt Aurora jeden Morgen mit ihren Pferden aus den Tiefen des Meeres auf, um den Menschen das Licht zu bringen. Wen sie liebt, entführt sie auf ihre Insel und hält ihn dort mit ihrem Zauber gefangen.
Dachau, mit seinem hoch über der Stadt thronenden, kurfürstlichen Barockschloss der Wittelsbacher beeindruckt durch seine historische, malerische Altstadt und gilt heute noch als einflussreiche Künstlerkolonie, deren Ursprung im 19. Jahrhundert liegt. Eingebettet in eine sanft geschwungene, ursprüngliche und reizvolle Moor- und Sumpflandschaft, liegt Dachau gerade einmal eine knappe halbe Stunde vom Flughafen und vom Zentrum Münchens entfernt.
Das Fluidum des Hotels und des Restaurants im Villenbaustil, obwohl etwas versteckt in einem Wohnviertel, doch zentral gelegen, nimmt auch sofort gefangen: Da wären erst einmal die 14 Zimmer und eine Suite. Edle Materialien und sanfte Farbtöne bestimmen hier das Ambiente, modernster Komfort ist selbstverständlich. Beruhigende Ausblicke in einen verwunschenen Garten und gepflegte

Boudoirstimmung, mit hausgemachten Pralinen als „Betthupferl", besser kann dort ein romantisches „Kuschel-Wochenende" mit Übernachtung, Gourmet-Menü und Frühstücksbrunch nicht begonnen werden - ein ganz exklusives Rundum-Angebot des Hauses Aurora. Das einzigartige Saunenparadies mit Bio-Sauna, finnischer Sauna, Blockhaus-Sauna mit Freiluftzone, römische Dampfgrotte, Tauchbecken, Kneippdusche und Solarium lässt den Alltag schnell vergessen. In der angeschlossenen Fitness-Bar und Show-Lounge können nicht nur Hausgäste, sondern auch alle übrigen Sauna-Fans von Küche und Service mit leichten Gerichten verwöhnt werden.
Und eben dieser Küche eilt schon ziemlich lange der beste Ruf voraus. Der junge Küchenchef Richard Dafner, erlangte nach Lehrjahren im Münchner Conti-Hotel, seine Perfektion im Königshof zu München und

Aurora

verwöhnte die Passagiere der MS Hanseatic. Heute lockt er mit hervorragenden und ausgewählt feinen Gerichten nicht nur Insider und Geschäftsleute hinaus nach Dachau. Da gibt es im mit Stuck verzierten Restaurant mit üppigen Bildern und einem Wintergarten-Pavillon Lachstatar mit Sauerrahm und Reiberdatschi, Bouillabaisse „Aurora“ mit Safran und Gemüsejulienne, Barbarie-Entenbrust auf Berglinsen und altem Balsamico, als Fischgericht Dorade auf Blattspinat, Champagnerschaum und Chips von Petersilienwurzeln, Fleischiges wie Rinderfilet mit gebratener Gänseleber, Trüffelsauce und Pommes Maxim. Neben einem Gourmet-Menü, zweimal wöchentlich wechselnd und wahlweise drei- oder viergängig, bereitet Richard Dafner aber auch immer einfacheres, jedoch nicht minder Leckeres zu, wie beispielsweise Rinderkraftbrühe vom Tafelspitz mit Tiroler Speckknödel oder einen Leberkäs aus der hauseigenen Wurstküche mit Rahmspinat und Bratkartoffeln – ein wahrer Genuss. Diese Schmankerl werden bei schönem Wetter Freunden guter Küche auch unter freiem Himmel im „Jacobi-Garten“ serviert, immer frisch zubereitet und von höchster Qualität. In diesem Biergarten der etwas

anderen Art trinkt der Kenner Augustiner Edelstoff vom Fass und Erdinger Weißbier oder Schneider-Weisse. Die großzügigen Portionen sind bemerkenswert, und in diesen Genuss kommen auch sonntägliche Spätaufsteher: Brunch für die ganze Familie ist im Aurora mehr als angesagt. Restaurantleiter Michael Preindl bietet unter dem Stichwort „Hausmarke“ verschiedenste Produkte und Angebote auch zum Mitnehmen an.
Last but not least: Von kleinen Platten mit Canapés bis hin zu großen Buffets liefert das Küchenteam über seinen Party- und Cateringservice gerne auch nach Hause oder kocht auf Wunsch sogar in der heimischen Küche. Zum Einstimmen gibt es vorab kleine Kostproben ganz umsonst. Interessierten Hobbyköchen gibt Richard Dafner seine Feinschmeckergeheimnisse gerne preis und zwar in seiner Kochschule, die schon seit 2000 besteht. Es werden mehrgängige Menüs komponiert und das Ergebnis anschließend gemütlich in aller Ruhe verspeist.
Dazu gibt es – wie zu allen kulinarischen Aurora-Kreationen – erlesene Weine, rot oder weiß, gereift in der Sonne und mit Liebe ausgebaut, der Göttin der Morgenröte zu Gefallen. Frisch importierte Zigarren aus der Dominikanischen Republik – eine eigene Aurora-Kollektion überrascht mit pfeffriger Note – wer möchte auf dieser Insel des Wohlbefindens nicht gefangen sein? *(bk)*

Gebratene Jakobsmuscheln auf Kartoffelschaum, Morcheln und Nussbutter

Zutaten
8 große ausgelöste Jakobsmuscheln
etwas Olivenöl, Salz, Pfeffer

Kartoffelschaum
3 große mehlige Kartoffeln
40 g Butter
150 ml Sahne
Salz und Muskat

Morcheln
2 Schalotten
1 Knoblauchzehe
100 g getrocknete Morcheln
20 g Butter
20 g Sherry
etwas Petersilie, Salz, Pfeffer

Zubereitung
Kartoffeln schälen und in Salzwasser gut weich kochen. Kartoffeln abschütten und kurz ausdämpfen lassen, durch eine Kartoffelpresse drücken und mit Butter und Sahne vermischen, bis der Kartoffelschaum eine halbflüssige Konsistenz hat. Mit Salz und Muskat abschmecken.
Für die Morcheln Schalotten und ein wenig Knoblauch in feine Würfel schneiden, in Butter anschwitzen und die sehr gut gewaschenen und abgetropften Morcheln dazu geben. Kurz anbraten, dann mit etwas Sherry ablöschen, das Ganze mit Salz und Pfeffer abschmecken, zum Schluss etwas gehackte Petersilie zugeben. Die geputzten und trocken getupften Jakobsmuscheln in einer heißen Pfanne mit etwas Olivenöl kurz von beiden Seiten anbraten, danach mit Salz und Pfeffer würzen.
Den heißen Kartoffelschaum in einen halbtiefen Teller anrichten, mit den Morcheln einen Kranz legen und die Jakobsmuscheln in der Mitte platzieren. Zuletzt die etwas gebräunte Butter darüber geben und den Teller mit jungen Basilikumspitzen ausgarnieren.

HOTEL RESTAURANT HALLNBERG

Hotel Restaurant Hallnberg
Inhaber: Rupert Lanzinger

Hallnberg 2
85469 Walpertskirchen

Telefon 0 81 22 / 99 43-0
Telefax 0 81 22 / 99 43-99

Wenige Fahrminuten von Erding und dem Münchner Flughafen entfernt, ist das Hotel Restaurant Hallnberg in herrlicher Alleinlage seit 1875 angesiedelt.
Patron Rupert Lanzinger und seine Frau Anna haben das schmucke Haus zu einem gesuchten Ort für gutes Essen und exzellente Weine gemacht. 1981 hat es begonnen, da wurde Rupert Lanzinger gleich zweifach Gründer – von seiner Familie und der damaligen Schankwirtschaft. Die Menschen aus der Region sind zum Trinken gekommen – und zum Essen geblieben.

Ehrgeizig arbeitete das Ehepaar Lanzinger daran, die Küche auch für verwöhnte Gaumen fit zu machen. Die Lehrjahre bei Dallmayr in München zahlten sich bald aus. Das Restaurant Hallnberg entwickelte sich zum Geheimtipp und bekam den Ritterschlag der Branche durch eine Empfehlung im Guide Michelin.
Um die Jahrtausendwende erweiterte das Hallnberg seine Gastlichkeit um einen neuen Hotelbereich mit 30 Zimmern. Auch Firmen entdeckten nun die Vorzüge der schönen Lage des Hallnberg mit seinen kulinarischen

Leckereien für ihre Tagungen. Rupert Lanzinger legt dabei Wert auf hervorragenden Service und pflegt liebevoll den persönlichen Kontakt zum Kunden. Längst hat sich das Hallnberg als Caterer für den gehobenen Veranstaltungsbereich einen Namen gemacht. Das Restaurant profitiert von dieser Entwicklung – noch aufwändiger und vielseitiger wird unter Küchenchef Henning Aldag auf beste Zutaten von Biobauern geachtet.

Die Küche ist mediterran-international, vergisst aber ihre regionalen Wurzeln keinesfalls. So hält Rupert Lanzinger eine weitere Ausrichtung auf neobayerische Schmankerl für reizvoll. Bereits jetzt lockt die Speisekarte mit bayerischen Süßwasserfischen. Und Spezialitäten wie Kalbsbacken werden – auch von den Bayern selbst – neu entdeckt. Wein ist die große Leidenschaft der Lanzingers. Der Weinkeller lockt mit einer reichhaltigen und inspirierten Auswahl. Mehrere Degustationen im Jahr verführen mit renommierten Winzern wie Masi und Antinori, die ins Haus kommen und ihre Weine zum erlesenen 5-Gänge-Menü vorstellen. Dabei sind die Inhaber immer auf der Suche nach neuen Entdeckungen. Von ihren Reisen in das Piemont, den Rheingau oder Südtirol bringen sie besondere und seltene Tropfen auch von kleinen Gütern mit, um ihre Gäste zu verwöhnen.

Damit der Genuss ohne Reue ist, gibt es bei Wein-Degustationen besondere Zimmerpreise. So dürfen die Gäste entspannt tafeln und können, mal philosophisch, mal lustvoll, der Wahrheit im Wein auf den Grund gehen. Familie spielt für die Lanzingers eine große Rolle, drei Kinder haben die beiden Inhaber, der älteste Sohn arbeitet bereits aus eigenem Entschluss im elterlichen Betrieb mit. Das Rezept der Eheleute für eine harmonische Zusammenarbeit ist einfach: „Jeder hat sein eigenes Aufgabengebiet, und wenn wir ein Problem haben, dann gehen wir spazieren", lächelt Rupert Lanzinger. *(ne)*

Lammrücken im Brickteig gebacken mit Paprika und Auberginenkaviar

Zutaten

2 Lammrücken à 800 g
2 Blätter Brickteig
200 g Poulardenbrust (in Würfel geschnitten)
200 ml Lammfond
100 g Sellerie
100 g Lauch
4 Schalotten
2 Auberginen
100 g Crème fraiche
100 ml Madeira
100 ml Rotwein
1 Karotte
2 gelbe Paprika, 2 rote Paprika
1 TL Zitronensaft
1 Ei, Sahne
gehackte Petersilie
Pinienkerne
Thymian, Rosmarin, Salz, Pfeffer

Zubereitung

Lammrücken salzen, pfeffern und anbraten. Die Teigblätter mit Farce bestreichen, die Lammrücken darauf legen, einschlagen und in Olivenöl anbraten.

Den Backofen auf 170° Umluft vorheizen, 8 Minuten im Backofen garen, dann 2–4 Minuten ruhen lassen.

Für die Sauce Karotte, Sellerie, Schalotten und Lauch anrösten, mit Lammfond, Madeira und Rotwein auffüllen und reduzieren.

Die Auberginen mit Öl einpinseln, mit Alufolie abdecken und bei 180° Umluft 15 Minuten backen. Anschließend halbieren. Das Fruchtfleisch herausschaben, grob hacken und Crème fraiche, Zitronensaft, Petersilie, Pinienkerne hinzugeben, mit Salz und Pfeffer abschmecken.

Zubereitung Gemüse: Paprika schälen, halbieren, in Rauten schneiden und mit Olivenöl und Thymian anbraten.

WIRTSHAUS ZUM KREUZHOF

Die „Kreuzhofer Speise- und Getränkefibel" ist für Nicht-Bayern zwar ein wenig erklärungsbedürftig, denn die Angebote sind in uriger bajuwarischer Mundart beschrieben, aber dies ist für die Wirtsleute Monika und Volker Kurz und ihr freundliches Bedienungspersonal nun wirklich kein Problem: Das für manche Unverständliche wie „Gmiaskrafbriah mit Pfannkuachastreif'n" (Gemüsekraftbrühe mit Pfannenkuchenstreifen), „Lauwama Kadoffe-Guak'n-Solod" (lauwarmer Kartoffel-Gurkensalat), „A Viatl Ant'n" (1/4 Ente), Apfekiachal in Zimtzugga" (Apfelkücherl mit Zimtzucker) wird gerne übersetzt. Auch gekocht wird urig und frisch nach altem Brauch, und zwar von Helmut Gründel, der täglich unter anderem mit seiner Spezialität „Hauspfandl" (Ente, Schweinebraten, zweierlei Knödel und Apfelblaukraut) die Freunde der fast ausschließlich bayerischen Kost erfreut. Am Freitag und am Samstag werden traditionell immer ab 10 Uhr frische Weißwürste serviert. Wechselnde Themenwochen, wie etwa unter dem Motto

Wirtshaus zum Kreuzhof
Inhaber: Monika und Volker Kurz

Kreuzstraße 1
85764 Oberschleissheim

Telefon 089 / 3 10 52 89
Telefax 089 / 37 48 80 35

„Schnitzel", sind sehr beliebt. Die bayerische Welt ist hier eben noch in Ordnung.
Das Wirtshaus zum Kreuzhof ist leicht zu finden. Es liegt, wie der Name schon sagt, an einer großen Straßenkreuzung, mächtig und unübersehbar ganz für sich. Ungezwungen und gemütlich essen, das möchten die Gäste in den sehr rustikal eingerichteten Räumlichkeiten, die Gaststube erlaubt dies 30, die zwei Nebenräume haben noch einmal für insgesamt 90 Personen Raum. Zum Feiern hat das Haus einen großen Saal, dort können Gesellschaften bis zu 100 Leuten die Speisekarte rauf und runter und von vorne bis hinten genießen sowie allumfassend bewirtet werden. Für besondere „Notfälle" werden auch Fremdenzimmer bereitgehalten. Jedoch sollte bedacht werden, dass das Gasthaus ein Wirtshaus und kein Hotel ist: einfache Zimmer mit Etagen-Duschen für den echten Notfall.
Schattige und sonnige Plätze bietet der schöne Biergarten, natürlich auch im blau-weißen Stil eingedeckt, mit blau-weißem Maibaum und meist auch unter blau-weißem Himmel. 500 Freiluftfans können sich an „Klosterkas", „Obatzd'n" und Bauernsülze bei einem gepflegten Spaten-Bier laben. Für die Kinder, die „Butzaln", gibt es nicht nur eine eigene Speisekarte, sondern auch einen auffällig großen Spielplatz mit Geräten und Spielen: Wegen der vorbeiführenden Straße eingezäunt aber doch ganz nah im Blickfeld der Großen. *(bk)*

Schweinsbraten mit Kümmelkruste

Zutaten

1 kg Schweineknochen, gehackt
1 kg Schweineschulter mit Schwarte
Salz, Pfeffer
1 Knoblauchzehe
1 Zwiebel
200 g Karotten
200 g Sellerie
200 g Petersilienwurzel
1 Tomate
1 Lorbeerblatt
Kümmel
Brühe oder Wasser

Zubereitung

Die Schweineknochen in einem Bräter bei 200 °C etwa 30 Minuten anrösten. Das Fleisch mit Salz, Pfeffer und der gehackten Knoblauchzehe einreiben, mit der Schwarte nach unten auf die gerösteten Knochen setzen. Die ungeschälte Zwiebel, gewaschene Karotten, Sellerie und Petersilienwurzel grob zerkleinern, zusammen mit dem Lorbeerblatt und der Tomate dazugeben. Anschließend nochmals etwa 30 Minuten bei 200 °C braten lassen. Danach das Fleisch herausnehmen, die Schwarte kreuzweise einschneiden, Kümmel darüber streuen und mit der Schwarte nach oben 1 bis 1,5 Stunden wieder in den Ofen schieben. Ab und zu etwas Brühe zugießen. Schließlich das Fleisch herausnehmen und warm stellen. Die restliche Brühe in den Fond geben und noch ca. 25 Minuten weiterköcheln lassen. Die Soße durch ein Sieb passieren und mit Salz und Pfeffer abschmecken. Den Braten in Scheiben schneiden. Vor dem Anschneiden sollte das Fleisch noch 15 bis 30 Minuten ruhen, damit nicht zu viel Saft ausläuft. Dazu werden am besten Kartoffel- oder Semmelknödel und Blaukraut oder Salat gereicht.

ARABELLASHERATON AIRPORT HOTEL MÜNCHEN

Ein Flair von Luxus umfängt die Gäste bereits beim Betreten der Lobby. Offen, hell, sonnenlichtdurchflutet präsentiert sich der große, freundliche Empfangsbereich des ArabellaSheraton Airport Hotel und lädt großzügig zum Verweilen ein. Die gläsernen Lifte in der Lobby warten nur darauf, die Gäste sanft in eines der 170 Hotelzimmer im Landhausstil oder in eine luxuriöse Juniorsuite emporzutragen.

Nahe am Flughafen, doch schon in ländlich-bayrischer Idylle, kann der Mensch hier Hast und Rastlosigkeit abstreifen und sich dem Komfort des klassischen 4-Sterne-Hauses anvertrauen. Das Team unter Leitung von Hoteldirektor Hans-Dieter Gut erfüllt mit seinen 60 auf erstklassigen Service geschulten Mitarbeitern auch die höchsten Ansprüche seiner Gäste. Eine Herausforderung, die auch dieses Hotel der Schörghuber Unternehmensgruppe seit 1991 mit Leidenschaft annimmt, unter großem Lob einer verwöhnten internationalen Klientel.

Weithin einen Namen hat sich das ArabellaSheraton Airport Hotel mit seinen 14 Konferenz- und Tagungsräumen gemacht, die in Größe und Ausstattung jeder Anforderung des modernen Businesskunden gerecht werden. Renommierte Firmen, insbesondere weltbekannte bayerische und deutsche Konzerne, nutzen dieses Angebot regelmäßig.

ArabellaSheraton
Airport Hotel München
Inhaber: Arabella Hotelbetriebs GmbH

Freisinger Straße 80
85445 Schwaig-Oberding

Telefon 0 89 / 9 27 22 - 0
Telefax 0 89 / 9 27 22 - 800

Vier gastronomische Bereiche des Hotels laden zum Entdecken reichhaltiger Gaumenfreuden ein. Das Prunkstück des Hauses, die Wittelsbacher Stube, ist ein Augenschmaus in edel-bayerischem Ambiente und nobler Hintergrund für den Genuss der exquisiten Speisen. Das stete Ziel des hoch motivierten Küchenteams ist Top-Qualität, das variantenreiche Angebot mit neobayerischen, mediterranen und internationalen Anklängen erfüllt jeden Gästewunsch. Saisonale Highlights wie das Angebot von „Hummer und Meer" oder sommerliche Barbecue-Abende auf der herrlichen Gartenterrasse runden das Feinschmeckerangebot ab. Das Restaurant „Zur Schwaige" erlaubt auch Gästen mit kleinerem Budget ausgiebigen Genuss.
Frühstück, das ist für viele Gäste die wichtigste Mahlzeit am Tag. Das gesamte Frühstücks-Team kennt alle Stammgäste bestens und weiß genau, was diese für einen erfolgreichen Start in den Tag wünschen. Glücklich der, der länger im Hause verweilen kann und sich die einladenden Köstlichkeiten mit Zeit und Genuß auf der Zunge zergehen lassen darf.
„Die Mitarbeiter sind neben den Gästen das Wichtigste unseres Hauses", meint Direktor Gut, der mit Herz und Blut in achter Generation zu einer Gastronomen-Familie gehört. Gastlichkeit und Servicebereitschaft, so betont er, „stehen in allen Bereichen unseres Hotels auch zukünftig an allererster Stelle."

(ne)

Gebratene Riesengarnelen und Jacobsmuscheln auf asiatischem Gemüse mit Glasnudeln und Mango-Chutney

Zutaten

12 Jacobsmuscheln
8 Garnelenschwänze
4 Black-Tiger-Gambas
4 Jacobsmuschel-Schalen
240 g Glasnudeln
150 g Asia-Gemüse (Lauch, Zwiebeln, Paprika- und Kaiserschoten, Shiitakepilze)
2 reife Mangos
1 Ingwerwurzel
3 Knoblauchzehen
100 g brauner Zucker
200 ml Obstessig
4 EL Sojasauce
2 EL Zitronensaft
3 Chilischoten
4 Thymian- und Rosmarinzweige
4 frittierte Spaghetti, Salz, Pfeffer

Zubereitung

Mangos schälen und halbieren, das Fruchtfleisch lösen und in 1 cm Würfel schneiden. Knoblauch und Ingwer fein hacken. Zucker, Mango, Knoblauch, Chilischote und Ingwer unter Rühren erwärmen und mit Essig abschmecken.
Das Chutney bei kleiner Hitze unter Rühren 10 Minuten einkochen.
Zur Konservierung heiß in ein Glas füllen und verschließen.
Die Glasnudeln bissfest kochen und abschrecken.
Lauch, Zwiebeln, Paprikaschoten, Kaiserschoten und Shiitakepilze in Streifen schneiden, mit Knoblauch und Chilis kurz anbraten, mit Sojasauce ablöschen.
Garnelen, Jacobsmuscheln und Gambas in Zitronensaft mit Knoblauch leicht marinieren und in Öl anbraten.
Mit Salz und Pfeffer würzen, auf dem Asia-Gemüse anrichten, mit Mango-Chutney verfeinern.
Die Teller mit Thymian, Rosmarin und den frittierten Spaghetti dekorieren, die Glasnudeln separat in Muschelschalen servieren.

SCHLOSSBRÄUSTÜBERL ODELZHAUSEN

Schloßbräustüberl
Odelzhausen

Inhaberin: Gabi Eser

Am Schlossberg 1
85235 Odelzhausen

Telefon 0 81 34 / 99 87 - 100
Telefax 0 81 34 / 99 87 - 150

Das Schlossgut Odelzhausen, im 12. Jahrhundert erbaut, ist seit mehr als 80 Jahren im Besitz der Familie Eser. Der ehemalige Adelssitz umfasst heute die Brauerei mitsamt Braustüberl, das Gutshaus, das Schlosshotel, eine neu erbaute Kapelle sowie eigene Ländereien und Wälder.
Im Familienbetrieb hat jeder seine Aufgabe. Mutter Traudl Eser beherbergt die Gäste im Gutshaus, ihre Tochter Ursula und Ehemann Peter Kohn betreiben das Schlosshotel und Sohn Hans Eser kümmert sich um die Immobilien, die Land- und Forstwirtschaft und vor allem die Brauerei.
Hier entstehen unter seiner Hand, in der Tradition der über 500 Jahre alten Brauerei, Biere der Meisterklasse. Sein Operator, ein dunkler, würziger Doppelbock, wurde erstmals 1963 gebraut, anlässlich der Wiedereröffnung des Münchner Nationaltheaters, und ist seitdem nicht mehr wegzudenken. Herausragend ist auch das Odelzhauser Naturtrüb, hell oder dunkel, das samtig die Kehle umschmeichelt.
Die Regie im Bräustüberl führt Gabi Eser. Traditionelle Spezialitäten aus Großmutters Zeiten und jahreszeitliche Küche gibt es hier: Zanderfilet mit Biersauerkraut, Biergulasch vom Rind, Bierbratensulz mit frisch geschabtem Meerrettich und als Dessert Kalter Operatorschaum, garantiert nicht bierfrei, mit einer Kugel Walnusseis. Den Schlossgeist gibt's im Schloßbräustüberl nur in der Flasche und zur Verdauung, selbstverständlich aus eigenem Bier gebrannt.
Nach solch bierseligem Essen von Küchenchef Jürgen Buck, der seit über 25 Jahren im Hause ist, sollte man sich die Beine ver-

Odelzhauser Brotzeitteller: Hirschschinken mit Frischkäse und Bierbratensulz

Zutaten für den verfeinerten Frischkäse

500 g Frischkäse natur
1 kleine Zwiebel, fein gewürfelt
etwas Essigstand (je nach Konsistenz)
1 kleiner Spritzer Balsamico
1/2 TL Salz-Pfeffer-Mischung
1/2 EL Fruchtzucker (gestrichen)
1 Knoblauchzehe, gepresst
1 EL Schnittlauch TK

Beilagen

Hirschschinken, Bierbratensulz, Meerrettich, frisch geschabt, Zwiebelringe, Holzofenbrot aus Natursauerteig

Zubereitung

Die Zutaten für den Frischkäse gut vermengen und abschmecken.
Hirschschinken in dünne Scheiben schneiden und vom Frischkäse eine Nocke abstechen, zusammen mit einer Scheibe von der Bierbratensulz auf dem Teller anrichten, frisch geschabten Meerrettich dazugeben, Zwiebelringe als Garnitur, mit frisch geschnittenem Holzofenbrot servieren.

treten. Das geht am interessantesten bei einer Besichtigung des Sudhaus und der Kellergewölbe, die der Gast gewürzt mit vielen historischen Details erforschen kann. Auf dem Rückweg kann er noch einen Blick in gemütliche Nebenzimmer und den Wintergarten werfen. Draußen spendet die Terrasse selbst an heißesten Tagen genug Schatten für eine Hundertschaft. Die ursprüngliche Malztenne steht für Veranstaltungen bereit. Spätestens beim Weggehen sollte man für den zukünftigen Hunger ein hausgemachtes Bauernbrot mitnehmen, das jeden Freitag im Holzofen aus Natursauerteig frisch gebacken wird. Und das Naturtrüb in den bauchigen 2-Liter-Flaschen sollte mit, sei es allein oder im Picknickkorb mit Brot, Hirschschinken, Frischkäse und Biersulz. Vielleicht noch ein Schlossgeist?
Ganz dem aktuellen Dienstleistungsgedanken unterworfen, ist das Bräustüberl jeden Tag ab 9.00 Uhr geöffnet und seine langjährige Crew, so scheint es, war eigentlich auch schon immer da. Der Großteil ist seit 2 Jahrzehnten dabei, manch einer sogar schon seit 1950 und längst in Rente – eigentlich. Denn wenn auf dem Schlossgut Not am Mann ist, dann stehen der Ernst Prax oder der Sepp Pfisterer mit all ihrer erprobten Fachkundigkeit und Erfahrung da wie eine Eins. Und packen mit an.
Auch die Gäste stellen eigene Rekorde auf. Die Schafkopfrunde klopft hier schon seit 50 Jahren ihre Karten auf die dicken Tischplatten. Und wer von weit her kommt, weiß oft schon beim Einsteigen ins Auto, welches Gericht er von der seit 50 Jahren unveränderten Brotzeitkarte wählen wird. Wenn das nicht echte Tradition ist! *(ne)*

HOFBRENNEREI OBERKORB

Hofbrennerei Oberkorb
Inhaber: Andreas Franzl

Oberkorb 1
84405 Grüntegernbach

Telefon 0 80 86 / 13 71
Telefax 0 80 86 / 94 61 17

Auf den alten Streuobstwiesen des tertiären Hügellandes träumte ein Schatz. Bis der studierte Landwirt Andreas Franzl sich mit seiner Hofbrennerei Oberkorb daran machte, ihn zu heben.

Mit seiner unbestechlichen Nase und dem Willen zur herausragenden Qualität begann er, die alten Sorten halb verwilderter Obstbäume in seiner Brennerei zu veredeln. Das Potenzial dieser raren Früchte verwandelt sich unter seinen Händen in kostbare Aromen, die sich zart bis üppig, herb bis samtig weich um den Gaumen legen.

Typisch für das traditionelle Hausbrennrecht ist die Verarbeitung ausschließlich regionaler Früchte. Andreas Franzl interpretiert dies auf besondere Weise. Jeder Baum, ob Apfel, Quitte, Birne, Zwetschge, ist ihm persönlich bekannt und wird von ihm selbst beerntet. Wildsorten und Beeren sind dem Brenner eine besondere Herausforderung. Die wilde Pflaume Myrobalane wird durch seine Destillierkunst in ein Feuerwerk aus Mandelkuchen und Amaretto konzentriert, Schlehen betören mit schokoladigem Aroma, Vogelbeeren und Mispeln lassen kraftvolle Würze verspüren.

Etwa 100 Kilogramm Frucht werden zu höchstens 1 bis 4 Litern Edelbrand verdichtet. Die Technik unterstützt dabei. Doch nur mit Nase und Beobachtung ist erkennbar, wann nach dem so genannten Vorlauf das Filet, das Herzstück des Brandes, beginnt und endet. Die kontinuierliche Bereitschaft im Brennvorgang, grundsätzlich für die Qualität und gegen die Quantität zu Werke zu gehen, hat

einen großen Anteil am Erfolg der Hofbrennerei Oberkorb, die sich in kürzester Zeit auch international einen Namen machte.
Bei landesinternen wie internationalen Prämierungen belegen die Brände seit Jahren ausschließlich die vordersten Plätze. Seit dem World Spirits Award gilt der Oberkorb offiziell als Master-Class Distillery, sein Obstbrand und der Kriacherlbrand errangen den weltweiten Sortensieg.
Überhaupt der Obstler. Wenig pfleglich behandelt, hat er jahrelang ein Schattendasein neben berühmteren Kollegen wie den reinrassigen Williams, Kirschen und Zwetschgen geführt. Andreas Franzl nahm dies als Herausforderung und hat es sich zum Steckenpferd gemacht, der Welt zu zeigen, was in einem Obstler alles stecken kann. Bei der Verkostung vergeht diese Veredelung klangvoll auf der Zunge: herb-mostig bis fruchtig, exotisch, bananig, grasig bis süßlich, mit leichter Schokolade, so kommt sein goldgekrönter Obstler auf den Geschmacksnerven an.
Bei aller Freude an Prämierungen reicht Andreas Franzl jeden Brand nur einmal ein – die regelmäßige Verkostung durch Experten dient ihm mehr als wichtiges Qualitätsfeedback.

Handwerklich sieht er in seinen Bränden durchaus Parallelen zum Wein. Sortenreinheit, Jahr und Lage sind die Grundlagen jeglicher Qualität. Der Obstgarten gibt vor, mit welcher Geschmacksfülle letztlich gearbeitet wird. Jede einzelne Nuance entscheidet mit und trägt bei zur Reichhaltigkeit und Ausdruckstärke der Aromen. Auf dem Verarbeitungsweg zählt die ideale Reife der Früchte und ein optimaler Erntezeitpunkt, kombiniert mit sauberer Weiterverarbeitung und Maischeführung. Nach dem Destilliervorgang soll die Fruchtessenz pur und klar in der Flasche sein.

Das Engagement für die edlen Klaren geht inzwischen weit über die eigene Brennerei hinaus. Als Mitglied im Verband der Kleinbrenner – landesweit gibt es immerhin 30 000 dieser Hofbrennrechte – nimmt er an Schulungen und landesinternen Verkostungen teil und bietet auch selbst Seminare für Berufskollegen, Brennerschulungen und Verkostungen auf seinem Gelände an. Längst hat auch die Spitzengastronomie an seine Tür geklopft auf der Suche nach fundiertem Wissen und Schulungen für ihr eigenes Personal.
Bei aller Liebe zum Obst liegt der Ursprung seiner beruflichen Laufbahn in der Landwirtschaft. Auf dem Hof widmet man sich dem Anbau von Gemüsen wie Artischocken und Tomaten, die eigene Käserei lockt mit handgemachtem Rohmilchkäse, der wie alle Produkte im gemütlich-urigen Bauernhof-Ambiente des Hofladens erworben werden kann. *(ne)*

DIE POST

Im Herzen des Naturparks „Augsburg Westliche Wälder“ liegt das bereits 1635 erbaute Hotel und Restaurant „Die Post“, mitten in Zusmarshausen. Unter der Leitung von Bettina Endres präsentiert sich die historische Poststation, in der schon Kaiser Napoleon, die französische Königin Marie-Antoinette oder der russische Zar Alexander II. samt Braut nächtigten, geschichtsbewusst und geschmackvoll in zeitgemäßem Stil.
Als der schwedische König Carl Gustav 1996 hier logierte, konnte er bereits das restaurierte und renovierte Hotel mit 30 stilvollen Zimmern, Juniorsuiten und Appartements genießen. Überall im Hotel verbinden sich Historie und Moderne harmonisch, im stimmungsvollen Bankettbereich für bis zu 200 Personen ebenso wie im funktionellen Tagungsbereich.
Das Restaurant mit Leiterin Ute Glas und Küchenchef Florian Ströbl sorgt in den drei Gastbereichen für traditionelle schwäbische und internationale Spezialitäten, die auch im romantischen Innenhof gerne genossen werden dürfen. Terracottatöne und geschmackvolle Pflanzenarrangements verströmen hier italienisches Flair bei abendlichem Kerzenschein.

Die Post
Hotel und Restaurant
Inhaberin: Bettina Endres

Augsburger Straße 2
86441 Zusmarshausen

Telefon 0 82 91 / 1 88 00
Telefax 0 82 91 / 83 63

Wer auf der Suche nach Entspannung ist, den führt der Weg von hier zum modernen Schwimmbad mit antiker Holzdecke und 28 Grad warmem Wasser, im angrenzenden Saunabereich vergessen die Muskeln lange Bürostunden.
Das gesamte, sehr engagierte Team – allen voran Eva Eberhard als langjährige Stellvertreterin der Geschäftsleitung – ist in Hotel, Küche und Service um das Wohl des Gastes bemüht. Gastfreundschaft ist in diesem Haus kein werbeträchtiges Modewort, sondern wird von allen Mitarbeitern gelebt. Dies gilt selbstverständlich auch für die gute Seele aller Hotelzimmer, Hausdame Marion Kara.
Da ein guter Tropfen Wein bekanntlich ein Mahl vollendet begleiten kann, veranstaltet Bettina Endes viermal im Jahr Wein-Degustationen mit Winzern aus dem Piemont und Südafrika. Im Rahmen eines erlesenen 5-Gänge-Menüs erfährt der Gast direkt vom Winzer alles über dessen Land und Weingut sowie über die optimale geschmackliche Synergie zwischen Wein und Speisen. Das Lukullische steht konsequent an erster Stelle. Auch außerhalb solcher Events ist der Gast daher eingeladen, die erlesenen Weine des Hauses zu degustieren und zu genießen.

Genuss ist nach dem Willen von Bettina Endres das oberste Gebot im Hotel und Restaurant „Die Post". Darum wird bei besonders langen Festivitäten beim Blick auf die Uhr schlicht ein Auge zugedrückt. Geht doch der Bankettsaal zum Innenhof und von dort aus mögen das Gelächter, die Musik und die Stimmen vielleicht zum Himmel hoch getragen werden – aber sonst nirgendwo hin. *(ne)*

Rinderfilet mit Kräuter-Senf-Kruste in Paprikasauce

Zutaten
900 g Rinderfilet
100 g Butter
25 g Senf
50 g Semmelbrösel
10 g geriebener Parmesan
frische Kräuter
1 rote, 1 gelbe Paprika
1 Zwiebel
etwas Weißwein
frische Kräuter, Thymian
Gemüsebrühe, Sahne, Salz, Pfeffer

Zubereitung
Das Rinderfilet in vier gleiche Steaks schneiden. Semmelbrösel, Senf, Butter und Parmesan miteinander mischen und kneten. Kräuter, Salz und frischen Pfeffer hinzugeben, die entstandene Masse auf den Steaks anordnen und im Ofen bei niedriger Temperatur garen.
Paprika grob, Zwiebeln fein würfeln, beides in Olivenöl andünsten und mit Weißwein ablöschen, mit Brühe und Sahne aufgießen, abschmecken und köcheln lassen, bis die Paprika weich ist, anschließend pürieren.
Dazu Kartoffelgratin oder Kartoffelkrapfen als Beilage servieren.

MÜNCHEN AIRPORT MARRIOTT HOTEL

München Airport
Marriott Hotel

Alois-Steinecker-Straße 20
85354 Freising

Telefon 0 81 61 / 9 66 - 0
Telefax 0 81 61 / 9 66 - 62 81

Der schnellste Weg nach Amerika führt über Freising. Im Herzen der Domstadt liegt das München Airport Marriott Hotel, das sich seit bald zehn Jahren als kulturverbindende Luftbrücke zwischen bayerischer Gemütlichkeit und amerikanischer Lebensart etabliert hat.

Großzügig empfängt die Eingangshalle den Gast mit warmen Farben und einladend edlem Design. Eine reiche Auswahl an Zimmern zwischen komfortablem Deluxe und erstklassiger Suite sorgt für einen angenehmen Aufenthalt.

Tante Ju, legendärer Flieger und Restaurant-Bistro des Hauses, empfängt zum entspannten Schlemmen mit amerikanischer Küche. Klassiker wie Burger, Ceasar's Salad und Club Sandwich locken neben Steaks & More. Liebhaber der leichten oder vegetarischen Kost erwartet unter dem Motto „Fit for You" eine reichhaltige Auswahl, internationale Spezialitäten runden das Angebot ab. Die Weinkarte bietet renommierte Gewächse aus den Anbaugebieten Deutschlands und den Weinkellern der Alten und Neuen Welt.

Für echte Bayern und solche, die es werden wollen, lädt die urige Asamstube ein mit bayerischem Ambiente, Schmankerln und süffigem Bier aus der ältesten Brauerei der Welt zu Weihenstephan.

Die Küche füllt ihre Speisekammer mit Obst und Gemüse aus der Region, der Fisch kommt frisch aus der Hafenstadt Hamburg, die Steaks stammen von argentinischen Weiden. Der kulinarische „Sprung über den Teich“ gelingt Küchenchef Wolfgang Jung mit Bravour, er hat sich bereits durch halb Europa gekocht und selbst bei Sternekoch Heinz Winkler Station gemacht.
Moderne Optik in Holz und Stein dominiert in den neuen, großzügigen Konferenzräumen mit zeitgemäßer Technik. Bis zu 600 Gäste dürfen tagen und feiern. Events können im Format besonders groß ausfallen, der Ballsaal ist ebenfalls ein würdiger Rahmen für die Präsentation von Luxuskarossen.
Zeit für Kaffeepause, Zeit für Kult. Wer sich nicht gerade in der Chill-Out-Zone des großen Foyers erholt, pausiert auf vielfältigste Weise. Erdbeer-Spargel-Kaffepause, Schokoladen-Kaffeepause, Bayerische Kaffeepause, Zurück-in-die-Kindheit-Kaffeepause, so heißen die vielversprechenden Überschriften der warmen und kalten Leckereien, löffelfertig portioniert, die müde Geister wieder munter machen.
Der Direktor des Food-und-Beverage-Bereiches, Alexander Reber – selbst Küchenmeister mit langjähriger Erfahrung in der Top-Gastronomie – hat zwei Leidenschaften: das Kochen und die Marriott-Philosophie, den „Spirit to serve“. Erklärtes Ziel seines Einsatzes und der fast 100 Mitarbeiter des Hauses ist es, dem Gast jeden Wunsch von den Augen abzulesen. *(ne)*

Rumpsteak im Knuspermantel an Trauben-Chili-Sauce mit Kartoffel-Zucchini-Gemüse

Zutaten

800 g Rumpsteak (200 g à Person)
150 g Cornflakes
3 Eier
200 g Zucchini, in Haselnuss große Würfel geschnitten
200 g Kartoffeln, in Haselnuss große Würfel geschnitten
100 g rote Zwiebeln, in Haselnuss große Stücke geschnitten
250 g helle Trauben
2 EL Butter
3–4 EL Honig
4 Thai-Chilischoten
1 l süße Sahne
Mehl zum Panieren, Salz, Pfeffer
1 Zweig Rosmarin, dunkle, abgezogene, entkernte Trauben
roter und grüner Pesto

Zubereitung

Rumpsteaks pfeffern, von beiden Seiten scharf anbraten, mit Salz würzen und abkühlen lassen. Die ausgekühlten Rumpsteaks mehlieren, mit den Eiern und den Cornflakes panieren.
Helle Trauben waschen, halbieren, entkernen und mit der Butter im Topf anschwitzen. Chilis putzen, halbieren und in Julienne schneiden. Honig zu den Trauben geben und kurz karamelisieren lassen. Chili-Julienne hinzugeben, mit der Sahne auffüllen, etwas einkochen und bei Bedarf etwas abbinden. Mit Salz und Pfeffer abschmecken.
In der Zwischenzeit Kartoffelwürfel in Salzwasser bissfest kochen und abschrecken. Rohe Zucchiniwürfel, Zwiebelstücke und angekochte Kartoffelwürfel anbraten und abschmecken.
Die panierten Rumpsteaks in der Pfanne anbraten und „medium“ garen. Das Kartoffel-Zucchini-Gemüse auf einem Teller mittig anrichten. Das Steak einmal schräg halbieren und auf dem Gemüse drappieren, mit der Sauce umgießen, mit zweierlei Pesto, dunklen Trauben und dem Rosmarinzweig garnieren.

FREILAND PUTEN FAHRENZHAUSEN

Freiland Puten
Fahrenzhausen GmbH
Geschäftsführer: Dr. Martin Bohn

Gewerbering 4–6
85777 Fahrenzhausen

Telefon 0 81 33 / 99 62 - 0
Telefax 0 81 33 / 99 62 62

Was macht ein Putenzüchter, wenn ihm der Sonntagsbraten nicht mehr schmeckt? Er züchtet eine neue Putenrasse! Das war gewissermaßen die Geburtsstunde der Kelly-Bronze®-Puten.

In den siebziger Jahren machte sich der Vater von Paul Kelly, dem heutigen Mitgesellschafter der Freiland Puten Fahrenzhausen GmbH, auf und bereiste die verstecktesten Winkel von Schottland, England und Amerika, um mit dem gesunden Erbmaterial der alten Landschläge der Pute ihre ursprüngliche Natur als laufstarke Steppentiere zurückzugeben. Diese sollten dann in ihrem natürlichen Sozialverband natürlich aufwachsen. Kelly sah darin den besten Weg zu wohlschmeckendem, reifen Fleisch. Der Erfolg gibt ihm Recht.

KellyBronze®-Puten unterscheiden sich bereits auf den ersten Blick von ihren gewöhnlichen Artgenossen. Blau-rote Charakterköpfe thronen über bronzefarbenem, fast schwarzem Gefieder, aus dem wenige weiße Sprenkel herausleuchten. Und – sie können gackern, wie ihnen der Schnabel gewachsen ist, denn dieser wird beim Eintagsküken nicht kupiert.

KellyBronze®-Puten sind grundsätzlich freilandtauglich, laufstark und haben eine robuste Gesundheit. Nach einer geschützten Zeit im Stall wachsen sie weitgehend unter freiem Himmel auf und halten auch widrigen Witterungsbedingungen stand. Es kommt sogar vor, dass die Herden selbst bei Schneefall die Nacht im Freien verbringen! Bei dieser ursprünglichen Lebensart legen die Vögel langsam und natürlich an Gewicht zu. Ein Reifeprozess, der sich lohnt. Das Fleisch hat einen unvergleichlichen Geschmack und zarten Biss. Kelly selbst bezeichnet diesen Qualitätsvorteil mit „Texture and Flavour".

Dr. Martin Bohn und die Freiland Puten Fahrenzhausen GmbH haben es sich seit 1997 zur Aufgabe gemacht, die Kelly-Puten nach den Richtlinien des anerkannt ökologischen Landbaus zu züchten.

In über 30 Bio-Betrieben erhalten die Kelly-Puten ab dem ersten Tag ausschließlich Öko-Futter aus der eigenen Getreidemühle. Die Futter-Mischung ist optimal auf das

jeweilige Wachstumsstadium der Tiere ausgerichtet und wird durch Gras mit leckeren Kräutern ergänzt, das die Tiere selbst abweiden. Im Winter wird der Hunger nach Grün mit Bio-Heu gestillt.
Für Geschmack, Aussehen und die besondere Genetik der KellyBronze®-Puten wurde das Unternehmen 2005 mit dem ProTier-Förderpreis für konsequent artgerechte Nutztierhaltung auf Bundesebene ausgezeichnet.
Die Bandbreite der Kunden (siehe Info-Kasten) reicht vom Gastronomiebetrieb über Bio-Metzger und Feinkostläden bis zum Babynahrungshersteller. Übrigens, auch die britische Königsfamilie ist von der Kelly-Qualität angetan. Prinz Charles mästet auf der königlichen Farm in Wales mehrere

Herden nach Ökobau-Richtlinien. Und Queen Elizabeth genießt, wann immer sie Pute mag, ausschließlich KellyBronze®-Puten und hat ihr Verbrauchersiegel „By Appointment to Her Majesty" erteilt. *(ne)*

Hier gibt es Fleisch von Freiland Puten Fahrenzhausen:

Gast- und Tafernwirtschaft Hörger
(siehe Poularden-Rezept)
85402 Hohenbercha
Telefon 0 81 66 / 97 78
Telefax 0 81 66 / 97 97

Metzgerei Galster
Förnbach 19
85276 Pfaffenhofen an der Ilm
Telefon 0 84 41 / 98 03
Telefax 0 84 41 / 719 65

Feinkost Hofmair
Untere Hauptstraße 7
85354 Freising
Telefon 0 81 61 / 4 27 42
Telefax 0 81 61 / 4 27 57

Herrmannsdorfer Landwerkstätten Glonn
GmbH & Co. KG
Herrmannsdorf 7
85625 Glonn
Telefon 0 80 93 / 9 09 40
Telefax 0 80 93 / 90 94 10

und in vielen Naturkostfachgeschäften der Region:
www.naturkost.de

Poularde mit gebratenem Gemüse

Zutaten

4 Bio-Poulardenbrüste
2 Artischockenböden
2 Kartoffeln
2 Fenchelknollen
2 Tomaten geschält
Steinsalz, Pfeffer, Olivenöl, Petersilie

Zubereitung

Poulardenbrust salzen und pfeffern, auf der Hautseite anbraten und 15 Minuten bei 180 °C in das Bratrohr geben, gleichzeitig das in Ecken geschnittene Gemüse in Olivenöl anbraten, salzen und pfeffern, zum Geflügel geben und mitbraten. In den letzten 5 Minuten die geschälten Tomaten mitbraten
Gemüseecken in die Tellermitte geben, die geschnittene Brust locker auflegen und mit Petersilie bestreuen.

BRAUEREI KÜHBACH

Brauerei Kühbach

Freiherr von Beck-Peccoz

Großhausener Straße 2
86556 Kühbach

Telefon 0 82 51 / 89 66 - 0
Telefax 0 82 51 / 89 66 - 99

Eingebettet in die sanfte Landschaft nordöstlich von Aichach liegt das Schlossgut Kühbach. Mit italienischem Charme und bayerischer Kaufmannskraft bestimmen die Freiherren von Beck-Peccoz seit fast 150 Jahren die Geschicke der Brauerei und Ländereien des ehemaligen Klosters.

Gut 1000 Jahre ist es her, seit Graf Adalbero von Kühbach samt Schwestern das Benediktinerinnenkloster zu Ehren des heiligen Magnus stiftete und damit den letzten Willen des kinderlos gebliebenen Bruders Udalschalk erfüllte. Im 19. Jahrhundert gehörte es zu den Liegenschaften von Maximilian Herzog in Bayern, dem Vater der späteren Märchen-Kaiserin Sisi, bis es schließlich in den Besitz der Familie von Beck-Peccoz gelangte.

Die Vorfahren dieses Adelsgeschlechtes lebten als deutschstämmige Walserfamilie im Gressoneyer Tal an der italienischen Grenze zur Schweiz. In diesen Alpentälern sind die Winter lang, die Sommer kurz und der Lebenserwerb dieser Zeiten war hart. Auf der Suche nach besseren Lebensbedingungen machte sich ein Familienzweig auf, zurück in die alte Heimat nach Deutschland.

Sein kaufmännisches Talent trug alsbald Früchte. Wenige Jahrzehnte später betrieb die damalige Familie Beck in Pasing bei München eine Seifen- und Kerzenfabrik und in Augsburg eine bedeutende Messingfabrik. Tüchtigkeit, Fleiß und Wohltätigkeit, für diese besonderen Qualitäten wurden die Brüder Joseph Anton und Carl Beck 1840 von König Ludwig I. als Freiherren von Beck in den Adelsstand erhoben. Als das italienische Königshaus den Titel auch für den italienischen Teil der Familie anerkannte, nun

Baron de Peccoz, wurde eine Zusammenführung der Namen zu Beck-Peccoz vollzogen. Während unruhige Zeiten an den alten Klostermauern vorbeiflossen, prosperierten die Ländereien und die Brauerei unter der Führung der Freiherren von Beck-Peccoz. Einzig der Kinderreichtum blieb der Familie immer wieder versagt, sei es aufgrund der unermüdlichen Arbeit oder weil der Geist des kinderlosen Klostergründers Udalschalk gegenwärtig blieb. Selbst mit reichlich Nachwuchs gesegnet, wechselten bisweilen Sprösslinge des italienischen Zweiges in den bayerischen Teil der Familie und wurden dort adoptiert.
Auch der heutige Senior-Chef des Unternehmens, Baron Federico, stammt aus der italienischen Linie. Sein leiblicher Sohn Umberto arbeitet seit 2001 als Junior-Chef im Betrieb. Tüchtigkeit, Fleiß und Wohltätigkeit wird von beiden Baronen als der Ursprung ihres Adelsgeschlechtes betrachtet und in Ehren gehalten.
Zum Schlossgut gehört heute die florierende Landwirtschaft mit über 300 Hektar unter Gutsverwalter Reinhold Rauch, der von Oberförster Kurt Schweizer vorbildlich bewirtschaftete Forst von 800 Hektar und die erfolgreiche Brauerei Kühbach, die mit dem 1. Braumeister Alfons Rieder an der Spitze zur ertragsstärksten Säule des Gesamtunternehmens ausgebaut wurde.
Geschmacksreichtum von traditionell bis modern findet sich in der Produktpalette der Brauerei. Das urige Josefi Bier etwa spiegelt die neue Lust am Bodenständigen wider. Und die Leichtigkeit des Seins hat mit dem Kühbacher Lager Premium und dem Premium Pils in der Region einen beispiellosen Siegeszug antreten können. Weil gutes Essen und Trinken zusammengehören, engagieren sich die Barone auch für erstklassige Küche. Sie unterstützen die Spezialitätenwirte im Wittelsbacher Land und die NEUGA-Schlemmerwirte rund ums altbayerische Donaumoos mit exklusiv für diese hervorragenden Gasthäuser gebrauten Bieren.
Für striktes Qualitätsmanagement, gelebten Umweltschutz und soziales Engagement der Familie erhielt die Brauerei Kühbach das anspruchsvolle „Qualitätssiegel Wittelsbacher Land" verliehen. Erneuerbare Energien sind das Stichwort für die Umweltschutz-Aktivitäten. Mit Mais, Raps und Restholz der eigenen Ländereien koppelt sich das Unternehmen mitsamt Fuhrpark nach und nach von den Energieversorgern ab. Der Fuhrpark fährt mit Rapsöl, Strom und Wärme werden aus Sonne, Hackschnitzel und Biogas gewonnen.
Den Überschuss an Energie und Wärme gibt das Schlossgut Kühbach weiter. Unabhängig von den Ölmärkten wird die Bevölkerung von Kühbach ihre Energie zu moderaten Preisen, einzig gekoppelt an die Inflationsrate, beziehen können. Das ist wahrer Wohlstand, wenn alle gedeihen dürfen!
Und Klostergründer Udalschalk, der Kinderlose? Der ist Geschichte.
Baron Umberto von Beck-Peccoz ist auch mit Nachwuchs reich gesegnet.
(ne)

RESTAURANT SCHLOSS HOHENKAMMER

Restaurant Schloss Hohenkammer
Inhaber: Guido Stocker

Schloßstraße 25
85411 Hohenkammer

Telefon 0 81 37 / 99 65 - 0
Telefax 0 81 37 / 99 65 - 55

Ruhetag: Montag

Wo einst Ritter Gebhard von Kammer streitlustig der Stadt München den Krieg erklärte, residiert heute, 600 Jahre später, Guido Stocker mit seinen Vasallen, um den Gaumen verwöhnter Genießer mit ausgesuchten Speisen zu befrieden.
Trutzig erhebt sich das Wasserschloss Hohenkammer im Norden von München. Seine Grundmauern fußen tief in der Geschichte, aus dem 15. Jahrhundert sollen sie stammen, umarmt von zwei Wasserläufen der Glonn, die auf dem Weg durch ihr idyllisches Tal vorbeifließt. Die Streitaxt im Wappen des Schlosses zeugt noch von den frühen wilden Besitzern, doch längst hat die Kultur Einzug gehalten. Ein gutes Jahrzehnt lang residierte Friedrich Freiherr von Cotta hier als Verleger von Goethe, Schiller und Herder. Und seit Spitzenkoch und Gastronom Guido Stocker sein Restaurant Schloss Hohenkammer eröffnete, hat Esskultur und Trinkkultur vom Feinsten Einzug gehalten.
Im Besitz von Deutschlands größtem Rückversicherer wurde das Schloss umfänglich restauriert. Auf dem großzügigen Gelände, mit dem romantischen Schloss als Kulisse, entstand zunächst die Akademie Schloss Hohenkammer, eine exklusive Seminar- und Bildungsstätte mit hervorragend ausgestatteten Tagungsräumen für höchste Ansprüche. Das zugehörige Hotel bietet lichte Räume, Ruhe und angenehme Erholung.
Der kulinarische Motor des Anwesens liegt in den historischen Räumen der alten Brauerei. Durch das Zwiebelturm-behütete Schlosstor betritt der Gast den Schlosshof und folgt dem zarten unterirdischen Leuchten zu den Eingangspforten der lukullischen Hallen. Zwischen Mittelalter und Neuzeit präsentiert sich das Ambiente. Bayerisch-gemütlich speist es sich in der Zirbelstube, zeitgemäß genießt der Feinschmecker im modernen Gewand von Schlossstube und Gewölbesaal. Im Clubraum der Schlossbar lässt sich ein Abend trefflich beenden mit Digestif und einer Zigarre.
Längst haben auch die Menschen aus dem Umfeld den Schloss-Biergarten entdeckt. Wer Spitzenküche zaubert, kann eben auch die traditionelle Brotzeit und das bayerische Schmankerl in Bestform servieren, und das im rechten Preisverhältnis.
Ein 12-köpfiges engagiertes Team um Chef-Gastronom Guido Stocker und Küchenchef David Kosmal steht seit 2001 bereit für die tägliche Herausforderung, erstklassiges Essen zu komponieren. Genießer der gehobenen bayerischen Küche kommen dabei genauso auf ihre Kosten wie Feinschmecker. Die Köstlichkeiten aus der Küche sind bereits von allen Gourmet-Führern gewürdigt. Mit kreativem Ehrgeiz und absoluter Liebe zum Beruf setzen die Köche ihr hohes fachliches Können in raffinierte Genüsse um. Nudeln und Risottos geben der Speisekarte italienische Akzente, Streifzüge in den Westen Europas sorgen für reichlich französische Inspiration, dazu ein gelegentlicher Hauch von Asien. Dass die edlen Kompositionen formvollendet zum Gast gelangen, dafür sorgt Annette Haubrich als Serviceleitung des Restaurants.
Nur beste Zutaten kommen in die Töpfe. Beim Einkauf steht die Qualität an erster

Stelle, meist kommen die Lebensmittel von ökologischen Erzeugern aus der Region oder, bei typisch französischer Küche, selbstverständlich aus Frankreich. Bei der Herstellung eines jeglichen Produktes, ob selbst gemachte Leberwurst oder Dreierlei vom bretonischen Hummer, gilt die Maxime: Das Produkt, das auf dem Teller liegt, muss dem Preis absolut gerecht werden.
Der Weinkeller beeindruckt mit 130 ausgewählten Weinen, die Rolle des Sommeliers übernehmen dabei Annette Haubrich und Guido Stocker persönlich. Die Vorliebe für die traditionellen europäischen Weinbaugebiete ist unverkennbar. Italien, Frankreich, Portugal und immer mehr Deutschland und Österreich spiegeln den schier unendlichen Geschmacksreichtum der Alten Welt wider. Hochwertig, kostenintensiv und personalintensiv ist die gesamte Arbeitsweise im Schloss Hohenkammer. Jeder der insgesamt 40 Mitarbeiter trägt zur Gesamtleistung bei. Undenkbar, dass es auch nur einer weniger sein könnte. Dabei sieht sich Guido Stocker mit seinen Führungskräften in einer Vorbildfunktion. Die gastronomische Philosophie mit ihrem konsequenten Streben nach Höchstleistung bedarf eines ständigen Vorlebens und ständiger Präsenz.
Das hat sich in der Branche herumgesprochen. Das Küchenteam freut sich über Bewerber aus anderen exzellenten Häusern; großes Lob heimst die Küche als Ausbildungsbetrieb ein, wenn die eigenen Lehrlinge, wie bei den Stadtmeisterschaften von München, auf den vordersten Plätzen liegen. Ein eigenes Veranstaltungsbüro steht bereit, jeden Wunsch in die Wirklichkeit zu übertragen. Ob romantische Hochzeit, Firmen-Event oder Großveranstaltung, das Schlossgelände setzt der Phantasie keine Grenzen. Den vorläufigen Höhepunkt bildet eine mediterrane Gartenausstellung, die als Besuchermagnet bis zu 8000 Menschen an einem Tag anzog. Damit das Lustwandeln im Schlossareal für jeden auch mit kulinarischen Feinheiten gekrönt wird, dafür sorgt Marco Schedl als Serviceleiter im Veranstaltungsbereich.

Wer das Hohe Lied der feinen Küche außerhalb des Schlosses auf eigenen Veranstaltungen genießen möchte, der kann sich das Küchen-Team mit exquisitem Catering ins Haus holen.
Das kulinarische Leben wurde Guido Stocker in die Wiege gelegt. Die Mutter setzte ihn in eine Welt, die von Gastronomie geprägt war. Die Gerüche, die Geräusche von Töpfen und Pfannen, die Betriebsamkeit, das war der Sandkasten seiner Kindheit. Schon früh liebte er es, seinen Eltern zur Hand zu gehen und sich im Service am Gast zu erproben. Nach seiner Lehre als Koch und Restaurantfachmann im Königshof machte er in der Sternegastronomie Süddeutschlands Station, darunter exzellente Häuser wie Landhaus Feckl, Preysing Keller, Palace Hotel, bis ihn 2001 der Ruf nach Schloss Hohenkammer ereilte. Bis heute ist eine hervorragende Küche und ein zufriedener Gast das Ziel aller seiner Bemühungen.
Stillstand ist für Guido Stocker nicht denkbar. Die Pläne sind ehrgeizig und schließen das ganze Schloss ein. Neue Hotelräume mit 5-Sterne-Niveau, eine Großveranstaltungshalle, neue Spielräume zwischen innen und außen jenseits des Wetters, die nächsten Jahre sind prall voller Ideen. An erster und letzter Stelle jedoch geht es ihm immer um den Menschen. Die Essenz ist ein Lächeln, jenseits aller Auszeichnungen, jenseits aller Anstrengungen. Ohne dies wäre ihm das Arbeiten als Gastronom schlichtweg unvorstellbar. *(ne)*

Gebratene Bärenkrebse mit pochierter Kalbszunge und zweierlei Spargel

Zutaten Kalbszunge
Kalbszunge
0,1 l Apfelessig
2 l Wasser
1 EL Pfefferkörner schwarz, zerdrückt
4 EL Meersalz
1 Karotte
1/4 Sellerie
1/2 Stange Lauch
2 mit Lorbeer und Nelke gespickte Zwiebeln
Kalbszunge ins kochende Wasser mit den restlichen Zutaten geben, ca. 45 Minuten kurz vor dem Siedepunkt garen. Dann abziehen und dünn aufschneiden..

Bärenkrebse
4 Stück Bärenkrebse
Salz, Pfeffer, Butter, Rosmarin, Thymian
Schwanz vom Körper trennen, Darm entfernen und auswaschen. Mit Salz und Pfeffer würzen, in Olivenöl kurz anbraten – Hitze reduzieren; Rosmarin, Thymian, Knoblauch und Butter in die Pfanne geben und gar ziehen. Immer wieder mit dem Bratfett übergießen.

Vanilleschaum
0,3 l Geflügelfond
5 cl Weißwein
10 cl Portwein, weiß
1 Vanilleschote
1 Prise Meersalz
1/2 Schalotte
10 g Butter
50 g Crème double
Schalotten in Streifen schneiden, in Butter farblos andünsten, mit Portwein und Weißwein ablöschen, Vanilleschote halbieren, auskratzen und mitkochen.
Auf 5 cl reduzieren, Geflügelfond, Crème double und Salz zugeben. Kurz durchkochen, passieren und aufschäumen.

Pfeffermispeln
8 Mispeln
1 EL Zucker
1/2 TL gestoßener schwarzer Pfeffer
1 dl Portwein, weiß
10 g Butter
Mispeln abziehen, entkernen und vierteln. Zucker karamellisieren. Pfeffer in trockener Pfanne solo anrösten. Portwein zum Karamell geben und auf die Hälfte reduzieren. Pfeffer dazu und alles heiß über die Mispeln geben.
Vom Herd nehmen, zwei Stunden ziehen lassen.

Im Land um München herum tut sich allerhand: Bierfeste und Brauchtum, Musikfestivals und Messen, Wallfahrten und Golfen, Kunsthandwerk und Moderne, Wirtschaft und Landwirtschaft.
Der Grüngürtel südöstlich von München beginnt mit dem weiträumigen Ebersberger Forst, einem der größten zusammenhängenden Waldgebiete Süddeutschlands, mit seiner gut erhaltenen Burg Elkofen bei Grafing, der Hohenlindener Sauschütt und dem Museum Wald und Umwelt samt NaturErlebnisPfad. In Kirchseeon werden alljährlich an den Dezember-Wochenenden die Perchtenläufe durchgeführt, eine wilde Jagd mit Geister- und Dämonenmasken. Seit 1959 lebt auf dem Areal des 550.000 qm großen Wildparks Poing ein-

heimisches Rot-, Dam-, Reh-, Muffel- und Schwarzwild fast wie in freier Wildbahn. Selten gewordene Tiere wie Wölfe und Luchse, Braunbären, Wisent, Greifvögel und Kleintiere sind hautnah zu sehen. Auf Gut Herrmannsdorf bei Glonn zeigen die Herrmannsdorfer Landwerkstätten in zukunftsweisender Synthese ihre Welt von artgerechter Tierhaltung, Lebensmittelerzeugung und -vermarktung und hochmoderner Umwelttechnik, alles unter einem Dach.
Aying steht für ein bayerisches Bilderbuchdorf. Römisch Isinisca, liegt der Ort an einer früheren römischen Hauptverkehrsader, der Via Julia. Den größten Maibaum Europas hat die oberbayerische Gemeinde mit der hochmodernen Brauerei, den Biergärten, dem Sixthof, 1978 als Heimatmuseum eingeweiht, und dem bekannten Brauereigasthof. Sommerfest und Kirchweih sind dort die alljährliche Attraktion. Der Markweg, eine wenig befahrene Straße durch den Hofoldinger Forst, bietet als beliebtes Naherholungsgebiet für Radfahrer und Inline-Skater ideale Bedingungen.

Das Kaleidoskop an Farben und Formen, an Düften und Klängen, an Eindrücken und Stimmungen im Oberland zieht zudem die Anhänger des Golfsports zum Abschlag auf einen der vielen Plätze, von denen keiner dem anderen gleicht.
An der Lüftlmalerei, dem farbenfrohen und formenreichen Fresko auf Oberbayerisch hat so mancher Reisende seine helle Freude. Die glatten Wände an Häusern und Höfen werden in spezieller Technik nach italienischer Art mit Scheinarchitektur, ornamentalen und figürlichen Motiven gestaltet. Der Begriff „Lüftlmalerei" geht wohl auf den berühmtesten Maler seiner Zunft, Franz Seraph Zwinck zurück, der zeitweise in einem Haus „Zum Lüftl" lebte.
Große Bauernhöfe mit kleinen „Zuhäuseln", grüne Wiesen mit „glücklichen Kühen", Dörfer und Weiler bestimmen

Wolfratshausen

das Landschaftsbild bei Sauerlach bis hinüber nach Grünwald. Dazwischen, wo sich Fuchs und Hase „Gute Nacht" sagen, liegt Staucharting. Hügelgräber aus der Keltenzeit belegen die frühe Ansiedlung. Jedes Jahr am 26. Juli findet dort das St.-Anna-Fest statt: Bittgänger aus der Umgebung treffen sich bei der Waldkapelle zu einer Feldmesse mit anschließender Pferdesegnung. Südwestlich und links der Isar beginnt der Forstenrieder Park, der sich von Forstenried bis Oberdill, von Pullach, Baierbrunn und Hohenschäftlarn bis nach Leutstetten ausdehnt. In diesem großen Biotop gab es neben der Hochjagd um 1650 noch große Wolfsjagden. Die Jagdausübung war allerdings bis 1918 ausschließliches Kronrecht des Wittelsbacher Herrscherhauses. Die Menschen südlich der Landeshauptstadt sind geprägt von Dorfgemeinschaften, die den Nährboden für ein außergewöhnliches Zusammengehörigkeitsgefühl bilden. Hier wird noch Mundart gesprochen: „A bisserl mehr leb'n und a bisserl mehr leb'n lassen", das gefällt auch den „Zugereisten", die die Ortschaften nicht nur als ihre Schlafstätten für München ansehen, sondern dort eine zweite Heimat gefunden haben. In solch einer gesegneten Gegend arbeiten, wirtschaften und leben zu dürfen, ist etwas ganz Besonderes.

BRAUEREIGASTHOF AYING

Brauereigasthof Aying
Inhaber: Angela und Franz Inselkammer

Zornedinger Straße 2
85653 Aying

Telefon 0 80 95 / 90 65 - 0
Telefax 0 80 95 / 90 65 66

Aying steht für die Dreieinigkeit des Altbayerischen: eine Kirche, ein Bräu und ein Gasthof. So manch einer, der noch nie dort war, denkt, schon einmal da gewesen zu sein. Das malerische Dorf wie aus dem Bilderbuch, ganze 30 km südöstlich von München, besteht tatsächlich fast nur aus dem historischen Brauereigasthof Aying, der dominant und prächtig mitten im Ort steht. Ein Maibaum davor, im Hintergrund die typische, barocke Kirche mit dem Zwiebelturm, über die Straße der alte Sixthof (dort ist ein Heimatmuseum untergebracht), dazu zwei Biergärten, die sich sehen lassen können – so ist der über 620 Jahre alte Gasthof nach Herrenhausart zum Sinnbild bayerischer Lebensart geworden.
Bewahrt und erhalten wird dieses Gesamtkunstwerk inklusive neuer und alter Brauerei von einem leibhaftigen Bräu, Franz Inselkammer, und seiner Frau Angela.
Landschaft, Kultur, Feinschmeckergenuss und traditionsreiche, altbayerische Bierherstellung, längst auf dem allerneuesten technischen Stand – all dies zusammen an einem Platz. „Daheim sein", dieses Gefühl vermittelt einem der Brauereigasthof ganz unmittelbar, auch mit seinem angeschlossenen Hotel und den individuellen 34 Zimmern, mit Antiquitäten liebevoll ländlich-elegant eingerichtet. Sie tragen eindeutig die Handschrift der Hausherrin ebenso wie die drei unterschiedlichen Stuben des gepflegten Restaurants, das gleichfalls im blumengeschmückten Haupthaus untergebracht ist. Ein heimeliger Garten, die historische, neu renovierte Kegelbahn und der im Original erhaltene Veranstaltungsstadl „Troad-

kasten" zeugen eindrucksvoll von der guten alten Zeit, der Liebe zur Heimat und praktiziertem Lebensgenuss.
Aying wäre nicht Aying ohne Josef Rampl, schon seit über 30 Jahren Küchenchef im Brauereigasthof Aying, der mit seinem eingespielten Team auf hohem Niveau heimatliche Spezialitäten kocht, vieles mit Produkten aus eigener Landwirtschaft, Grünes aus der Gärtnerei und Wild aus der eigenen Jagd. „Es gibt nix Besseres als was Gutes", sagt er und hat mit dieser Volksweisheit den Gasthof zum Mekka für alle Feinschmecker im weiten Umkreis gemacht. Selbst gebackenes Brot, hausgebrannter Obstler und natürlich die Ayinger Bierspezialitäten verwöhnen in jeder Beziehung den anspruchsvollen Gaumen. Bei der Wahl des Weines aus der üppigen Karte hilft ein dezent aufmerksamer Service, gelassen agierend selbst in der Hektik der kulinarischen Themenwochen wie „Fisch", „Französisch" oder „Tirolerisch". Bierkenner oder solche, die es werden wollen, haben die einmalige Gelegenheit, beim „Ayinger Brau-Erlebnis" hinter die Kulissen einer der fortschrittlichsten Privat-Brauereien Europas zu blicken. Diese Brauereibesichtigung, ein Event der besonderen Art, wird mit Sicherheit unvergesslich bleiben. *(bk)*

Aying

Biergebeizter Ochsentafelspitz

Zutaten

1 Tafelspitz, ca. 1,8 kg
2 l Ayinger Altbayrisch Dunkel
2 l Wasser
1 große Zwiebel
2 Karotten
1/2 Stange Lauch
1/4 Sellerieknolle
1/8 l Weinessig
2 Lorbeerblätter
1 Rosmarinzweig
10 Wacholderbeeren
10 schwarze Pfefferkörner
250 g Butter
150 g Mehl
1/4 l Sauerrahm

Zubereitung

Das Gemüse in grobe Würfel schneiden, mit Bier, Wasser und Gewürzen aufkochen lassen. Den erkalteten Sud über den Tafelspitz geben, so dass dieser ganz mit Sud bedeckt ist.

Den Tafelspitz zwei Tage in dieser Beize liegen lassen.

Danach den Tafelspitz mit der Beize zum Kochen bringen, würzen und etwa zwei Stunden darin ziehen lassen. Inzwischen aus Butter und Mehl eine Mehlschwitze bereiten, etwas abkühlen lassen, mit dem Sud aufgießen und sämig einkochen lassen. Die Sauce abschmecken, Sauerrahm dazugeben und passieren.

Tafelspitz in Scheiben schneiden und mit der Sauce servieren. Dazu passen Malznudeln, Buchweizenknödel, Kartoffelknödel, Wirsing oder Blaukraut.

KUGLER ALM

Kugler Alm
Küchenchef: Christian Franke

Linienstraße 93
82041 Oberhaching

Telefon 0 89 / 61 39 01 20
Telefax 0 89 / 61 39 01 90

Ruhetag:
Restaurant Montag, Biergarten je nach Witterung geöffnet

Die Stadt einmal hinter sich lassen und auf die wohltuende Wirkung ländlicher Idylle vertrauen, dass ist der Wunsch derer, die schon einmal die Gastfreundschaft einer altbekannten Lokalität genießen durften. Die Kugler Alm, umgeben von Wiesen und Wald und doch auch mit der S-Bahn einfach zu erreichen, ist nach ihrem Begründer Franz Xaver Kugler benannt, seines Zeichens Erfinder der „Radlermass".
Seine Entstehung verdankt das Wirtshaus dem Durst der Gleisarbeiter an der Bahnstrecke München-Holzkirchen, zu denen Kugler selbst gehörte. Der findige Franz Xaver Kugler verkaufte aus einer zunächst noch provisorischen Schenke frisches Bier an seine Kollegen. Das Ganze florierte so gut, dass bald – wie der Volksmund sagt – ein rechtes Gasthaus daraus wurde, das sich rasch zu einem beliebten Ausflugsziel der Münchner entwickelte. Den großen Coup landete der geschäftstüchtige Kugler an einem heißen Samstag im Juli 1922: Als bei einem riesigen Radfahreransturm das Bier auszugehen drohte, verlängerte er dieses einfach mit Zitronenlimonade – die „Radlermass" war geboren.
Und noch immer lockt die Kugler Alm, die heute zur Antje Haberl Gastronomie gehört – geleitet von Harald Reiterer – im Sommer wie auch im Winter ins südliche Umland. Mit ihrer feinen Küche und bayerischen Schmankerln, süffigen Bieren und edlen Weinen geben sich Jung und Alt, Radler und Wanderer, Feinschmecker und alle anderen Genießer die Ehre. Ein ausgedehnter Winterspaziergang über die verschneiten Felder, danach einkehren in die warme Gaststube oder ein sommerlicher Radausflug mit der ganzen Familie in die Natur, hier fühlen sich alle, Groß und Klein, gleichermaßen wohl. Aber nicht nur gutes Essen und ein

herzlicher Service sind Grundlage der Beliebtheit des Gasthauses: Im Schatten alter Bäume, im schönen Obstgarten und im Freisitz finden im Biergarten 2400 Gäste Platz, um eine frische Maß zu genießen und die Zeit zu vergessen. Neben typischen Offerten wie Spareribs, Hendl, Haxen oder Steckerlfisch sind knackige Salate und Brotzeiten selbstverständlich.
Die hausgemachten Schmalznudeln („Auszog'ne") sind etwas Besonderes und scheinen nicht von dieser Welt, so gut schmecken sie. Für den Nachwuchs gibt's im Garten eine Spiellandschaft, dort darf nach Herzenslust getobt werden.
Das schöne Restaurant, kompetent betreut und geleitet von Dimitrios Roumeliotis, gibt sich wohlig-warm mit Kachelofen, fein holzgetäfelt und mit immer wieder neu gestalteter, ansprechender Tischdekoration. Der Blick in die Speisekarte macht Lust auf resche Ente, Schweinebraten, Tafelspitz oder eines der altbayerischen Desserts wie Apfelküchlerl mit Zimtzucker und Vanillesauce oder gefüllte Mohnnudeln. Die Kugler Alm liegt schon ein wenig versteckt mitten in der Natur – die Suche nach ihr lohnt aber allemal. *(bk)*

Gedünsteter Tafelspitz mit Gemüsestreifen, Bouillonkartoffeln und Rahmkaiserschoten

Zutaten Tafelspitz
1 Tafelspitz (2 kg)
150 g Wurzelwerk (Sellerie, Karotten, Petersilienwurzel)
100 g Zwiebel in der Schale
1/4 Stange Lauch
8 Pfefferkörner, Salz, etwas Liebstöckel
ca. 2,5 l Wasser
1/2 kg Rindsknochen, Meersalz aus der Mühle

Bouillonkartoffeln
1/2 kg Kartoffeln, 50 g Karotten, 50 g Sellerie, 50g gelbe Rüben, 1 l Rindersuppe, 2 EL Schnittlauch

Rahmkaiserschoten
600 g Kaiserschoten, geputzt und ohne Fäden, 20 g Butter, 20 g Mehl, 2 dl Rindssuppe, 1/4 l Sauerrahm

Zubereitung
Zwiebel halbieren, in der Pfanne an der Schnittfläche sehr dunkel anbraten. Wurzelwerk waschen, schälen. Tafelspitz und Knochen warm abwaschen. Wasser zum Kochen bringen, Tafelspitz, Knochen und Pfefferkörner in das Wasser geben, schwach wallend ca. 3–4 Std. kochen. Ca. 1 Stunde vor Garungsende Wurzelwerk, Lauch, Liebstöckel und Zwiebel beigeben. Schaum ständig abschöpfen. Fertig gegartes Fleisch aus der Suppe heben. Suppe würzen, durch ein feines Tuch oder Sieb seihen. Fleisch in finderdicke Scheiben schneiden, mit Suppe begießen und mit Meersalz und Schnittlauch bestreuen. Kartoffeln in ca. 12 mm, Karotte, Sellerie und gelbe Rüben in ca. 2 mm große Würfel schneiden. Zusammen mit der Suppe bedeckt zustellen, aufkochen und schwach salzen. Kartoffel kernig kochen, abschmecken und mit Schnittlauch bestreuen. Kaiserschoten in Salzwasser kochen, abseihen und abfrischen. Butter schmelzen, Mehl darin anschwitzen, mit heißer Brühe aufgießen und glatt rühren. Einige Minuten köcheln, Rahm beigeben, aber nicht mehr kochen lassen. Kaiserschoten dazugeben und mit Salz, Pfeffer und Zitronensaft abschmecken.

GUTSGASTHOF STANGL

Es sind viele Komponenten, die das Hotel und den Gutsgasthof Stangl zu einer Kostbarkeit im Osten von München gemacht haben. 1538 wurde das Anwesen erstmals urkundlich erwähnt, und bemerkenswerterweise ist es über die Jahrhunderte das Original geblieben: die alte Herberge der Fuhrleute Stangl, 1827 als kleine Neufarner Schenke gegründet und in der damaligen Poststation beheimatet. Ein Rastplatz für die Reisenden auf der alten und wichtigen Salz- und Handelsstraße von Salzburg und dem Berchtesgadener Land nach München.

Ein Rastplatz ist der Stangl auch heute noch für Menschen, die abseits der Alltagshektik noch die Werte der guten alten Zeit suchen. Nur zehn Minuten von der neuen Messe München entfernt, ist das kleine Neufarn mittlerweile nahe an die große Stadt herangerückt, und doch finden auch Münchner Insider für wenige Stunden das wieder, wonach sie sich in ihrem Innersten sehnen: Ruhe und ein bayerisches Zuhause. Die dahinter stehende Wirtshausphilosophie wurde von einer Generation an die nächste weitergegeben. Heute wird sie von Chefin Bärbel Fauth-Stangl gepflegt und gelebt. Bayerische Kultur ist ein wichtiger Bestandteil des Hauses, Gastfreundschaft wird groß geschrieben.

Gutsgasthof Stangl
Inhaberin: Bärbel Fauth-Stangl

Münchener Straße 1
85646 Neufarn bei Anzing

Telefon 0 89 / 90 50 10
Telefax 0 89 / 90 50 13 63

Im guten Geist fortschrittlicher Tradition entstand neben dem stattlichen alten Gutsgasthof ein Hotel im Stil der Münchner Prinzregentenzeit – mit Ornamenten, Reliefsäulen, opulenten Leuchtern und einem Gartensaal unter reich geschnitztem Tonnengewölbe. Die Gästezimmer des Hotels sind dem Münchner Jugendstil einfühlsam nachempfunden. Die großzügige Halle präsentiert sich einladend und stimmungsvoll mit Kamin und Bar – somit ein wenig leger, ein wenig vornehm, spürbar auch in der historischen Jagdstube, in der heimeligen Zirbelbauernstube und im Saal. Draußen im Rosengarten und im Biergarten unter prachtvollen Kastanienbäumen werden Sommer-Landpartien geboten wie ein kulinarischer Weinfrühling, Spargel zum Sattessen, die Nacht der Sternschnuppen oder das Hofschoppenfest mit traditioneller Kochkultur. Diese vermittelt der Südtiroler Meinhard Tschurtschentaler perfekt, der seit langen Jahren in der Küche als Chefkoch regiert. Er versteht es, feines Bayerisches mit Mediterranem zu verbinden, vermischt mit Südtiroler Elementen. Ein Appell an alle Sinne, ja, das ist der Stangl. *(bk)*

Hirschrücken in der Salzkruste gegart mit geschmortem Herbstgemüse

Zutaten
800 g Hirschrücken, sauber zugeputzt
schwarzer Pfeffer, Salz, Wacholderbeeren, Thymian, Rosmarin, 1 Knoblauchzehe

Zutaten Salzkruste
2 kg grobes Meersalz, 600 g Mehl, 400 g Eiweiß, steif geschlagen

Zutaten Schmorgemüse
200 g Stangensellerie, 100 g Knollensellerie, 100 g Schalotten, 100 g Karotten, 200 g Kastanien, geschält

Zubereitung Hirschrücken
Hirschrücken würzen und anbraten. Salz, Mehl und geschlagenes Eiweiß vermengen, ein Backblech mit Alufolie belegen und die Hälfte der Salzmasse aufstreichen. Den Hirschrücken und die Kräuter darauf setzen, mit der restlichen Salzmasse verschließen und im vorgeheizten Backofen bei 170 °C 35 bis 40 Minuten backen (Kerntemperatur: 44 bis 48 °C). Gemüse schälen, in Würfel schneiden, mit Olivenöl und Schalotten in der Pfanne anziehen lassen. Mit Salz und Pfeffer würzen und im Ofen bei 160 °C fertig garen. Salzkruste aufbrechen, das Fleisch herausnehmen, 5 Minuten ruhen lassen, aufschneiden, auf das Gemüse setzen. Mit der Soße servieren. Dazu Schupfnudeln oder Spätzle reichen. Für die Soße 500 g Wildknochen fein zerkleinern und anrösten. Wurzelgemüse, Pfeffer, Thymian, Lorbeer, Wacholder und einen Löffel Preiselbeeren dazugeben, mit 1/4 Liter Rotwein ablöschen und mit 1/2 Liter Brühe aufgießen. 1 Stunde kochen, passieren, zum Schluss mit Butter verfeinern.

FORSTHAUS KASTEN

Forsthaus Kasten
Inhaber: Johanna und Johann Barsy

82131 Gauting

Telefon 0 89 / 8 50 03 60
Telefax 0 89 / 8 50 03 50

Ruhetag: Montag
Biergarten bei weißblauem Himmel geöffnet

Ganz romantisch und verwunschen mitten im Wald liegt ein gemütliches Wirtshaus zwischen Neuried und Gauting im Münchner Süden: das Forsthaus Kasten. Die kulinarische Geschichte der Gaststätte begann 1899 mit Brotzeiten, die der damalige Forstleiter – Forst Kasten gehörte zur königlichen Hofjagd – an die vorbeiziehenden Wanderer abgab. Heute sind es eher feine und außergewöhnliche Speisen, die die Wirtsleute Johanna und Johann Barsy mittlerweile seit über 15 Jahren den Freunden guter Küche servieren.

Das stimmungsvolle Haus ist harmonisch in den Forst Kasten Erholungswald eingebettet. Ausnehmend schön gedeckte Tische in der Stub'n, in den Räumen für Feierlichkeiten und auf der wunderbaren Sommerterrasse laden nicht nur Ausflügler ein, sich ein paar Stunden zu entspannen und im Herzen der Natur eine frische Landhausküche zu genießen. Darauf legt Johanna Barsy auch besonderen Wert. Sie verarbeitet Produkte aus der Region, wie Schweine aus dem Donauries und Heidschnucken aus eigener Zucht. Nicht zu vergessen die Wildspezialitäten aus heimischen Wäldern, mal klassisch, mal modern zubereitet, wie es sich für ein richtiges Forsthaus eben gehört.

Der inzwischen legendäre und beliebte Biergarten ist bei schönem Wetter täglich geöffnet. Da zeigen sich die Spare-Ribs vom Grill genauso als Klassiker wie die innen immer saftigen und außen knusprigen Schnitzel, die das typisch bayerische Schmankerl-Angebot abrunden. Zum Biergarten gehören ein großer Abenteuerspielplatz, Bungee-Trampolin, Minigolfanlage und ein Tiergehege in unmittelbarer Nachbarschaft. An so manchen

Wochenenden geben Bands Life-Musik zum Besten, zünftige bayerische Musik oder fetzigen Biergartenjazz – für jeden ist etwas dabei.
„Bei uns geht's Ihnen gut", „bei uns schmeckt es immer" und „bei uns ist immer was los", heißt es im Forsthaus Kasten und das ist tatsächlich so: Frühjahrs-, Sommer- und Weinfeste, Nikolaus- und Weihnachtsmarkt, sogar Hobbykünstlermärkte bieten neben Erholung auch Spaß und Freude für die ganze Familie. Ausgefallene und extravagante Feste organisiert Johanna Barsy mit ihrem Geschäftspartner Tony Eckl perfekt im Waldheim in München-Großhadern, ihrem zweiten gastronomischen Standbein. *(bk)*

Hirschkalbmedaillons im Speckmantel auf Sauerkirschsauce mit Kartoffel-Maroni-Strudel und grünen Bohnen

Zutaten
8 Hirschkalbmedaillons à 80 g
8 Scheiben Speck
1/8 l kräftigen Rotwein
1 Glas Wildfond
100 g Sauerkirschen aus dem Glas
1 TL Stärke
1 EL Butter
1 Blatt TK-Strudelteig
2 rote Zwiebeln
500 g Kartoffeln, grob gerieben
100 g TK-Maroni, grob gehackt
1/2 Becher Crème fraîche
500 g grüne Bohnen
Salz, Pfeffer. Muskatnuss, Bohnenkraut

Zubereitung
Medaillons mit Speck ummanteln und mit einem Zahnstocher befestigen. Mit Salz und Pfeffer würzen und in Butterschmalz je Seite ca. 3 Minuten gut anbraten. Aus der Pfanne nehmen und mit Folie abgedeckt warm stellen. Bratenansatz mit Rotwein ablöschen und mit Wildfond (evtl. Gemüsebrühe) aufgießen, bis zur Hälfte einreduzieren lassen. Abgetropfte Sauerkirschen zugeben, mit angerührter Stärke binden und mit Butterflocken aufrühren. Für den Strudel Zwiebelwürfel in Butter anschwitzen, die rohen geriebenen Kartoffeln zugeben und kurz mitbraten. Mit Salz, Pfeffer und Muskatnuss würzen und abkühlen lassen. Maroni dazugeben und mit Crème fraîche gut verrühren. Die Kartoffelmasse im Strudelblatt einrollen, mit Eigelb bestreichen und bei 175 °C ca. 35 Minuten im Ofen backen. Zwiebeln in Butter andünsten, die gegarten und abgeschreckten Bohnen zugeben und mit Bohnenkraut würzen. Kurz durchschwenken und anrichten.

Lust auf Landluft? In Vaterstetten gibt es auf dem Reitsberger Hof einen der schönsten Bauernmärkte Oberbayerns. Rund ein gutes Dutzend Landwirte bieten am Freitagnachmittag auf dem Hof ihre Naturprodukte an. Frisches Steinofenbrot und Wurstwaren duften um die Wette, Gemüse und Obst streiten um die besten Plätze in der Farbpalette, Weidelämmer, Geflügel, Hasen sind viel versprechende Sonntagsbraten und ein Imker bietet alles rund um die Biene. Nicht zu vergessen die Eier, den Eierlikör, selbst gebackenen Kuchen und alles, was aus Milch gemacht werden kann.

Initiator dieses reizvollen Bauernmarktes ist Georg Reitsberger, der auf seiner neu errichteten Hofstelle Platz für diesen Markt geschaffen hat. Er schätzt die Vielfalt der Region und sieht im reichhaltigen Angebot der anderen Bauern eine Ergänzung zu seinem eigenen Sortiment. Eine Besonderheit, direkt vom Reitsberger Hof, ist frisch gemolkene, naturbelassene Rohmilch, außerdem ein vielfältiges Kartoffelangebot. Verschiedenste Sorten gedeihen auf den Schotterböden im Münchener Osten unter idealen Bedingungen. Neben der bekannten festkochenden Sieglinde gibt es Sorten mit klangvollen Namen wie Lady Christl, Laura, Linda, Desiree oder Edzell Blue, die mit einer violetten Schale und schneeweißem Fruchtfleisch überrascht. Der Spezialitäten-Charakter so mancher Knolle macht das Fleisch zur Beilage, dies durchaus auch im Preis.

Wer nach einem üppigen Einkauf Erholung benötigt oder einfach nur das Wochenende standesgemäß beginnen möchte, der kehrt in den hofeigenen Gasthof „Zur Landlust" ein. Der Hunger wird ganz traditionell mit bayerischen Spezialitäten gestillt, der Durst löscht sich im Biergarten unter hohen Kastanien am schönsten. Auch am Abend lässt es sich trefflich genießen, der Steinboden vorm Wirtshaus speichert die Sonnenkraft des Tages und sorgt für wohlige Wärme.

Die Pferde, die zahlreich auf dem Hof zu Hause sind, hat sozusagen seine bessere Hälfte, Frau Karin auf den Betrieb gebracht. Die gelernte Pferdewirtin und vierfache Mutter leitet die Reitschule am Hof. Günstige Reitstunden auf geduldigen Ponys und Kleinpferden lassen so manches Kind über die ersten Hürden hinweg zur engagierten Sportreiterin werden.

Weltmeisterliches Niveau adelt denn auch die Reithallen mit dem international erfolgreichen Voltigierverein Ingelsberg, der hier sein dauerhaftes Zuhause gefunden hat.

Für Kinder und junge Leute herrschen auf dem weitläufigen Gelände des Erlebnishofes paradiesische Verhältnisse. Hautnah lernen Kinder hier eine Vielzahl landwirtschaftlicher

Reitsberger Hof
Inhaber: Georg Reitsberger

Baldhamer Straße 99
85591 Vaterstetten

Telefon 0 81 06 / 52 77
Telefax 0 81 06 / 30 24 70

Nutztiere kennen. Im Kuhstall wird mehr als klar, woher die Milch kommt – eben nicht aus viereckigen Paketen. Wiederkäuende Kuhdamen verschlingen gierig frisches Futter, das ihnen von begeisterten Kindern gereicht wird. Auf der großen Wiese des Hofes erlebt man manches Spektakel einschließlich Freilichttheater, Zirkus und Reitvorführungen. Große Strohburgen zeugen von zahlreichen Kindergeburtstagen, die auf dem Hof gefeiert werden.

Für Großveranstaltungen wird im Sommer kurzerhand die Maschinenhalle ausgeräumt und sie beherbergt statt schnöder Technik die schon zur Tradition gereiften Gourmettage oder den von den Rosenheimer Schafzüchtern ausgerichteten größten Wollmarkt in Deutschland.

Die Frage, wie ein Apfel bequem in eine Flasche passen könne, beantwortete Georg Reitsberger mit einer Obstpresse und machte alsbald für sich und Gartenbesitzer der Umgebung feine Säfte aus den oft uralten und seltenen Apfelsorten. Eine Brennerei ergänzte bald das Inventar und konzentrierte die kostbaren Apfelraritäten im Beisein der Obstlieferanten in köstliche Hausbrände. So werden die wertvoll gewordenen Obstbäume gehegt und gepflegt und schmücken als Kulturerbe Gärten und Dörfer.

Wenn die heranwachsenden Kinder demnächst tatkräftig mit anpacken, wird Vater Georg endlich genug Zeit zum Ausloten neuer Kartoffelsorten haben und für exklusive Brände, die schon lange eine Prämierung verdient haben. *(ne)*

LANDGASTHOF – HOTEL – METZGEREI SCHMUCK

Weit abseits vom Großstadtverkehr und doch nah vor den Toren der Landeshauptstadt München weist ein großes Schild an der B 13 zum Landgasthof Schmuck in Arget. Anfang des 19. Jahrhunderts wurde dort eine stattliche Gastwirtschaft gebaut, die weithin für ihre gute Küche und Gastlichkeit bekannt war und sich rasch zu einem beliebten Ausflugsziel entwickelte.

Seit nunmehr fünf Generationen werden bis heute Küche und Gastlichkeit von der Familie Schmuck schon aus Tradition hochgehalten und bewahrt. Herzlich und familiär ist auch die Atmosphäre im angeschlossenen, in der reizvollen Umgebung des Alpenvorlandes gelegenen Hotel. In den komfortabel, modernen und liebevoll eingerichteten Zimmern findet der Gast Ruhe und Erholung, vor der Haustür Natur pur und drinnen ein großer Festsaal mit 120 Sitzplätzen, der zu größeren Gesellschaften einlädt. Vom exklusiv zusammengestellten Menü über die perfekte Bedienung und Betreuung bis hin zur phantasievollen Raumdekoration ist für den richtigen Rahmen gesorgt. Die Weinstube mit Platz für 30 bis 60 Personen ist zum Feiern oder für Tagungen im kleineren Kreis gedacht. Eine vollautomatische Kegelbahn erlaubt Spiel und sorgt für sportliche Betätigung.

Auf die original überlieferte bayerische Küche wird sehr viel Wert gelegt. Die „gestandenen“ Gerichte schmecken am besten im rustikalen Gastraum, serviert vom aufmerksamen und freundlichen Personal. Bodenständig und doch raffiniert und ein Gaumenerlebnis der besonderen Art sind die Speisen aus der reichhaltigen Karte.

Landgasthof – Hotel – Metzgerei Schmuck
Inhaber: Franz Schmuck

82054 Sauerlach-Arget

Telefon 0 81 04 / 17 77
Telefax 0 81 04 / 6 12 82

Sämtliche Fleisch- und Wurstwaren kommen ganz frisch aus der hauseigenen Metzgerei in die Küche und dann rasch auf den Tisch. Bekannt und gleichermaßen beliebt: der „Spezialteller“ (knusprige Landente und Schweinshaxe mit Knödel und Salat). Inhaber Franz Schmuck fühlt sich der Natur und seiner Lebensumgebung verpflichtet, legt Wert auf eine gesunde Tierhaltung, betreibt eine eigene Viehzucht mit biologisch gehaltenen Pinzgauer Rindern und lässt auch in der Landwirtschaft keine Kompromisse zu. Alle Produkte sind zur „Chef-Sache“ erklärt.

Die saisonale Küche liegt Franz Schmuck sehr am Herzen. Am liebsten verwöhnt er seine Gäste den Jahreszeiten entsprechend mit heimischen Früchten und Gemüsearten. Das ganze Jahr über gibt es natürlich das gute Bier von Paulaner mit seinen verschiedenen Sorten – die richtige flüssige Nahrung. Bei einer frisch gezapften Maß entfaltet sich im Sommer unter Schatten spendenden Kastanien im Biergarten mit Grillstation das echte bayerische Lebensgefühl in unnachahmlicher Weise. *(bk)*

Sauerlach-Arget

Bauernente

Zutaten

1 Ente (ohne Innereien) ca. 2,2 kg
1 Apfel
1 Zwiebel
Salz, Pfeffer, Majoran
1/2 kg Röstgemüse (Zwiebel, Karotte, Sellerie)
1 TL Tomatenmark
1/2 l Rotwein
1 l Brühe
1/2 l Apfelsaft
Butterschmalz

Zubereitung

Ente säubern und von überflüssigem Fett befreien. Apfel und Zwiebel in walnußgroße Stücke schneiden, mit Salz, Pfeffer, Majoran würzen und die Ente damit füllen.

In einer Bratreine die Ente, das Entenklein (Kragen und Flügel), das Röstgemüse sowie etwas Tomatenmark auf dem Herd anrösten. Mit Rotwein ablöschen und in die auf 160 °C vorgeheizte Bratröhre geben – Brust nach oben. Alle 20 Minuten die Ente mit dem Bratensaft aus der Reine übergießen. Nach ca. 70 Minuten Temperatur auf 190 °C erhöhen und noch ca. 30 Minuten weiter braten.

Kurz in die Keule stechen: Wenn der Fleischsaft nicht mehr blutig ist, aus dem Rohr nehmen, Ente warm stellen und die Sauce am Herd mit Brühe, Apfelsaft und Gewürzen fertig stellen. Eventuell mit angerührtem Kartoffelmehl nachbinden, abpassieren und separat reichen.

OSTERIA LAURUS

Osteria Laurus

Küchenchef: Roberto Roveda

Maria-Eich-Straße 67
82166 Gräfelfing

Telefon 0 89 / 89 89 99 98
Telefax 0 89 / 85 89 68 89

Ruhetag: Montag

Ein immergrüner Baum aus dem Mittelmeerraum mit weißen Blüten, dessen aromatisch duftende Blätter als Gewürz zu verschiedensten Gerichten dienen, das ist Laurus – der Lorbeer. Beim Einzug als erfolgreicher Triumphator in die Stadt Rom wurde der jeweilige siegreiche Feldherr mit Lorbeer bekränzt, und bis heute steht der Lorbeerkranz sprichwörtlich für eine besondere Auszeichnung.

Allein schon der Name spornt deshalb zur besonderen Leistung an: Laurus heißt die neue Osteria, Enoteca und Bar im vornehmen Gräfelfing. Zurückhaltende Eleganz und Farben wie Champagner, Umbra, warmes Beige und selbstverständlich ein sattes Lorbeer-Grün bestimmen das inspirierende

Ambiente, italienischer Chic, wohin man auch blickt. Ein großer Kristall-Leuchter prangt dominierend im Hauptraum und vermittelt edle Stimmung wie in einem römischen Palazzo.

Ausgezeichnete Cucina Italiana auf hohem Niveau wird von Padrone Ivo geboten, jedes Gericht ein kleines Kunstwerk: Lachs-Tranche mit Zitronengraspüree und einem Ragout von getrockneten Tomaten gehört beispielsweise zum „Besten der Woche“, denn die Speisekarte wechselt wöchentlich. Daneben gibt es eine kleine Standardkarte, zudem werden täglich einige „Piatto del Giorno“ (Tagesgerichte) an die Schiefertafel geschrieben. Eine italienische Verführung bedeutet sicher auch die Riccota-Torte mit getrockneten Früchten auf feiner Eierlikörsauce. Wer aber etwa Lust auf ein mehrgängiges Vergnügen verspürt, dem sei das Degustationsmenü empfohlen. Die leichte mediterrane Küche wird begleitet von außergewöhnlichen Spitzenweinen aus dem Keller und der angegliederten Enoteca, die sich sehr gediegen und gemütlich mit gemauerten Ziegelwänden präsentiert. Die angrenzende Bar ist gleich-

falls bestens sortiert, dort mag vielleicht der eine oder andere schon bei einem Glas Prosecco oder Campari den Traum von Italien träumen.
Erinnerungen an das Land, in dem der Lorbeer so gut gedeiht, werden auch im südlich anmutenden, wunderschönen Garten mit altem Baumbestand wach, der an sonnigen Tagen zum Geschäftsessen am Mittag oder zu einer abendlichen Einladung unter freiem Himmel lockt. Ebenso wie Pasta und Espresso gehören zu dieser typisch italienischen Osteria der erstklassige, freundliche und lässig-schnelle Service. *(bk)*

Seeteufel in Kräuterpanade auf marinierten Auberginen mit roter und gelber Paprikasauce

Zutaten
800 g Medaillons vom Seeteufel, Paniermehl, Maismehl, 4 Auberginen, Basilikum, 2 rote Paprikaschoten, 2 gelbe Paprikaschoten, 1 Zwiebel, 2 mittelgroße Kartoffeln, Thymian, Rosmarin, Oregano, Salbei, Petersilie, Knoblauch, Fischbrühe, etwas Sahne

Zubereitung
Die Auberginen schälen, der Länge nach in 1/2 cm breite Scheiben schneiden, grillen und abkühlen lassen. Danach in Streifen schneiden und mit Salz, Pfeffer, Olivenöl, Weinessig, Oregano und Basilikum marinieren.
Für die rote Paprikasauce die Zwiebel andünsten, die gewaschene und in Stückchen geschnittene Paprika, die geschälten und in Stücke geschnittenen Kartoffeln dazugeben und in der Brühe schmoren lassen. Am Ende der Garzeit etwas Sahne hinzufügen, abschmecken und mixen. Für die gelbe Paprikasauce ebenso verfahren.
Die Seeteufelmedaillons mit Salz und Pfeffer abschmecken, dann in einem Gemisch aus Paniermehl, Maismehl, den Kräutern und dünn geschnittenem Knoblauch panieren. Den Fisch von beiden Seiten auf kleiner Flamme in einer Pfanne goldgelb anbraten, anschließend noch ungefähr 5 Minuten bei 180 °C im Ofen fertig garen.
Die marinierten Auberginen in Nestform in der Mitte des Tellers anordnen, die Seeteufelmedaillons auf die Auberginen legen und mit den Paprikasaucen an der Seite anrichten. Mit einigen Basilikumblättern dekorieren.

HERRMANSSDORFER LANDWERKSTÄTTEN GLONN

Herrmannsdorfer Landwerkstätten Glonn GmbH & Co. KG
Inhaber: Familie Schweisfurth

Herrmannsdorf 7
85625 Glonn

Telefon 0 80 93 / 90 94-0
Telefax 0 80 93 / 90 94-10

Das Wirtshaus zum Schweinsbräu
Inhaber: Thomas Thielemann

Herrmannsdorf 7
85625 Glonn

Telefon 0 80 93 / 90 94 - 45
Telefax 0 80 93 / 90 94 - 42

Als Öko noch in Wollsocken daherkam und grammweise verkauft wurde, revolutionierte ein Mensch und seine Vision den Lebensmittelmarkt nachhaltig: Karl Ludwig Schweisfurth und seine Herrmannsdorfer Landwerkstätten.
Handgemachte Lebensmittel in ökologischer Qualität, das ist seit 1986 Slogan und Credo zugleich. Konsequent wird die Erkenntnis umgesetzt, das die Ökologie auch der Vorzüglichkeit des Geschmackes dient. Allergrößter Wert wird dabei der handwerklichen Weiterverarbeitung zugemessen. Der schonende Umgang mit den Früchten der Natur lässt die Lebensmittel auch am Ende noch Mittel zum Leben sein!
Für die Herrmannsdorfer gehören Qualität und Region unverbrüchlich zusammen. Der so genannte Bauern-Fairtaler dient als Erkennungszeichen für regionale Bioprodukte und steht für faire Preise gegenüber den heimischen Landwirten.
Alle 130 Köpfe in den Werkstätten haben beständig die Verbesserung der Lebensmittelqualität im Sinn, sei es die längere Reifungszeit für Schinken, Käse und Salami, sei es der Brotteig, der nach alten Verfahren ohne künstliche Zusätze zum Aufgehen gebracht wird.
Karl Ludwig Schweisfurth ist nach über zwei Jahrzehnten immer noch die treibende Kraft vor Ort. Im Kleinen züchtet er privat bedrohte Nutztierrassen wie die Thüringer Waldziege und Tiroler Grauvieh. Und im Großen entwickelt er seine Vision weiter. Für ihn lebt sie wesentlich vom freien Unternehmertum, das sich aktiv für die Regionalität und für eine Wertschöpfung der Produkte entscheidet. Der Kunde ist längst dafür bereit, dies mitzutragen. Und die

Herrmannsdorfer Werkstätten sind offen, allen Interessierten die eigenen Erfahrungen weiterzugeben.
Wer im lichten Hauptgebäude im Wirtshaus zum Herrmannsdorfer Schweinsbräu einkehrt, darf seinen Gaumen an der anspruchsvollen und gesunden Küchenkunst von Thomas Thielemann erfreuen. Die Quelle aller Grundzutaten sind die Herrmannsdorfer Landwerkstätten, mit denen er Adresse und Lebensmittel-Philosophie teilt.
Der Gast erhält hier weit mehr als reine körperliche Nahrung. Als Beilage bekommt er ein Stück Ernährungsphysiologie. Wer wüsste sonst schon, dass die Schweine aus der Freilandhaltung in ihrer Fettschicht auch die wichtigen Omega-3-Fettsäuren speichern. Also: Fettkruste essen ist gesund!
Fleisch ist traditionell der Schwerpunkt seiner Speisekarte. Erstklassige Qualität, Unverfälschtheit, ja Purheit in der Zubereitung stehen für Thomas Thielemann an erster Stelle. Würzig-frisch löscht das Herrmannsdorfer Bier den Durst. Eine schöne Auswahl an deutschen und europäischen Weinen steht für Weinliebhaber bereit.
Koch, das ist für Thomas Thielemann der kreative Beruf schlechthin. Und schönes Essen und schönes Trinken sind ihm die höchsten Kulturgüter! *(ne)*

Glonn

Salat von grünem Spargel mit Artischocken und geröstetem Knochenschinken

Zutaten
8 Stangen grüner Spargel
8 Scheiben luftgetrockneter Knochenschinken
8 Kirschtomaten
2 Artischocken
Kopfsalatherzen
1 Bund Rucola
Salz, Zucker, Butter, Olivenöl

Marinade
100 ml bestes Olivenöl
1 TL Kapern
1 Sardellenfilet
Zitronensaft
50 g geriebener Parmesan
Salz, Pfeffer aus der Mühle

Zubereitung
Spargel waschen, schälen und in kochendem Wasser mit Salz, Zucker und Butter bissfest kochen. Artischocken schälen, vom Heu befreien, vierteln und in Olivenöl bei mittlerer Hitze braten, salzen und pfeffern. Knochenschinken in heißem Olivenöl kross braten, mit Küchenflies abtupfen. Kirschtomaten mit Strunk und Grün mit Olivenöl und Salz in der Ofenpfanne bei 180 °C im Rohr etwa 10 Minuten weich garen, die Haut abziehen.
Für die Marinade Zutaten mit einem Stabmixer fein pürieren. Mit Pfeffer und wenig Salz abschmecken. Kopfsalatherzen, Rucola mit Oivenöl und Zitrone marinieren, zart salzen und gerösteten Schinken, Artischocken, grünen Spargel und Tomaten dekorativ anrichten. Die Parmesanmarinade um den Salat ziehen.

Das malerische Burghausen an der Salzach

Nordöstlich von München, auf dem Weg nach Freising und Erding liegt die Gemeinde Neufahrn. Als die Isar noch ein reißender Fluss war und jedes Jahr große Überschwemmungen das Umland heimsuchten, markierte Neufahrn den höchsten Punkt einer Schotterzunge, die der Bevölkerung Schutz bot.
Die Auffindung des sagenumwobenen „Wilgefortiskreuzes“ war der Anlass für mittelalterliche Pilgerzüge von weit her.
Neue Impulse bekam der Ort vor allem im 19. Jahrhundert, als die Bahnlinie München-Landshut 1858 eröffnet wurde.
Mit dem Bau des Flughafen Franz-Josef Strauß war der Durchbruch für Neufahrn und die Nachbargemeinden im Moos geschaffen. Heute siedeln hier alle relevanten Branchen, die um eine perfekte Infrastruktur mit Hotellerie und Gastronomie ergänzt wird.
Nicht weit von hier beginnt der Rupertiwinkel, der bis in den äußersten Südosten Bayerns reicht, mit den Städten, Mühldorf, Altötting, Burghausen, um die wich-

Historische Flaniermeile in Altötting

Burganlage Haag und Schloßturm

tigsten zu nennen. Der Name erinnert an den Heiligen Rupert (um 650–718), den ersten Bischof von Salzburg und „Apostel der Baiern."

Zwei Flüsse haben Land und Leute hier so nachhaltig geprägt, dass ein eigener Inn-Salzach-Stil entstanden ist. Die Schiffsfrachten früherer Zeiten brachten auch Atmosphäre und Erfahrungen mit. So konnten italienische Lebensart, Salzburger Barock und bayerische Gestaltungsfreude eine höchst gelungene Beziehung eingehen. Den Beweis liefert die für dieses Gebiet so typische Stadtarchitektur, wie man sie zum Beispiel in Kraiburg, Neuötting und Mühldorf am Inn und in Burghausen an der Salzach bewundern kann: zwischen den Toren großzügige, saalartige Plätze, umrahmt von den in Linie abschließenden Häuserfassaden. Die ein weiteres Stockwerk vortäuschende, dekorative Scheinarchitektur verdeckt die dahinter liegenden Grabendächer. Schützende Laubengänge im Erdgeschoß laden zum witterungsunabhängigen Stadt- und Einkaufsbummel ein – wie im Süden. Mühldorf am Inn ist eine bedeutende Schul- und Verwaltungsstadt, der Landkreis insgesamt versteht sich zu Recht auch als wichtiger Wirtschaftsstandort zwischen München und Salzburg. 200 000 Menschen sind überwiegend in den Branchen Handel und Handwerk tätig.

„Von einer Schmerzenswut unendlich stark,
wart' ich gepackt am Rückenmark, die trotzte vieler Ärzte Kunst und Müh',
da rief zur Mutter ich und sieh,
Maria mild im Träume mir erschien,
ich wachte auf und aller Schmerz war hin.
Der Menschen Ohnmacht draus erkenne,
Marias Macht unendlich nenne."

So steht es auf einer der unzähligen Votiv-Tafeln im Altöttinger Kapellenumgang. Seit über 500 Jahren tragen Gläubige ihre Hoffnungen und Kümmernisse in diesen Marien-Wallfahrtsort, der in der katholischen Welt nur noch mit Loreto, Lourdes und Fatima verglichen werden kann. Altötting ist eine Stadt der Kirchen und Klöster mit einem unbestrittenen Hauptanziehungspunkt auf dem weiten Platz in der Ortsmitte: der Heiligen Kapelle mit dem geheimnisvollen Gnadenbild der Schwarzen Madonna. Weltlich gewährt Altötting den Pilgerscharen Speis, Trank und Unterkunft in bewährt altbayerischer Tradition. Wo eine Kirche steht, da ist das Wirtshaus nicht weit. Und von beiden können es schon einmal mehrere sein.

Die Stiftskirche in Altötting

Votivtafeln der Gnadenkapelle zu Altötting

UNERTL WEISSBIER

UNERTL Weißbier GmbH
Inhaber: Alois Unertl

Lerchenberger Straße 6
83527 Haag i. OB

Telefon 0 80 72 / 82 97
Telefax 0 80 72 / 24 88

Unertl Bräustüberl
Inhaberin: Christine Riemerschmid

Lerchenberger Straße 2
83527 Haag i. OB

Telefon 0 80 72 / 29 65
Telefax 0 80 72 / 95 80 96

Im idyllischen Markt Haag, eine knappe Autostunde östlich von München gelegen, ist die Traditions-Weißbierbrauerei Unertl in bereits vierter Generation beheimatet. Hier, wo man auch als Privatkunde sein Weißbier noch persönlich im Brauhaus abholen kann, entsteht täglich ein flüssiges Lebensmittel, das auch im bierverwöhnten Bayern seinesgleichen sucht. „Nur eins, aber das g'scheit" – so lautet die Maxime für ein bernsteinfarbenes Weißbier, das mit über 70 % Weizenmalz – vorgeschrieben und üblich sind 50 % – in einem aufwändigen Gärungsverfahren in offenen, ovalen Bottichen und anschließender Flaschengärung mit eigener obergäriger Hefe seinen unvergleichlichen Geschmack erhält. Alle Rohstoffe stammen von bayerischen Landwirten und Lieferanten aus kontrolliertem Vertragsanbau. Der Verbraucher honoriert's. Alois Unertl: „Unsere lebensfrohen Kunden kaufen bewusst und ohne große Preisvergleiche ihr Unertlweißbier frisch vom Getränkefachmarkt."
Alois Unertl III. und sein Sohn Alois IV., die beide in der Brauerei aufgewachsen sind und in Weihenstephan Diplom-Braumeister studiert haben, fertigen an der Kapazitätsgrenze jährlich etwa 25 000 Hektoliter des Premium-Getränks, das maßgeblich in Halblitermehrweg- und so genannten „Maurer-Flaschen", dem Urtyp der Bügelflasche, abgefüllt wird. Die Familienbrauerei mit ihren

zehn Mitarbeitern verzichtet bewusst auf große Zuwächse und konzentriert sich voll und ganz auf die qualitative, traditionelle Herstellung ihres Weißbieres und den persönlichen Kontakt zu Gastronomiekunden und den Biergenießern.
Mit eigener kleiner Lkw-Flotte sorgen drei ortskundige Bierfahrer für etwa 50 % des Vertriebs rund um Haag bis nach München. Da die Nachfrage das Angebot weit übersteigen würde, werden nur durch den ausgesuchten Fachhandel (Frische geht vor Masse) kleinere Mengen des Kult-Getränks bundesweit vertrieben.
Die natürliche, weltoffene Art der Familie – hier sei besonders auch Frau Barbara Unertl als Ehefrau und Mutter erwähnt, die unermüdlich überall zu finden ist, wo es Arbeit gibt – schafft Vertrauen nach innen und außen. Alois Unertl jun.: „Wir haben nur freiwillige Kunden ohne Vertragsbindung, die aufgrund der hohen Qualität, Frische und Bekömmlichkeit bei uns kaufen. Auch wir selbst und unsere treuen Mitarbeiter wollen ein hochwertiges, gehaltvolles Getränk genießen." Auszeichnungen und Testsiege vom „Feinschmecker" bis zu regionalen Wettbewerben untermauern den Erfolg der Unertls. Über die Zukunft der Familienbrauerei muss man sich nicht sorgen – zumal über Alois V. bereits vernehmlich nachgedacht wird.
Das an die Brauerei angrenzende Bräustüberl ist die eigentliche Unertl-Geburtsstätte. Das alte Brauhaus wurde liebevoll restauriert und wird heute von Christine Riemerschmid und ihrer Familie bewirtschaftet. Die gelernte Kauffrau und Metzgerstochter kocht mit ihrem Sohn Johann nach Großmutters Art und legt Wert auf traditionelle, bayrische Schmankerln zu vernünftigen Preisen. Motto: Gut Essen und Trinken hält Leib und Seele zusammen. Wild direkt vom Jäger, Gemüse unmittelbar vom Bauern bildet die frische, qualitativ hochwertige Basis für ihre hervorragende Küche. Mit ihrem Lebensgefährten Bernhard Lehnerer und der Tochter Stephanie, die neben dem Studium im Service hilft, wird im urigen Gasthaus mit kupfernem Sudkessel, gemütlichem Kachelofen, rustikalem Holzboden und dem großzügigen Biergarten mitten in Haag die Kundschaft empfangen und verwöhnt. Besonders beliebt sind während der Jagdsaison ihre Rehfilets im Wirsingspeckmantel auf Schwarzholundersauce mit Kräuterthymian-Nocken. Der gute Dinzler-Kaffee aus Rosenheim und Südtiroler Edelbrände runden das gastronomische Angebot der Riemerschmids ab. Der hohe Anteil an Stammgästen und Gästen von nah und fern verlangt darüber hinaus vor allem eines – ein Unertl! *(ne)*

RESTAURANT HARDTHAUS

Restaurant Hardthaus
Marc Vermetten

Marktplatz 31
84539 Kraiburg am Inn

Telefon 0 86 38 / 7 30 67
Telefax 0 86 38 / 7 30 68

Einem wahren Feinschmecker ist kein Weg zu weit und so brechen wir ins Hinterland auf, um uns an der Küchenkunst von Marc Vermetten zu ergötzen. Sein stimmungsvolles Hardthaus liegt am Marktplatz umrahmt von schmucken mittelalterlichen Fassaden. Das Haus wurde im Jahr 1478 erbaut und gehörte einst einer Kaufmannsfamilie namens Hardt. In den Räumen des Restaurants sind noch die Regale des früheren Kolonialwarenladens von 1875 untergebracht, die für eine angenehm warme Atmosphäre sorgen. Das dunkle Interieur steht in schönem Kontrast zu den elegant in Weiß eingedeckten Tischen.
So viel zum konventionellen Teil des Restaurants; der Rest ist in jeder Hinsicht wohltuend anders.
Der Holländer Marc Vermetten absolvierte - wie es im Nachbarland üblich ist - eine fünfjährige Kochausbildung in wechselnden Betrieben. Danach begab er sich auf Wanderschaft, u.a. nach Belgien und Frankreich, verbrachte zudem ein Jahr beim Sternekoch Heinz Winkler. 1999 machte er sich in Kraiburg selbständig. Hier kann er nun so kochen, wie er will – nämlich „wild". Die Karte wechselt täglich; Marc Vermetten legt sich ungern fest, entscheidet beim Einkaufen, was abends auf den Tisch kommt. Seine Speisen sind regional mit deutlichen asiatischen und italienischen Einflüssen, gerne scharf, wenig zurückhaltend, häufig kräftig aromatisch. Das Amuse gueule eröffnet derart delikat den Reigen feiner Köstlichkeiten, dass man mit wachsender Begeisterung den nächsten Gang erwartet. Mit dem fantastischen Guacamole schmuggeln sich auch südamerikanische Aspekte in Marc Vermettens weltoffene Küche. Seine samtigen Suppen sind zu Schaum gewordene Träume, so leicht, dass man sich fragt, wie solch duftige Essenzen es schaffen, diesen intensiven Geschmack

zu transportieren. Die Variationen vom Reh sind von einer Aromenvielfalt und Zartheit – dabei kräftig und äußerst interessant abgestimmt –, dass sie den Gaumen in wahre Freudentaumel versetzen. Weitere Höhepunkte der Speisekarte bilden die delikate Rehschulter mit Apfel-Sellerie-Püree, das feine Steinbuttfilet mit Orangen-Ingwer-Butter sowie die exzellente Bouillabaisse mit Fenchel, Safran und Edelfischen. Die Weinkarte wartet stets auch mit unbekannten Winzern auf, die Marc Vermetten, selbst Sommelier, auf Reisen entdeckt. Rund 300 Positionen liegen im Keller sowie in den temperierten Schränken parat.
Der Service um Karsten Müller begleitet den Gast aufmerksam, souverän und äußerst kompetent, dabei bemerkenswert locker – was im Übrigen für das ganze Haus gilt. Im Hardthaus herrscht eine schöne Ungezwungenheit, die dem hohen Qualitätsanspruch von Küche und Service in keinster Weise zuwiderläuft. Ganz im Gegenteil – das junge dynamische Team im Hardthaus sprüht nur so vor guter Laune, die regelrecht ansteckt. Marc Vermetten setzt mit seinem Hardthaus ein deutliches Zeichen dafür, dass höchstes Küchenniveau auch in umkomplizierter Weise zelebriert werden kann. Dass er damit den Zeitgeist trifft, zeigt die Tatsache, dass sein Haus stets gut besucht ist – der Weg nach Kraiburg ist Feinschmeckern mittlerweile wohl bekannt.

Lauwarmer Pastasalat mit Hummer und Thymianöl

Zutaten

2 Hummer à 400 g
30 g Meersalz
0,2 l Olivenöl Extra Vergine
1 Bund Thymian
1 Knoblauchzehe, fein gehackt
1 Zitrone
100 g Tagliolini (feine Bandnudeln)
2 EL Sherryessig
100 g Crème Fraîche
1 reife Avocado
100 g bunter Blattsalat, fein gezupft
Salz
schwarzer Pfeffer aus der Mühle

Zubereitung

Den Hummer in Meersalzwasser 3 Minuten kochen, im Kochwasser abkühlen lassen. Noch leicht warm ausbrechen. Für das Thymianöl Olivenöl, Knoblauchzehe, Thymian und Saft von 1/2 Zitrone auf ca. 60 °C erhitzen und ziehen lassen. Avocado schälen, hacken, mit Zitronensaft vermischen, Crème Fraîche dazugeben, salzen und pfeffern. Tagliolini al dente kochen und absieben. Mit Sherryessig, Olivenöl, Salz und Pfeffer abschmecken. Avocadocreme mittig auf Teller geben, Blattsalate darauf anrichten. Die lauwarme Pasta auf eine Gabel rollen und auf dem Salat drapieren. Anschließend den ausgebrochenen Hummer darauf anrichten, mit Thymianöl beträufeln und mit Thymianzweigen dekorieren.

Tipp: Es empfiehlt sich, für Avocadomousse, Salat und Pasta einen Metallring von 8–10 cm Durchmesser zum Anrichten zu verwenden.

BRÄU IM MOOS

Wer als Pilger nach Altötting reist, sollte kurz vor dem Ziel den Wegweisern durch lauschige Wiesen und kleine Dörfer folgen, um im historischen Brauereigasthof Bräu im Moos einzukehren. Inmitten von stiller Natur empfängt die traditionelle Brauerei seit 1870 den Gast unprätentiös und leitet ihn an den alten Mauern vorbei zum Gasthaus.

Bei schönem Wetter lockt der Biergarten mit 200 Plätzen unter den ausladenden Kastanien zum Einkehren, und wer Glück hat, kann auf den angrenzenden Wiesen der hauseigenen Herde von fast 100 Rothirschen beim Äsen zuschauen. Der Gasthof selbst bietet über 300 Menschen angenehme Atmosphäre in sieben Räumlichkeiten mit bayerisch-historischem Ambiente. Selbst gebrautes Bier, mit allem Können der in der vierten Generation von Familie Münch betriebenen Brauerei, rinnt weich und würzig die Kehlen hinunter. Allen voran das Meisterstück des Brauereichefs Eugen Münch, das Export Hell. Bei so viel Nähe zum Bier ist klar, dass auch eine Anzahl Speisen mit Bier zubereitet werden. Gerühmt wird das Bräu im Moos für seine Wildspezialitäten. Das hochwertige Fleisch von jährlich etwa 40 eigenen Hirschkälbern verwandelt sich unter fachkundiger Hand in leckere Braten und bei einem kleinen regionalen Metzgereibetrieb in Hirschschinken und Hirschsalami.

Bräu im Moos
Inhaber: Eugen Münch

Bräu im Moos 1
84577 Tüßling

Telefon 0 86 33 / 10 41
Telefax 0 86 33 / 79 41

Überhaupt wird hier praktisch alles selbst gemacht. Spätzle, Kräuterbutter, Remouladensauce, sogar Senf wird nach eigenem Rezept frisch zubereitet. Kuchen und Torten wie Kirsch-, Sacher- und Eierlikörtorte entstammen ebenfalls allesamt der eigenen Konditorkunst. Selbst der Bierschnaps, der nach all den Schlemmereien die Verdauung gnädig stimmen soll, wird aus eigenem Bier gebrannt – in einer kleinen Brennerei am Schliersee. Zwei Jahre darf er dann in den Kellern des Bräu im Moos lagern, damit sich sein wildes Feuer in ein sanftes Fauchen verwandelt.

Herr über Herde und Töpfe ist seit über zehn Jahren Küchenchef Rudi Wilkens, der regelmäßig für köstliche Abwechslung auf der Speisekarte sorgt. Kunden, die ein heiß geliebtes Schmankerl vermissen, dürfen auf die Tageskarte hoffen. Hier tauchen gelegentlich alte Dauerbrenner wieder auf und lassen die Gäste in Erinnerungen schwelgen. Antriebsmotor und Herz der Gaststätte ist Chefin Andrea Münch, die selbst in einem Hotel- und Brauereibetrieb groß geworden ist. Die häufigen Feierlichkeiten im Haus betreut sie mit Verve und Kreativität und zaubert nebenbei auch noch wunderschöne, selbst gemachte Blumengestecke auf den

Tisch, die ihresgleichen suchen. Auch wer auf eine fachkundige Brauereiführung und einen Besuch des ersten südostbayerischen Brauereimuseums hofft, darf sich an sie wenden – allerdings sollten ein paar Tage Voranmeldung schon eingeplant werden. *(ne)*

Hirschbraten Braumeister Art

Zutaten

1,5 kg Hirschfleisch von der Keule
300 g Zwiebeln, in kleine Würfel geschnitten
300 g Karotten, in kleine Würfel geschnitten
150 g Sellerie, in kleine Würfel geschnitten
1/2 l dunkles Bier
1 l Fleischbrühe oder Wildfond
5 EL Hausmacher Senf
2 EL Mehl
1/4 l Sahne
Salz, Pfeffer, Zitrone
1 Zweig Rosmarin und etwas Thymian oder 1/2 TL Wildgewürz
120 g Butterfett zum Anbraten

Zubereitung

In einem Bratentopf Fett erhitzen, Hirschfleisch salzen, pfeffern und von allen Seiten anbraten. Zwiebelwürfel und die Hälfte der Karotten- und Selleriewürfel anrösten, Senf dazu und mit dunklem Bier und Brühe aufgießen. Gewürz zugeben und ca. 2 Stunden bei kleiner Hitze zugedeckt schmoren. Fleisch herausnehmen und warm stellen. Mehl mit Sahne anrühren und die Soße etwas abbinden. Die Soße mit Zitronensaft und etwas Bier, Salz, Pfeffer und Senf abschmecken und durchpassieren. Anschließend die andere Hälfte der kurz blanchierten Karotten- und Selleriewürfel der Soße hinzufügen.
Dazu isst man hausgemachte Spätzle oder einen Serviettenknödel aus Semmelteig.

ZUR POST ALTÖTTING

Zur Post Altötting

Inhaber: Gerold Tandler GmbH

Kapellplatz 2
84503 Altötting

Telefon 0 86 71 / 50 40
Telefax 0 86 71 / 62 14

Von jeder Haustür geht ein Weg nach Altötting, heißt es in Bayern. Direkt am Kapellplatz und neben dem Rathaus steht hier, würdig und dominant, das historische Gemäuer des Hotels Zur Post, dessen Ursprünge als Gasthaus bis ins 13. Jahrhundert zurückreichen. Die Salzstraße nach Wien führte hier vorbei und in der einstigen Posthalterei wurden die erschöpften Pferde gewechselt und für eine Nacht der Reisestaub abgeschüttelt.
In den folgenden Jahrhunderten erlebte das Haus eine wechselhafte Geschichte und wurde schließlich 1976 von Familie Tandler übernommen, die mit aufwändigen Restaurationen aus einem betagten Aschenputtel wieder eine strahlende Barockschönheit machte.
Die Wallfahrer auf der Suche nach Seelenheil und auf den Spuren von Papst Benedikt XVI, aber auch die Einheimischen, kehren in das großzügig angelegte Haus gerne ein. Es schläft sich wahrhaft himmlisch in den 160 Betten, und die sechs Restaurants des Hauses unter der Leitung von Küchenchef Peter Hutter verwöhnen den Gaumen mit regionaler Küche und so mancher internationaler Spezialität. Das stilvolle bayerische Ambiente findet im zirbenholzausgestatteten Poststüberl seinen vorläufigen Höhepunkt, kein Wunder, dass hier die Einheimischen besonders gerne einkehren.
Von innen gesehen ist das Hotel Zur Post ein echtes Raumwunder. Alle Räume des Hauses strahlen eine gemütliche und persönliche Atmosphäre aus, und doch finden insgesamt über 500 Gäste großzügig Platz für Essen, Veranstaltungen und Familienfeiern. Wer die Sonne schätzt, genießt sie am besten im zugehörigen Boulevard Café am geschichtsträchtigen Platz mit Blick auf die Altöttinger Kapelle. Für besonders eilige Gäste gibt es im Haus ein eigenes Feinkostgeschäft und Bistro, das den Gaumen mit feinen Leckereien verwöhnt.
Familie Tandler betreibt das Hotel Zur Post und seine Restaurants im Schulterschluss. Mutter Gabriele Tandler und Tochter Gabriela teilen sich die Verantwortung für Hotel

und Restaurant. Seit Vater Gerold Tandler sich von der politischen Bühne zurückgezogen hat, hat er mehr Zeit fürs Haus und kümmert sich höchstpersönlich um den Einkauf von frischem Gemüse und Obst. Fast 50 Angestellte stehen bei Hochbetrieb bereit, die Gäste zu verwöhnen. Und wer im Hotel Zur Post arbeitet, der bleibt auch. Immer noch gibt es Mitarbeiter, die bei der Eröffnung 1977 dabei waren. Und die, die von damals fehlen, sind in Rente, aber nicht etwa weggegangen. Dabei sind die Zeiten auch immer wieder hart gewesen. Pilgern bei Kälte und Schnee scheint doch manchem als doppelte Buße zu gelten. Und keine Sünde wiegt wirklich schwer, wenn die Sonne und die Schwarze Muttergottes das reuige Herz erwärmen. *(ne)*

Lotte (Seeteufel) nach mediterraner Art

Zutaten

700 g Lotte-Filet
1 mittlere Karotte
1 mittlere Zwiebel
1 Messerspitze Safran
1/8 l Sahne
1 EL Crème fraîche
2 EL Pinienkerne
1 TL Paprikapulver
1 Zehe Knoblauch
1/8 l Fischfond
2 cl Cognac
20 g Butter
2 EL Olivenöl
Salz, Pfeffer, Zitronensaft

Zubereitung

Lotte in etwa 2 cm dicke Medaillons teilen, Karotte und Zwiebel in feine Würfel schneiden, Knoblauchzehe schälen und fein hacken.

Lotte mit Salz und Pfeffer würzen und von beiden Seiten in Olivenöl kross und braun anbraten. Aus der Pfanne nehmen und warm stellen. Zwiebel und Karottenwürfel in die Pfanne geben und glasig anschwitzen, den Knoblauch dazugeben.

Die Pinienkerne dazugeben, mit Paprika stäuben, mit Cognac ablöschen und mit Fischfond und Sahne aufgießen. 2–3 Minuten leicht köcheln lassen.

Die Lotte-Medaillons dazugeben und nochmals 1–2 Minuten ziehen lassen. Mit Salz, Pfeffer und Zitronensaft abschmecken. Den Safran dazugeben, Crème fraîche untermischen und die Butter einschwenken.

Dazu passt sehr gut wilder Reis.

Gedenkkreuz für König Ludwig II.

Der außergewöhnliche Wasserreichtum trägt wesentlich zur abwechslungsreichen landschaftlichen Schönheit des Fünf-Seen-Landes bei, sorgt für ein gutes Klima und belebt Land und Leute seit altersher. Fünf Seen haben der Region ihren Namen gegeben, jeder hat seinen ganz eigenen Charakter. Das gilt für die drei kleineren – den beschaulichen Wörthsee, den romantischen Pilsensee und idyllischen Weßlinger See – ebenso wie für die beiden großen, den eher gemütlichen Ammersee und den eleganten Starnberger See. Bäuerliche und herrschaftliche Kultur prägten und prägen das Leben an den Ufern und im Hinterland, was auch im Volksmund zum Ausdruck kommt. So wird der Ammersee „Bauernsee" genannt, „Fürstensee" hingegen der Starnberger See.
Wasser ist Leben. Über 100 Kilometer Seeufer bieten nicht nur ideale Badefreuden und Wassersportmöglichkeiten, sie inspirieren auch Geist und Seele. Bis zum heutigen Tag haben Seen immer Maler und Schriftsteller, Musiker und Schauspieler, Wissenschaftler und Unternehmer angezogen. Ihre Spuren im Fünf-Seen-Land zu erkunden, wird zu einem aufregenden, spannenden Urlaubserlebnis. Die Dichter Oskar Maria Graf, Thomas Mann, Luise Rinser, Herbert Achternbusch werden präsent, um nur einige zu nennen, dazu Persönlichkeiten aus der Wirtschaft wie Oskar von Miller, die Hutschenreuthers. Und auch der Hamburger Filmschauspieler Hans Albers fand seine große Freiheit am Starnberger See.
Wer Spaß an Sport und Bewegung hat, kommt im Fünf-Seen-Land voll auf seine Kosten. Nicht nur für Freizeitsegler spielt an den beiden großen Seen der Segelsport eine bedeutende Rolle. Sie gehören zu den

renommierten Schwerpunktrevieren im nationalen und internationalen Regatta-Sport. Eine Vielzahl hochkarätiger Wettfahrt-Serien in den verschiedenen Klassen bildet für Teilnehmer und Zuschauer ein unvergessliches Szenario.
Geprägt von der einmaligen Natur, dem kulturellen Umfeld und der spezifischen Voralpenwetterlage sind die örtlichen Golfplätze unverwechselbar und nach Urteil auch weit gereister professioneller Golfer „einfach atemberaubend schön" und nicht minder anspruchsvoll.
Immer eine besondere Attraktion bietet die Bayerische Seenschifffahrt mit ihrer stattlichen weißblauen Flotte auf dem Starnberger und Ammersee. Wind und Wellen, die gute Luft, der Blick in die Weite wirken wie eine Erfrischungskur. Der Alltag ist schnell vergessen. Eine ganz andere, nicht minder eindrucksvolle Perspektive zwischen Himmel, Wasser und Erde eröffnet eine Fahrt im bunten Heißluftballon an einem klaren, sonnigen Tag.
Der Kalender der Jahreszeiten bietet Platz für Tradition und Brauchtum: beim Banzen- und Fischerstechen in Starnberg und Wörthsee, bei der Fischerhochzeit oder dem Stephani-Ritt in Tutzing, sommerlichen Seefesten mit Feuerwerk und vorweihnachtlichen Christkindlmärkten – auf dem „Heiligen Berg" von Andechs sogar mit lebender Krippe.
Die ohnehin reiche Museumslandschaft hat einen weiteren Schwerpunkt erhalten: Zum Heimatmuseum Starnberg, dem Archäologischen Park in Herrsching, dem Carl-Orff-Museum und dem Fritz-Winter-Atelier in Diessen ist das Buchheim-Museum nördlich von Bernried hinzugekommen. Alte Baumgruppen, verwunschene Teiche, Pagoden und Skulpturen säumen den Weg zum Gebäude, das harmonisch in die Umgebung hineinkomponiert wurde. Den Kern der Sammlungen bilden die Gemälde und Graphiken der

expressionistischen „Brücke“-Maler. Mit den Nebensammlungen sind vier Museen unter einem Dach vereint, was sich auch in der ungewöhnlichen Architektur widerspiegelt.
Gerade in schwierigen Zeiten können Mythen die Widrigkeiten der Gegenwart in den Hintergrund treten lassen. In der Phantasie entstehen Märchenwelten, die den Alltag zumindest für kurze Zeit vergessen lassen. Wo könnte dies besser geschehen als hier am Starnberger See, der damals wie heute mit dem Traumpaar schlechthin verbunden ist: dem bayerischen König Ludwig II. und der österreichischen Kaiserin Elisabeth? In ihren Jugendjahren Sisi genannt, wuchs sie als Tochter des Herzogs Max in Bayern im Schloss Possenhofen auf. Auch später, bereits Kaiserin in Wien, zog es sie immer wieder an den heimatlichen See nach Feldafing zurück. Auf der romantischen Roseninsel, einem gärtnerischen Schmuckstück mit einer Königlichen Villa, traf sie König Ludwig II., der die Abgeschiedenheit des Eilandes liebte. Ein Kreuz im See unterhalb der Votivkapelle im Schlosspark von Berg gegenüber erinnert an den bis heute ungeklärten Tod des Königs.

SEERESIDENZ ALTE POST

Seeresidenz Alte Post
Stefan Müller

Alter Postplatz 1
82402 Seeshaupt

Telefon 0 88 01 / 914 - 0
Telefax 0 88 01 / 91 32 10

Im ganzen Fünf-Seen-Land gibt es wohl kaum eine gelungenere Verbindung zwischen Tradition und Moderne als die Seeresidenz Alte Post im Zentrum von Seeshaupt am Starnberger See. In traumhafter Umgebung direkt am Südufer ist das historische Hotelgebäude das Herzstück der kleinen, aber sehr feinen Anlage. Die spannende Kombination aus alter Bausubstanz und modernem Intérieur ist ein architektonisches Meisterwerk. Oberstes Gebot der Gastgeber ist das Wohlbefinden ihrer Besucher von Anfang an.

Als „Taverne zu Seeshoibit" (Seeshaupt) wurde das ursprüngliche Gasthaus schon 1499 urkundlich erwähnt. Über mehrere

Generationen steuerte die Gastronomenfamilie Vogl die zuvor abgebrannte Tafernwirtschaft seit Anfang des 19. Jahrhunderts durch die Wechselfälle der Geschichte und machte das Haus schon damals zu einer Renommieradresse. Seeterrasse und der noch heute erhaltene, unter Denkmalschutz stehende Saalbau von 1910 lassen erahnen, wie die honorige Prominenz um die Jahrhundertwende in der ehrwürdigen „Alten Post" zu feiern verstand.

Darüber hinaus verzeichnet die Hauschronik hochadelige Gäste wie den Prinzen Alfons von Bayern, die Herzogin von Genua und vor allem aber auch den Märchenkönig Ludwig II., der auf seinen Fahrten zwischen seinen Schlössern Berg und Neuschwanstein regelmäßig im „Königszimmer" des Hotels Quartier nahm. Stilvoll wohnen, genießen und feiern, geschmackvoll speisen, unbeschwert entspannen und die Gesundheit pflegen, das kann man unbeschwert in der Seeresidenz Alte Post. Bester Service und ein elegantes Ambiente nicht nur in den hochwertig ausgestatteten Hotelzimmern und Appartements in Verbindung mit einem attraktiven Wellness-Angebot (Schwimmbad, Dampfbad, Sauna, Aromarium und Tepidarium) erwarten die Gäste nach einem erlebnisreichen Tag und schaffen ideale Bedingungen für einen außergewöhnlich angenehmen Aufenthalt.

Speziell für ältere Damen und Herren, die diesen Komfort gar nicht mehr missen möchten und Wert auf eine individuelle Lebensgestaltung legen, bietet die Residenz eine moderne Wohnform in schönstem

SEERESIDENZ
ALTE POST

Intérieur mit professioneller Rundum-Betreuung und erstklassiger Service-Qualität. All dies nur eine halbe Autostunde von München entfernt – mit all seinem interessanten und bunten Großstadtleben, so es von Zeit zu Zeit gewünscht wird.
Vor Ort in der Seeshaupter Seeresidenz finden natürlich aber auch zahlreiche, für jedermann zugängliche kulturelle Veranstaltungen statt, die für ein vielfältiges und unterhaltsames Programm sorgen. Regelmäßige Ausstellungen in der Galerie, Konzerte, Lesungen und Vorträge im historischen Festsaal haben die Residenz zum Kultur-Geheimtipp am See gemacht. Der denkmalgeschützte Saal wird zudem für private Feste jeglicher Art genutzt und bietet bis zu 120 Gästen etwas Besonderes – mondäne Nostalgie gepaart mit regionaler und internationaler Küche nach ganz persönlichen Wünschen gestaltet. Eine individuelle Note vermittelt das Kaminzimmer für Feiern im kleineren Rahmen.
Insgesamt ist es aber wohl der perfekte Service und die Kochkunst, im stilvollen, gehobenen Restaurant freundlichst dargeboten, die nicht nur dem Gourmet das Herz ein wenig höher schlagen lässt. Warten doch Küchenchef Hans-Joachim Berger und seine Riege mit feinsten Delikatessen auf. Getrüffelte Maronimousse mit hausgeräuchertem Wildschweinschinken und Feigen-Chutney als Appetizer, Wallerfilet auf dem Wurzelsud mit Senfsauce, Blattspinat und Kartoffeln oder gebratener Freiland-Kapaun auf Gemüse- und Rosmarinkartoffeln zur Hauptspeise und zum Abschluss ein leichtes Baumkuchenparfait mit frischem Obst, Beeren oder Fruchtsauce sind nur eine kleine Auswahl der Köstlichkeiten, mit denen man sich an schönen Tagen auch auf der Panorama-Terrasse verzaubern lassen kann. Die großartige Auswahl an hervorragenden Weinen und Digestifs darf keinesfalls unerwähnt bleiben – damit wird die Seeresidenz Alte Post zum Nonplusultra am königlichen Starnberger See. *(bk)*

Baumkuchenparfait

Zutaten
6 Eier, 100 g Zucker, 1/2 l Sahne, 1 Baumkuchen, Obst, Beeren oder Fruchtsauce

Zubereitung
4 Eigelb und 2 ganze Eier mit dem Zucker im Wasserbad schaumig schlagen. Anschließend kalt schlagen, danach die steif geschlagene Sahne unterheben. Kleine runde Auflaufformen mit dünn geschnittenen Baumkuchenscheiben auslegen. Eiparfaitmasse einfüllen und einfrieren. Mit frischem Obst, Beeren oder Fruchtsauce servieren.

SEERESTAURANT LIDO

Feste feiern und Freunde treffen. Essen und Trinken genießen. Den Blick über den wunderschönen See schweifen lassen. Das ist die Welt des Seerestaurants Lido in Seeshaupt an der südlichen Spitze des Starnberger Sees. Das 1923 erbaute Strandbad hatte schon in seinen Gründerjahren eine gute Presse. So wurde z.B. in einem Zeitungsartikel von 1929 das Lido-Ensemble mit seinem selten schönen Park, den prächtigen Baumgruppen mit Fug und Recht als sehr romantisch beschrieben: „Besonders am Abend sitzt es sich angenehm, überall in dem großen Park verstreut schimmern bunte Lampen aus dem Dunkel. Gondeln gleiten mit Lampions erleuchtet über das stille Wasser und gute Musik sorgt für Unterhaltung." Das heutige Seerestaurant sei „ein hübsches Strand-Cafe,

Seerestaurant Lido

Inhaber: Claudia und Roland Kuhnert

St. Heinricher Straße 113
82402 Seeshaupt

Telefon 0 88 01 / 5 33
Telefax 0 88 01 / 7 89

Ruhetage: 15. Oktober bis 31. März
am Montag, Dienstag, Mittwoch

das einen prächtigen Blick über den ganzen See eröffnet". Am Blick hat sich bis jetzt nichts geändert – wohl aber am Haus und nicht zuletzt an der Küche.
Seit Anfang 2003 wird das Lido von Claudia und Roland Kuhnert geführt, die es sich zur Aufgabe gemacht haben, ihre Gäste nach Herzenslust zu verwöhnen und ihnen einen unvergesslichen Aufenthalt in einer der reizvollsten Gegenden Bayerns zu bieten. Von außen ist noch der Charme der 20er Jahre zu erkennen, innen setzt sich ein beschwingter, leichter Stil fort. Vom Bistro aus lässt sich das Köche-Team durch die offene Küche bei der Arbeit gerne über die Schulter auf Tiegel, Töpfe und Teller schauen. Regionale Schmankerl und internationale Spezialitäten werden frisch und mit viel Liebe zubereitet. Da gibt's zum Beispiel eine feine Bouillabaisse „Lido" mit Knoblauchcroutons und Sauce Rouillée, was Herzhaftes wie Minifleischpflanzerl mit Bärlauchfüllung auf rahmigem Kartoffel-Lauch-Gemüse und gebratenen Waldpilzen oder einen fangfrischen Seesaibling in Thymianbutter gebraten mit Blattspinat und Kräuterkartoffeln.
Am schönsten aber lässt sich alles zusammen natürlich im Sommer auf der Terrasse probieren, mit etwas Glück beim berühmten Sonnenuntergang über dem See – dem

„sundowner" auf bayerisch. Von Mai bis September hat der Selbstbedienungs-Biergarten für über 400 Gäste geöffnet – da gibt's neben frisch gezapften Augustinerbieren und dem Dachsbräu-Weißbier vom Fass auch heute noch ab und an gute Musik, wie schon im alten Zeitungsartikel hervorgehoben. Eine Jäger- und eine Seestube für jeweils 90 Personen hat das Lido auch, für allerlei Festlichkeiten. Und dann – nicht zu vergessen – der „Brunch am See", von Oktober bis April ein sonntägliches Familienereignis, organisiert für „Leute, die das Seerestaurant Lido gerne unkompliziert", so Claudia Kuhnert, „und zwar mit Kind und Kegel besuchen möchten." *(bk)*

Loup de mer auf mediterranem Gemüse

Zutaten

4 mittelgroße küchenfertige Loups de Mer (Wolfsbarsch)
100 ml Olivenöl
50 g Mehl
50 g Butter
Thymianzweige
Meersalz
Pfeffer
100 g gelbe Paprika
100 g Zucchini
100 g Auberginen
50 g getrocknete Tomaten
50 g Schalotten
50 g entkernte Oliven
50 ml Olivenöl
100 ml Tomatensauce
50 ml trockener Weißwein
Thymian
Knoblauch
Salz
Pfeffer

Zubereitung

Die küchenfertigen (ausgenommen und geschuppt) Loups de Mer von außen und innen leicht mit Salz und Pfeffer würzen, ein Thymiansträußchen in den Bauch legen, anschließend in Mehl wenden und in Olivenöl bei mittlerer Hitze goldgelb braten. Kurz vor dem Servieren Butter und restlichen Thymian mit in die Pfanne geben.
Das Gemüse waschen und grob schneiden. Etwas Olivenöl in einer Pfanne erhitzen, erst die Knoblauchzehe, anschließend das Gemüse gut anbraten. Mit Salz, Pfeffer und Thymian abschmecken und mit etwas Weißwein ablöschen. Zum Schluss kurz mit etwas Tomatensauce (wer mag, gibt noch etwas geschlagene Sahne dazu) einreduzieren und mit dem Fisch anrichten.

GOLFHOTEL KAISERIN ELISABETH

Golfhotel Kaiserin Elisabeth

Hotelier: Erika Borchard und
Tino Frhr. v. Gleichenstein

Tutzinger Straße 2
82340 Feldafing

Telefon 0 81 57 / 93 09 - 0
Telefax 0 81 57 / 93 09 - 133

Beim Betreten des Hauses hoch über dem See scheint es einen Augenblick, als sei die Zeit stehen geblieben. Kein Wunder, atmet der geneigte Besucher hier doch Geschichte: Oft und manchmal sehr lange war die Kaiserin Elisabeth von Österreich, liebevoll Sisi genannt, zwischen 1870 und 1892 hier zu Gast und gab dem heutigen Sternehotel ihren Namen.
Damals wie heute ist das Golfhotel Kaiserin Elisabeth ein Glanzlicht am Westufer des Starnberger Sees. Es gibt sie noch, die Orginal-Sisi-Suite, neben zwei weiteren noch 35 Doppel- und 30 Einzelzimmer, ein jedes komfortabel und romantisch ausgestattet. Der Hoteliersfamilie Borchard/von Gleichenstein ist es gelungen, die Atmosphäre des über 200 Jahre alten an einen Herrschaftssitz erinnernden Hauses, das seit mehr als 100 Jahren in Familienbesitz ist, zu bewahren und die inzwischen eingezogene modernste Technik stilgerecht zu verbergen. Der historische und traditionsreiche Gebäudekomplex ist umgeben von einer englischen Parklandschaft, deren höchsten Punkt die Kaiserin zu ihrem Lieblingsplatz auserkor, mit Blick auf die Gipfel des Karwendelgebirges. Dort steht heute ihr zu Ehren ein Marmordenkmal.
Gegenüber führt der Weg direkt zum 18-Loch-Golfplatz Feldafing, einem der schönsten und anspruchsvollsten ganz Deutschlands. Nicht-Golfer fühlen sich im Hotel Kaiserin Elisabeth keineswegs als Außenseiter, sondern finden wohltuende Erholung,

ist nach der Kaiserin benannt. Am 2. August 1890 standen als Dessert die berühmten „Salzburger Nockerl" auf ihrer Menükarte, bis heute eine hochgeschätzte Spezialität. Ein erlesener Wein aus dem reich sortierten Kellergewölbe rundet den Genuss ab. Auf den passenden Rahmen mit liebevoll gedeckten Tischen und stets frischen Blumen achtet seit über 20 Jahren Guiseppe Sodde, dem auch der bestens geschulte Service zu verdanken ist. Im Salon oder auf der herrlichen Terrasse ist Tea-Time, und gegen Abend öff-

ob als Wochenend-Gast oder Langzeit-Urlauber. Beim ausführlichen Spaziergang rund ums Hotel können all die landschaftlichen Schönheiten entdeckt werden, die einem sonst vielleicht verborgen bleiben.

Jetzt heißt es noch die kulinarische Seite zu erleben: Im vornehm-stillen Speisesaal werden majestätisch auf schönstem weißen Porzellan und mit schwerem Silberbesteck die feinsten Speisen gereicht. Küchenchef Uwe Bertus kocht auf Wunsch nicht nur die Original-Sisi-Menüs nach (sie bevorzugte „Kalbsvögerl", garniert mit frischen Kräutern aus dem Hotelgarten), sondern bleibt auch sonst bei Klassischem wie der heimischen Renke „Müllerin Art" aus dem See und Lammrücken „Provencale". Die Eistorte „Sisi"

net das holzgetäfelte Bierstüberl, da treffen sich Einheimische und Hotelgäste beim „König-Ludwig-Dunkel". Eleganz mit Tradition und der Charme vergangener Monarchien, ganz ohne Kitsch und Krempel, darin liegt alles in allem der Zauber des Golfhotels Kaiserin Elisabeth. *(bk)*

Starnberger Seerenke „Müllerin"

(für eine Person als Hauptgang oder für zwei Personen als Vorspeise)

Zutaten

1 küchenfertige Renke (ca. 300 g)
2 Zitronen
ca. 50 g Butter
etwas Butterschmalz
Salz, Pfeffer aus der Mühle
Blattpetersilie
1 Tomate
Mehl

Zubereitung

Renke abwaschen, trocken tupfen und mit Salz, Pfeffer und Zitronensaft von innen und außen würzen. Etwas Butterschmalz in eine Pfanne geben und erhitzen. Den Fisch in Mehl wenden, in die Pfanne geben und ca. 8–10 Minuten beidseitig goldbraun braten. Das Bratfett abgießen und mit der frischen Butter kurz nachbraten. Die Renke auf eine Platte geben und die Butter mit gehackter Petersilie, Salz, Pfeffer und etwas Zitronensaft würzen. Dann die Renke mit 3–4 geschälten Zitronenscheiben und abgezogenen Tomatenscheiben abwechselnd belegen und mit der gewürzten Butter übergießen (dabei die Butter nicht zu heiß werden lassen).

Als Garnitur einen Stern aus einer halben Zitrone schneiden und mit gehackter Petersilie betupfen.

Beilagen: Salzkartoffeln und bunte Blattsalate oder Zucchinigemüse.

SCHINDLER-DELIKATESSEN

Kein Geringerer als Theodor Hierneis, ehemaliger Hofkoch König Ludwigs II. von Bayern, gründete 1898 in der Starnberger Maximilianstraße einen Delikatessenladen. Kein Wunder also, dass das heutige Unternehmen mit Feinkost, Bistro und Partyservice zum Synonym für ein weithin bekanntes Gourmetzentrum geworden ist, wie es interessanter nicht sein könnte. Die liebevoll angerichteten Köstlichkeiten aus aller Welt locken nicht nur Auge und Nase zu Käse- und Feinkosttheke, sondern bringen auch die Geschmacksnerven in helle Aufregung. Üppig und lecker ist alles bei Schindler-Delikatessen: handgefertigte Confiserie-Pralinen, Konditorgebäck und Marmeladen, Kuchen, Torten und Desserts, Kaffee, Tee, französische Cognacs und italienische Weine aus der Spirituosenabteilung. Feine Öle, Essige und Gewürze lassen das Herz eines jeden Hobbykochs höher schlagen. Pasteten, Wurst- und Schinkenspezialitäten, eine Käseauswahl mit über 100 Sorten, eben wirklich alles, wonach Leib und Seele ver-

Schindler-Delikatessen

Inhaberin: Brigitte Irmer

Maximilianstraße 1
82319 Starnberg

Telefon 0 81 51 / 1 24 15
Telefax 0 81 51 / 7 87 48

Sonntags geschlossen

langen. Die vorwiegend mediterrane Komponente unterstreicht das außergewöhnlich umfangreiche Nudelsortiment mit selbst hergestellter Pasta und original italienischen Soßen, Meeresfrüchten, Antipasti und hausgemachten Feinkostsalaten. Im letzten Jahr wurden die „Karotten mit Rucola in Orangen-Senf-Dressing" vom Corpus Culinario, der Gemeinschaft führender Delikatessen-Kaufleute in Hamburg, zur Delikatesse des Jahres gewählt und mit dem dritten Preis prämiert. Einladend und für ihre feine Küche berühmt ist die Schlemmerbar, respektive das Bistro, mit täglich wechselnder Speisekarte. An warmen Tagen kommen an den kleinen runden Tischen vor der Tür Piazza-Gefühle auf – Genuss wie im Süden und doch mit dem unverwechselbaren Geschmack der kulinarischen Preziosen von Schindler.

Der Party-Service des Delikatessen-Teams um Brigitte Irmer, der charmanten und liebenswürdigen Inhaberin, liefert rund um den ganzen Starnberger See Canapes und kleine warme Speisen für den Stehempfang, klassische kalte und warme Buffets, mehrgängige Menüs und Live-Kochen zu Hause. Zudem organisiert sie perfekt Grillpartys und Picknicks für zehn bis zu 600 Personen. Individuell zusammengestellte und herrlich dekorierte Präsentkörbe für jeden Anlass sind eine Selbstverständlichkeit.

Der persönliche Service, die menschliche Aufmerksamkeit und die Herzlichkeit von Chefin und Mitarbeitern nebst bester Qualität des Angebots und unendlicher Auswahl, das ist es, was dieses Kleinod mitten in Starnberg zum Treffpunkt der Liebhaber exquisiter Küche gemacht hat. Im März 2006 hat sie nun – nur zwei Häuser weiter, in der Maximilianstraße 5 – in einem denkmalgeschützten Gebäude aus der Jugendstilzeit in ansprechendem Ambiente und bewährter Schindler-Manier ein gemütliches Café-Restaurant eröffnet. *(bk)*

Karotten mit Rucola in Orangen-Senf-Dressing

Zutaten

800 g Karotten
1 l Brühe
1 EL Zucker
1 EL Salz
1/2 TL Pfeffer
1 Messerspitze Muskatnuss

Vinaigrette

3 EL mittelscharfer Senf
1 EL grober Dijon-Senf
1 EL Zucker
1/2 EL Salz
1 TL Zitronenpfeffer
1 Tasse Olivenöl
1 Tasse Maiskeimöl
1 Tasse Essig (6 %)
1/2 Tasse Noilly Prat
1 Tasse Orangensaft
1 EL Meerrettich
3 Bund Rucola
200 g Walnüsse

Zubereitung

Karotten schälen, der Länge nach vierteln, in Brühe mit reichlich Zucker, Salz, Pfeffer und Muskatnuss bissfest kochen. Für die Vinaigrette die Zutaten mit dem Schneebesen aufschlagen und mit Rucola und den Walnüssen mischen.

GUT RIEDEN

Panorama Café-Restaurant Gut Rieden

Inhaber: Familie Stürzer

Gut Rieden
82319 Starnberg

Telefon 0 81 51 / 9 08 20
Telefax 0 81 51 / 90 77 11

Ruhetag: Montag

Jeder Platz hat seine Geschichte. So auch Gut Rieden, nur drei Kilometer nördlich von Starnberg gelegen, der „Hauptstadt" der Region um den Starnberger See. Erwähnt wurde Rieden erstmalig als Römersiedlung im Jahre 200 nach Christus. 1978 erwarb Familie Stürzer das Gut von Prinz Luitpold

von Bayern. Zunächst wurde es land- und forstwirtschaftlich genutzt, bis das Areal 1988 zu einer weitläufigen 18-Loch-Golf-anlage ausgebaut wurde. Der „Golf- und Landclub Gut Rieden" liegt inmitten einer eindrucksvollen eiszeitlichen und hügeligen Moränenlandschaft. Im Mai 2005 wurde eine öffentliche 9-Loch-Anlage feierlich eingeweiht. Im Zuge des Clubhausbaus entstand 1995 das Panorama Café-Restaurant Gut Rieden. 2001 übernahm die Familie Stürzer den Gastronomiebetrieb und führt seither das Restaurant selbst.

Auf der Anhöhe von Gut Rieden, nur 20 Minuten von München entfernt, steht das Gebäude des Panorama Café-Restaurants im oberbayerischen Landhausstil mit einer grandiosen Aussicht: Bei schönem Wetter bietet sich von der großzügig angelegten Terrasse ein atemberaubender Blick vom Karwendelgebirge bis zur Zugspitze. Bei Föhn wirkt der

Starnberger See und die gesamte südbayerische Alpenkette zum Greifen nah. Das Restaurant, urgemütlich und geschmackvoll eingerichtet, verwöhnt auch Nicht-Golfer gerne mit bayerischen Schmankerln. Und nicht nur das. Küchenchef Marco Wolter hat die ganze Palette der gehobenen internationalen Küche in seinem Repertoire.
Zum Kaffeetrinken am Nachmittag gibt es eine reiche Auswahl an leckeren hausgemachten Kuchen. Weitere selbst hergestellte Köstlichkeiten, wie zum Beispiel Marmeladen und Liköre, können von den Gästen erworben werden. Eine Spazierfahrt, ein Spaziergang lohnen sich allemal. 120 Gäste finden im Restaurant und bis zu 240 im neu renovierten Festsaal Platz. Im Stüberl sind zusätzlich bis zu 40 Personen für Familienfeste, Betriebsfeiern oder Tagungen herzlich willkommen.
Barbara Strobel, eines von drei Kindern des Gut-Rieden-Inhabers Adalbert Stürzer und seiner Frau Annemarie, leitet das Restaurant. Zusammen mit ihrem gesamten Team umsorgt sie in angenehm persönlicher Manier ihre Gäste. Die familiäre Handschrift ist unübersehbar auf Gut Rieden und bleibt in angenehmster Erinnerung.
Hervorragende Speisen, Golf spielen, Urlaubsgefühle spüren oder einfach nur das Auge über der wunderbaren Landschaft ruhen lassen – nichts ist an diesem besonderen Platz unmöglich. *(bk)*

Starnberg

Paillard vom Rehbock, Pfirsichspalten und Shi-Take-Pilze mit Rosmaringratin

Zutaten

1 kg Rehrücken. 200 g Röstgemüse (Zwiebel, Karotte, Stangensellerie), 0,5 l Rotwein, 50 g Schimmelkäse, 50 g Speck, Wacholder, Rosmarin, Lorbeer, Pfefferkörner weiß, Tomatenmark, 2 Pfirsiche, 250 g Shi-Take-Pilze, 2 Schalotten, 1 kg Kartoffeln, 1 Knoblauchzehe, 0,5 l Sahne, 250 g Butter, Salz, Pfeffer, Muskat, 1 Rosmarinzweig, frisch gehackt

Zubereitung

Den Rehrücken auslösen, Knochen hacken und Filets parieren. Die Knochen mit Speck braun anbraten und das Röstgemüse dazugeben. Tomatenmark und Gewürze zugeben, mit Rotwein ablöschen und mit Wasser oder Wildfond aufgießen. Ca. 1 Stunde sieden lassen, abpassieren und die Sauce auf die Hälfte einkochen lassen. Rehrückenfilet in 12 Medaillons schneiden und plattieren. Pfirsiche in Spalten schneiden und kurz vor dem Anrichten in Butter schwenken.
Shi-Take-Pilze putzen und mit den in kleine Würfel geschnittenen Schalotten in Butter anbraten. Kartoffeln schälen, in Scheiben schneiden und in eine gebutterte, mit Knoblauch ausgeriebene, feuerfeste Form schichten. Sahne mit Gewürzen aufkochen und über die Kartoffelscheiben gießen. Anschließend im Ofen bei 200 °C ca. 40 Minuten garen. Dünne Scheiben (= Paillard) vom Rehbock in Olivenöl kurz anbraten, mit glacierten Pfirsichspalten und Shi-Take-Pilzen auf ausgestochenem Rosmaringratin anrichten und mit der leicht gebundenen Sauce servieren. Mit Romanescoröschen garnieren.

SCHLOSSGASTSTÄTTE LEUTSTETTEN

Schlossgaststätte Leutstetten
Inhaber: Familie Sattlegger

Altostraße 11
82319 Leutstetten

Telefon 0 81 51 / 81 56
Telefax 0 81 51 / 81 46

Ruhetag: Montag

Eine wunderschöne Landpartie ist es – und eine lohnende dazu. Im idyllischen Würmtal, auf halber Höhe zwischen Gauting und Starnberg liegt die Königlich-Bayerische Schlossgaststätte, noch heute im Besitz des Hauses Wittelsbach. Und nach authentisch Königlich-Bayerischem suchen hier Einheimische und Gäste aus aller Welt – und finden es auch.

Königlich empfangen wird hier jeder, der den Weg nach Leutstetten findet, und das ist das Erfolgsrezept des Wirtes Hans Sattlegger. Zusammen mit seinem Sohn Alexander, der die Obhut über die Küche hat, verwöhnt er alle Einkehrer gourmetverdächtig mit bayerischer, österreichischer und internationaler Küche. Die Qual der Wahl bereitet eine umfangreiche Speisekarte mit Tagesspezialitäten wie hausgemachte Leberknödel- oder steirische Kürbiscremesuppe, danach womöglich ein bayerisches Ochsenfilet im Wurzelsud mit Petersilienkartoffeln und einen köstlichen Strudel, wie man sie so schnell nicht wieder zu probieren bekommt. Das Brotzeit-

Angebot ist ebenfalls nicht zu verachten und wird vom freundlichen Personal flott serviert. Das frühere Bedienstetendomizil und heutige Speisehaus liegt gegenüber dem 1595 erbauten Schloss der Wittelsbacher, einst Wohnsitz des Kronprinzen Rupprecht. Von außen herrschaftlich, von innen geräumig, gemütlich-bayerisch und immer opulent dekoriert, hat die Schlossgaststätte Leutstetten aber weit mehr zu bieten als nur kulinarischen Genuss. Zum Beispiel: heiraten vor königlicher Kulisse und nach alter Prägung, einen Früh- oder Dämmerschoppen erleben wie Anno dazumal oder einfach nur auf der von Blumen eingefassten Terrasse direkt vor dem Haus unter weiß-blauem Himmel beschaulich in der Sonne sitzen. Kein Wunder, dass sich bei diesem Angebot auch Prominente aus Politik, Kultur, Sport und Wirtschaft angezogen fühlen. Aber das ist noch gar nicht alles. In der ehemaligen Reithalle des Leutstettener Gestüts der Königlichen Hoheiten Prinz Ludwig und Prinzessin Irmingard von Bayern entstand 1983 das „Theater am Hof", das sich als hauseigene Musik- und Sprechbühne längst einen Namen gemacht hat.

Und dann noch etwas: Der schattige Biergarten von Leutstetten zählt zu den schönsten seiner Art im Süden von München. 400 Gäste kann er beherbergen, die im Sommer unter majestätischen Kastanien mit einem frischen Bier des Prinzen Luitpold aus Kaltenberg – vom Holzfass gezapft – Rast machen. Königlich-Bayerischer geht es wirklich nicht. *(bk)*

Hirschragout

Zutaten

1 Karotte
100 g Sellerieknolle
2 Zwiebeln
100 g Wiesenchampignons oder Zuchtpilze
800 g Hirschfleisch (Schulter oder Brust)
1 unbehandelte Zitronenschale
2 Nelken
5 Pfefferkörner
1 Lorbeerblatt
5 Wacholderbeeren
1/2 Knoblauchzehe
2 EL Öl
1 EL Tomatenmark
Salz, Pfeffer aus der Mühle
200 ml Rotwein
1/2 l Wildkraftbrühe, Brühe oder Wasser
1 EL Butterschmalz
1 EL Preiselbeer- und Zitronensaft

Zubereitung

Karotte, Sellerie und Zwiebel putzen und würfeln. Pilze putzen und in Scheiben schneiden. Das Fleisch in mundgerechte Würfel schneiden. Zitronenschale, Nelken, Pfefferkörner, Lorbeer, Wacholder und Knoblauch in ein Gewürzbeutelchen geben.

Fleisch in heißem Öl kräftig braun anbraten. Das vorbereitete Gemüse kurz mitschmoren. Tomatenmark zufügen und anrösten. Das Fleisch salzen, pfeffern und mit Rotwein ablöschen. Das Ganze kurz aufkochen, mit Brühe auffüllen und das Gewürzbeutelchen zugeben. Im geschlossenen Topf 20 Minuten schmoren und die Gewürze wieder entfernen. Weitere 45 Minuten schmoren, bis das Fleisch weich ist. Die Fleischstücke aus dem Sud nehmen und in einem sauberen Topf warm stellen. Pilze in Butterschmalz anbraten. Für die Sauce den Schmorsud durch ein Sieb gießen, mit Preiselbeer- und Zitronensaft würzen. Im Mixer oder mit dem Pürierstab aufmixen. Über das Hirschfleisch gießen, Pilze zufügen und kurz erhitzen. Mit Salz und Pfeffer nachwürzen. Das Ragout in vorgewärmten Tellern anrichten. Dazu passen gut selbst gemachte Semmelknödel oder Spätzle.

DECHANTS KLEINES RESTAURANT UND LADEN

Das ehemalige Wohnzimmer der Großeltern mit seinem charmanten Ambiente aus dem Jahr 1908 ist das Schmuck- und Kernstück im Restaurant von Peter Dechant an der Hauptstraße mitten in Starnberg. Mit nur acht Tischen – und somit 30 Plätzen drinnen – und einer Schönwetter-Terrasse, auf der sich noch einmal 20 Gäste verwöhnen lassen können, zeigt sich Dechants Kleines Restaurant als Wohlfühl-Oase ohne aller zeremonieller Steifheit. Gemälde der „Münchner Schule" an den Wänden, Vertäfelungen aus dunklem Holz und weiße Tischdecken: Ein Restaurant, das elegante Gemütlichkeit und eine gediegen leise Atmosphäre vermittelt. Peter Dechant ist traditionell Fischer vom Starnberger See, so wie Vater, Großvater und Urgroßvater auch. Deshalb steht die Speise-

Dechants Kleines Restaurant und Laden

Peter Dechant

Hauptstraße 20
82319 Starnberg

Telefon 0 81 51 / 121 06
Telefax 0 81 51 / 77 38 08

Ruhetage Restaurant: Sonntag, Montag, Samstag
Ruhetage Laden: Sonntag, Montag

karte verständlicherweise ganz im Zeichen der Fische und das vielseitige Angebot aus dem direkt angrenzenden Laden mit Direktimporten von Köstlichkeiten aus aller Welt sucht seinesgleichen. Mit der dritten Generation, der Junior-Familie, ist neben dem Einzelhandel der gastronomische Bereich dazu gekommen und langsam ausgebaut worden. Restaurant-Gäste dürfen und können die Angebote aus See und Meer auch direkt von der Theke nebenan auswählen, zubereiten lassen und sozusagen an der Quelle genießen. Capellini mit gebratenen Zanderfiletstreifen beispielsweise gehören zum Standardrepertoire von Küchenchef Karl-Heinz Schmidt, der immer wieder mit seinen Kreationen von erlesenen Fischspezialitäten überrascht. Diese werden mit freundlicher Perfektion von Rosi Hentschel serviert, die seit langen Jahren dem Haus Dechant verbunden ist. Sie hat sich besonders als Weinspezialistin einen Namen gemacht. Unkompliziert berät sie bei der Auswahl der passenden Weine aus einem kleinen, aber feinen Sortiment und umsorgt ihre Gäste so aufmerksam, dass es wirklich an nichts fehlt.

Der Name der Familie Dechant ist am Starnberger See untrennbar mit Fischfang und Fischhandel verbunden. Eine eigene Räucherei, betrieben von Vater Paul Dechant, veredelt Süßwasserfische wie Saiblinge, Renken und Forellen. Aber auch Aal wird hier geräuchert, eine besondere Spezialität jedoch ist die Geräucherte Dorade. Räucherlachs und selbst gebeizter Gravedlachs fehlen genauso wenig wie hausgemachte Pasteten und Salate. Im angrenzenden Fischladen bieten Hannelore Dechant und Marianne Schmidt all diese Köstlichkeiten von außerordentlicher Qualität und aufs Appetitlichste präsentiert zum Mitnehmen an. Es macht Lust und Laune, in Ruhe einzukaufen und sich in Sachen Fischwaren bestens beraten zu lassen. Koch- und Anrichtetipps gehören ganz selbstverständlich mit zum Service. *(bk)*

Starnberg

Duett von Loup de mer und Dorade auf indischem Spinat

Zutaten

4 Doraden-Filets
4 Loup de mer-Filets
400 g frischer Blattspinat
155-g-Packung eingelegter Ingwer
1 TL indischer Curry
1 TL Kreuzkümmel gemahlen
3 Knoblauchzehen
1 Msp. Sambal Olek
1 Prise Muskat
1/2 l flüssige Sahne
Salz, Zitrone, Mehl
Öl oder Butterschmalz

Zubereitung

Den geputzten Blattspinat fein hacken oder pürieren. Anschließend den Ingwer mit der Restflüssigkeit der Packung mit Curry, Kreuzkümmel, Knoblauch, Sambal Olek und Muskat mit einem Stabmixer verarbeiten. Eine leichte Mehlschwitze anfertigen, mit flüssiger Sahne ablöschen, den Spinat nebst pürierten Gewürzen dazugeben und das Ganze aufkochen lassen. Nach Bedarf mit Salz abschmecken. Die Fischfilets salzen, mit Zitronensaft beträufeln, mehlieren und in Öl oder Butterschmalz ca. 2 Minuten auf jeder Seite anbraten. Den indischen Spinat auf vorgewärmten Tellern anrichten und die Filets anlegen. Als Beilage empfiehlt sich Basmatireis oder verschiedene Nudelsorten.

METZGEREI PACKLHOF

Metzgerei Packlhof
Inhaber: Familie Urban

Am Mühlbach 3
82547 Eurasburg

Telefon 0 81 79 / 88 22
Telefax 0 81 79 / 54 24

Bio muss sein, das war gleich klar, als Josef Urban den Packlhof 1981 von seinen Eltern übernahm. Gemeinsam mit seiner Frau Regina krempelte er die Ärmel auf und verwandelte das grüne Potenzial des Packlhof in Oberherrnhausen, wenige Kilometer südlich von Wolfratshausen gelegen, in einen anerkannten ökologischen Bioland-Betrieb.
Erst kam der Hofverkauf, dann der Hofladen, geführt von Schwester Theresia. Und dann öffneten die ersten für die neunziger Jahre typischen „Kerndlläden". Alle 14 Tage fuhr Josef Urban nach München und belieferte diese mit Schinken und Dauerwurst. Und investierte den Großteil der Einnahmen meist direkt in Handwerkszeug für den weiteren Ausbau des Hofes.
Der große Durchbruch kam mit den ersten Bioketten, die den steigenden Bedarf nach Bio zu reellen Preisen decken konnten. Hier gab es einen Markt, in dem der Packlhof mit seinen hohen Qualitätsansprüchen beständig mitwachsen konnte. Doch auch Vorreiterpositionen liegen der Familie Urban: In der schwierigen Zeit nach Tschernobyl, die allseits von großer Unsicherheit gekennzeichnet war, hat der Packlhof kurzerhand sein Fleisch im Labor messen lassen – und damit das Verbrauchervertrauen gewonnen.
Neben dem Bio-Pionier Alnatura gehören heute renommierte Namen wie die Linde AG,

die Bio-Metzgerei Pichler und Restaurants wie der Fischmeister am Starnberger See, das Restaurant Broeding in München, die Fürstenfelder Gastronomie zu Fürstenfeldbruck und die Goldene Gans in Augsburg zu seinen Kunden. Ein gewichtiger Neuzugang ist Edeka, der als einer der ersten großen Handelsketten die Chancen für Bioprodukte erkannt hat. Hier ist der Packlhof allgegenwärtig in allem, was die Frischtheke zu bieten hat. Unter dem Label „Unser Land Bioprodukt" liefert er ein frisches Wurstsortiment, Schinken und Leberkäse für die Selbstbedienungstheke, fertig etikettiert und ausgezeichnet für 20 Filialen im Münchner Raum.
Inzwischen ist der Packlhof eine der größten Bio-Metzgereien Bayerns geworden.
Mehr Platz musste her und wurde einen Steinwurf entfernt im schönen Eurasburg an der Loisach gefunden. Hier entstand 2006 nach neuesten EU-Richtlinien die neue Produktionsstätte. Gleich zwei Herzen schlagen im neuen Betrieb: die Produktion mit hochwertigster Technik und ein Laden mit Restauration, für den täglichen Einkauf hochwertiger Lebensmittel in großzügigen Räumlichkeiten und für den mittäglichen Hunger. Alles nach Bio-Standard und mit familiärer Note.
Erklärter Schwerpunkt der Metzgerei ist das Rindfleisch. Über 100 wohlschmeckende Posten umfasst das gesamte Sortiment inzwischen, und alles, aber auch wirklich alles wird selbst hergestellt. Während zu Anfangszeiten ein Metzger gelegentlich für ein paar Stunden ins Haus kam, ist heute eine zehnköpfige Mannschaft unter Leitung von Sohn Tobias stetig dabei, herrliche Würste zu füllen, Salamis zu veredeln, saftigen Schinken zu räuchern oder zu kochen. Und die Packl-Steaks einschließlich Kochfleisch und Bratenstücke sind sowieso immer der Renner. Die Rinder wachsen auf den eigenen saftiggrünen Weiden auf. Zugefüttert wird nur hochwertiges Futter aus eigener Herstellung oder aus geprüften Mühlen. Zugekauft wird bei Bedarf nur von bestens kontrollierten Biobauern. Die Herkunft eines jeden Tieres ist bis ins Detail bekannt, Zertifikate, Bewertungen der Bio-Bauern, Daten, alles wird genau überprüft. Nur so können die eigenen hohen Standards auch gehalten werden. Größten Wert legen Josef Urban und sein Sohn Tobias auf die Handwerkskunst. Der unverfälschte Geschmack, den die Kunden so schätzen, lässt sich so und nicht anders gewinnen.
Wer sich das selbst mal auf der Zunge zergehen lassen möchte, sollte einen Ausflug ins schöne Alpenvorland machen und auch gleich den Picknickkorb mitnehmen. Den kann man sich dann in Eurasburg in der neuen Metzgerei des Packlhofes mit allen Köstlichkeiten, die die Speisekammern zu bieten haben, auffüllen lassen – und mit Genuss und Alpenblick verzehren.
(ne)

SEEHAUS SCHREYEGG

Da steht unübersehbar ein großes Haus. Das wäre weiter nichts Ungewöhnliches, dieses aber ist außergewöhnlich: Es steht direkt am Nordufer des Ammersees, einem Eldorado für Segler und Wassersportfreunde. Das Seehaus Schreyegg in dem kleinen Ort Stegen bietet durch seine explizit schöne Lage am Dampfersteg den besten Blick über den drittgrößten See Bayerns und auf das schönste Alpenpanorama. Ganz unvermutet verfügt es über feinstes Innenleben inklusive anspruchsvoller Küche.

Die Wirtsleute, Anja und Christoph Zauner und Christophs Bruder Michael, kommen aus Österreich, genauer gesagt, aus Tirol. Diese Herkunft lässt sich bei den Speisen der gehobenen Schmankerlküche und beim umfangreichen exquisiten Weinsortiment, vorwiegend aus Österreich und Italien, nicht verleugnen. Seit seinem Einzug ist es dem Patron gelungen, das früher eher bieder betriebene Seehaus in einen Ort feiner Gastlichkeit zu verwandeln. Da gibt's neben einer tomatisierten Edelfischsuppe Kalbstafelspitz mit Wurzelgemüse und Bouillonkartoffeln auch ein klassisches Wiener Schnitzel vom Milchkalbrücken in Butter gebraten. Es darf auch gut und gerne einen Ausflug zur Asia-Ente mit Wokgemüse und Duftreis gewagt werden – der Chef beweist kulinarische Kreativität. Zum Dessert dann wieder ausgesprochen Österreichisches: Marillenknödel mit Zwetschgenröster, so fein, wie lange schon nicht mehr gegessen.

Seehaus Schreyegg
Inhaber: Christoph Zauner

Landsberger Straße 78
82266 Stegen am Ammersee

Telefon 0 81 43 / 99 25 37
Telefax 0 81 43 / 99 25 38

Gespeist wird herrschaftlich unter Leuchtern und Holzgewölbe in den Panoramastuben, hier findet jeder schnell seinen Lieblingsplatz. Das Fischerstüberl mit Kachelofen, Parkett und warmen Holz ausgestattet, strahlt ländliche Behaglichkeit aus und das kleine Salettl lädt zum ungestörten Dinieren in intimem Kreis. Für individuelle Ansprüche haben die Zauners eine neue exklusive Genießer-Lounge eingerichtet: Dort befindet sich eine Weingalerie mit Weinpräsentation und Verkostungen, Cocktailbar und Gelegenheit für Smoker. Im exklusiven Rahmen finden Degustationsmenüs und Fondueabende statt, auch können extravagante Partys mit bis zu 120 Personen gefeiert werden. Wichtig noch zu erwähnen: der traditionelle Biergarten direkt am See. Da darf freilich, wie in Bayern üblich, die Brotzeit selbst mitgebracht werden. Das dazugehörige frisch gezapfte Bier und Kleinigkeiten wie Obatzter oder Wurstsalat und ofenwarme Brezn gibt's per Selbstbedienung. Hier, wie auf der einladenden Seeterrasse oder in den Gasträumen, im Seehaus Schreyegg sitzt man überall wirklich in der ersten Reihe.

(bk)

Seeteufelmedaillons auf tomatisiertem Risotto mit Safranschaum

Zutaten

8 Medaillons vom Seeteufel á 90 g Meersalz, Pfeffer, Olivenöl, 1/4 Liter Geflügelfond, 20 g Butter, 40 g frisch geriebener Parmesan, 160 g italienischer Rundkornreis (Carnaroli), 2 EL Schalotten feingeschnitten, 3 Tomaten geschält, gewürfelt, entkernt, 20 ml Tomatensaft, 1 EL Tomatenmark, Fischfond, 1 g Safranfäden, Creme fraiche, Sahne, Ricard

Zubereitung

Olivenöl in der Pfanne erhitzen, die Seeteufelmedaillons beidseitig kurz anbraten, mit Meersalz und Pfeffer würzen und bei kleiner Hitze beiseite stellen. Für das Risotto den Geflügelfond erhitzen und am Sieden halten. Olivenöl in einem anderen Topf erhitzen, Schalotten darin andünsten, Reis beifügen und mit dem Holzlöffel ständig umrühren. Die Hälfte des Fonds zugeben und unter ständigem Rühren aufkochen. Nach und nach den restlichen Fond, Tomatensaft und Tomatenmark beigeben. Mit Meersalz und Pfeffer würzen und die geschälten Tomatenwürfel dazugeben. Butter und Parmesan unterheben und anrichten. Der Reis sollte weich und körnig, aber nicht zermust sein.

Für die Sauce den Fischfond erhitzen, mit Ricard oder Pernod verfeinern, Safranfäden zugeben und ziehen lassen. Mit Sahne und Crème fraîche abbinden, würzen und mit dem Mixstab aufschäumen. Die Seeteufelmedaillons auf das Risotto setzen, die Sauce darum herum geben. Mit Balsamicoreduktion, gebackenem Wan-Tan Segel, frischem Dill und Zitronenzesten garnieren.

DER KRAMERHOF

Einer der auszog, um alte Gasthäuser zu erhalten, sie beispielhaft zu restaurieren und sie so zum neuen Anziehungspunkt für Alteingesessene und Reisende zu machen – das ist Ludwig Jehle, der im Frühjahr 2006 den KramerHof in Riederau, direkt neben der Kirche und nicht weit vom Seeweg des Ammersees entfernt, wieder zum Leben erweckt hat.

Es ist dem Spross einer Altöttinger Hoteliersfamilie überzeugend gelungen, auf behutsame Art und Weise aus einer alten Gastwirtschaft einen wirklich außergewöhnlichen bayerischen Landgasthof zu machen. Das 30 Jahre alte Gebäude war schon immer ein gastronomischer Betrieb mit Hotel, jetzt aber ist es ein Schmuckstück im kleinen Ort Riederau, zwischen Diessen und Utting gelegen. Insgesamt kann Der KramerHof in seinen Räumlichkeiten bis zu 200 Personen bewirten, aufgeteilt auf die „Gaststube", die „Maximiliansstube", „Ludwigsstube" und „Die gute Stube", allesamt urgemütlich und mit blanken hellen Holztischen, umlaufenden Bänken und dunklen Wirtshaus-Stühlen

Der KramerHof
Inhaber: Familie Jehle

Ringstraße 4 – Riederau
86911 Diessen am Ammersee

Telefon 0 88 07 / 92 40 6 - 0
Telefax 0 88 07 / 92 40 6 - 29

ausgestattet. Eichendielen verstärken das gefühlte „Aus alt mach neu“, und die rustikalen Lampen verbreiten warmes Licht. Feinrustikal mutet das ganze Ambiente rundum – auch die Landhausbar, an der sich ein süffiges Maisacher Bier, ein guter Schoppen Wein oder – wer mag – ein raffinierter Cocktail genießen lassen.

Im Sommer hat der sonnige Biergarten geöffnet, mit einem gut einsehbaren Kinderspielplatz gegenüber. An der Westseite des Hauses sitzen bis zu 300 Gäste unter schattigen Kastanien bei zünftigen Brotzeiten und schmackhaften Grillspezialitäten vom offenen Kamin. Nicht nur Hotelgäste, die in einem der mediterran gestalteten Zimmer oder Suiten stilvoll übernachten, können auf der „Wohlfühl“-Terrasse Frühstück, Mittagessen und nachmittäglichen Kaffee und Kuchen einnehmen, sondern auch Ausflügler, die, vom nahe gelegenen Dampfersteg in Riederau kommend, wieder festen Boden unter den Füßen suchen.

Die Landhausküche des KramerHofs, der Küchenchef Wilhelm Herkle vorsteht, hat viel Traditionelles im Programm: Bauerngart'l-Salat, knusprige Ente im eigenen Safterl mit Bratapfel, Reiberknödel und Blaukraut oder Königssee-Saibling in Butter gebraten. Ganz und gar nicht zu verachten: das hausgemachte Cointreau-Soufflée an Früchten mit Himbeermark. Ausgesuchte Menü-Zusammenstellungen mit passenden Weinen überraschen bei Feiern und Festen bis 150 Personen – und im Stüberl werden die Sportsfreunde einer integrierten Bundeskegelbahn und des hauseigenen Schießstandes vorbildlich bewirtet. Der KramerHof: Schöne Tage am Ammersee! *(bk)*

KramerHof Wirt sein Lieblingsschnitzel

Zutaten

8 Scheiben Schweinelende á 80 g
1 kg Blattspinat, grob gehackt
300 g Andechser Rahmkäse, gewürfelt
200 g Andechser Bergkäse, gewürfelt
Salz
Pfeffer
Muskat
1 gepresste Knoblauchzehe
Mehl
Eier
Panierbrot
Öl oder geklärte Butter

Zubereitung

Spinat, Käse und Gewürze miteinander vermengen. Einen gehäuften EL der Spinat-Käse-Füllung auf einer Scheibe Schweinelende verteilen, mit der zweiten Scheibe bedecken und die Seiten fest andrücken. Das Ganze in Mehl, Eiern und Panierbrot gut panieren und die Seiten nochmals andrücken. In Öl oder geklärter Butter langsam ausbacken.

SCHATZBERGALM

Schatzbergalm
Inhaber: Patrick Däubel

Ziegelstadel 11
86911 Diessen am Ammersee

Telefon 0 88 07 / 67 80
Telefax 0 88 07 / 94 92 30

Ruhetage:
November, Dezember: Montag
Januar, Februar, März: Montag, Dienstag, Mittwoch

Gastfreundschaft und die Küche Oberbayerns, Freizeitspaß und Gemütlichkeit – hier ist es wirklich so, wie sich nicht nur Wanderer eine richtige Einkehr auf der Alm vorstellen. Hierher kommen auch Radler, Anhänger des Motorsports und Ausflügler mit dem Auto. Es ist die Schatzbergalm, die alle magisch anzieht, ein schlichtes bäuerliches Anwesen mitten im Landschaftsschutzgebiet des Ammersees, das immerhin schon seit den 1930er Jahren besteht. Hier ist alles intakt geblieben, und der Blick von der überdachten Südterrasse aus auf die unverbaute Landschaft ist vom Schönsten: die Alpenkette nach Süden und ostwärts hinaus auf den Ausläufer des Sees.

Das Gasthaus liegt am Fuße des Schatzbergs, und der Name rührt tatsächlich von einem Schatz her, der hier während des 30-jährigen Krieges von den Diessener Grafen vergraben

worden sein soll. In der gemütlichen Stube mit altem Kachelofen, Keramik und Zinnfiguren aus Diessen, einem Zentrum des oberbayerischen Kunsthandwerks, schmecken bodenständige Gerichte – Fleisch und Gemüse von den Höfen der Umgebung und Fische aus dem Ammersee – zum Bier von „Königlicher Hoheit", Dunkel- und Weißbierspezialitäten aus der Kaltenberger Brauerei. Die Kuchen und Strudel sind wie das „Schatzbergalm-Honig-Dijon-Salatdressing" (zum Mitnehmen) hausgemacht, und bei schönem Wetter gibt es für etwa 350 Gäste im dazugehörigen Biergarten warme und kalte Schmankerl, Steaks und Würstel vom Holzkohlengrill. Ein Kinderspielplatz in Sichtweite bietet Unterhaltung, Spaß und Entspannung für Groß und Klein.
Der junge Wirt Patrick Däubel bleibt mit seinem Alm-Team aber nicht nur dem Traditionellen verhaftet. Das ganze Jahr über bietet ein buntes Rahmenprogramm reichlich Abwechslung und Unterhaltung: Ob eine Großveranstaltung wie das „Summer Jam" mit über 700 Gästen bis hin zur Zithermusik in der Vorweihnachtszeit, Fisch- oder Wildwoche, Schlachtschüssel-Essen oder „Südtiroler Woche" – es ist immer was los.

Zu finden ist dieser gastronomische Schatz einmal per pedes über den berühmten König-Ludwig-Wanderweg oder aber auch bequem mit dem Auto auf der gut ausgeschilderten Straße über Diessen nach St. Georgen. Das blumengeschmückte Ausflugslokal eignet sich übrigens auch ausgezeichnet für Hochzeiten, sonstige Familien- und Weihnachtsfeiern. *(bk)*

Forelle/Renke „Müllerin Art"

Zutaten
1 frische Forelle oder Renke
etwas Salz
1 Zitrone
Mehl
Butterschmalz und Butter
Petersilie

Zubereitung
Die Forelle/Renke säubern und mit Zitronensaft und etwas Salz würzen. Anschließend in Mehl leicht wälzen und überschüssiges Mehl abschütteln. Den Fisch in eine heiße Pfanne mit Butterschmalz geben und langsam ca. 10 Minuten von beiden Seiten goldgelb braten. Dann den Bratensaft abgießen und frische Butter in die Pfanne geben. Die Forelle/Renke nochmals 2 Minuten unter Zugabe von frisch gehackter Petersilie braten. Den Fisch vorsichtig aus der Pfanne nehmen und auf den Teller oder einer Fischplatte anrichten und mit der Petersilienbutter begießen.
Als Beilage eignen sich am besten Salzkartoffeln und gartenfrische Blattsalate, am besten mit dem leckeren Schatzbergalm-Salatdressing.

VON DER MANGFALL AN DEN KOCHELSEE

Viele Gesichter hat der aus der Würmeiszeit stammende Fluss Mangfall. Deshalb nannten ihn dort siedelnde Mönche „Die Manigfaltige". Daraus bildete sich später der Name Mangfall, ein Abfluss des Tegernsees. Ursprünglich und wild bahnt sie sich ihren Weg durch Schluchten, begleitet von Niedermooren, Buchen- und Auwäldern.
Die wegen ihrer guten Wasserqualität ohnehin schon fischreiche Mangfall bietet sogar Edelkrebsen und Flussperlmuscheln einen optimalen Lebensraum. Sie bildet zudem ein wichtiges Grundwasserreservoir für die Landeshauptstadt München.
Berge und Seen, Kirchen und Klöster, Dörfer und Städte prägen das Tölzer Land. Zwischen Isar und Loisach machen Voralpenlandschaft, Kultur, Kur und Brauchtum gemeinsame Sache. Der malerische Kirchsee mit seinem unter Naturschutz stehenden Ellbach-Kirchseemoor gehört darüber hinaus zu einem der schönsten Badeseen im Oberland. Gleich daneben ruht auf einer Hügelkuppe weithin sichtbar Kloster Reutberg mit seiner barocken Kirche, der Brauerei und dem dazugehörenden Bräustüberl. Die außergewöhnliche Landschaft – im Abendlicht von fast unwirklicher Schönheit – wird auch von vielen Filmproduktionen geschätzt. So werden im benachbarten Sachsenkam bekannte Fernsehserien wie „Der Bulle von Tölz", „Forsthaus Falkenau" und „Die Rosenheim-Cops" gedreht.
In der voralpenländischen Moränenlandschaft zwischen München und Bad Tölz liegt Dietramszell, bekannt durch sein Kloster, ein ehemaliges Augustiner-Chorherrenstift. Trotz Säkularisation ist noch viel vom alten Inventar erhalten. In der

Die malerische Marktstraße von Bad Tölz

Mitte des 19. Jahrhunderts kamen die Salesianerinnen nach Dietramszell und sind bis heute in den Bereichen Erziehung und Bildung aktiv.
Bad Tölz im landschaftlich so lieblichen Isarwinkel ist eine historisch gewachsene, malerische Flößerstadt und gleichzeitig als hochmodernes Jodheilbad bekannt. Der kulturinteressierte Gast wird die eindrucksvolle Fassadenmalerei an der Marktstraße wie in einer Freilicht-Galerie besichtigen, auf den Kalvarienberg pilgern und sich – wenn möglich – die berühmte Leonhardi-Fahrt, jeweils am 6. November, vormerken.
In Lenggries, am Fuße der Brauneck-Bergbahn, lassen die Flugvorführungen eines Falkenhofs Natur hautnah erleben. Im Sommer wie im Winter ist der Münchner Hausberg Brauneck ein gefragtes Ausflugsziel. Das weitläufige Gebirgstal der Jachenau konnte die ursprüngliche bäuerliche Landschaft mit ihren vielen alten Höfen erhalten – Altbayern pur!
Die Maler des „Blauen Reiter" fanden zu Beginn des 20. Jahrhunderts ihre Motive vor allem im Zwei-Seen-Land am Herzogstand mit dem eigenwillig anmutenden Kochelsee, dem windreichen Walchensee und seinem rasch wechselnden Licht. Die Natur diente den Malern als Vorlage für ihre Bilderwelten. Ihr Symbol, der Heilige Georg, im gläubigen Oberland häufig auch als Statue gegenwärtig, soll als Titelfigur für ihr künstlerisches Manifest gedient haben, die Farbe Blau noch aus der Romantik stammen. Ansonsten aber hat die Gruppe des „Blauen Reiter" die bisherigen Grenzen des Ausdrucksvermögens erweitert. Das bedeutet nicht mehr und nicht weniger als der Beginn einer neuen Kunstrichtung, der abstrakten Malerei – und das mitten in Oberbayern. 1986 wurde in Kochel am See das Franz-Marc-Museum eröffnet – eine Erinnerungsstätte in jener Landschaft, die für den Künstler und seine Freunde so wichtig war. Der legendäre Schmied von Kochel ist landesweit ein Begriff. Sein Heimatort hat ihm an zentraler Stelle ein Denkmal errichtet.
Benediktbeuern ist ein geistiger Mittelpunkt der ganzen Region. Hier wurden die mittelalterlichen Liedertexte der „Carmina Burana" gefunden, hier vereinten Künstler ihr Können im Kloster- und Kirchenbau, wie zum Beispiel die berühmte Familie Asam, hier forschte und arbeitete später auch der Physiker Joseph von Fraunhofer. Heute ist der Ort mit seinem Kloster, seinen Hochschulen und dem Museum der Fraunhofer'schen Glashütte ein Wissenschaftszentrum der besonderen Art.

GASTHAUS KREUZMAIR

Gasthaus Kreuzmair
Inhaber: Elisabeth und Hermann Buschak

Westerhamerstraße 12
83629 Holzolling

Telefon 0 80 63 / 324
Telefax 0 80 63 / 67 84

Ruhetag:
Mai–September: Montag
Oktober–April: Montag und Dienstag

Eine himmlisch-bayerische Landschaft umgibt das kleine Dorf Holzolling nahe der Mangfall, und himmlische Speisen gibt's im dortigen Gasthof Kreuzmair. In dem 450 Jahre alten Anwesen an der ruhigen Hauptstraße waltet Hermann Buschak, ein Koch aus Leidenschaft, und seine engagierte und umsichtige Frau Elisabeth. Sie zusammen führen diesen geheimen Gourmettreff zwischen Chiemgau und Münchner Land als echten Familienbetrieb.
Hermann Buschak ist es wichtig, bei seinen kulinarischen Kreationen ausschließlich saisonale und frische Produkte zu verwenden. Die vielfältigen Angebote der vier Jahreszeiten erlauben da reichlich Abwechslung auf seiner Speisekarte. Herausragendes Element der Küche ist das Kochen mit Blüten und Kräutern aus dem eigenen Kräutergarten. Da kommen Löwenzahn, Bärlauch, Gänseblümchen, Holler und Rote Bete zum Einsatz, selbst die Hornveilchen der Garnitur sind zu essen. Hausgemachtes Eis, Kuchen und Torten runden innovative Gerichte des Meisterkochs ab, wie zum Beispiel das Filet vom Saibling in einem schmackhaften Buttermilchsupperl oder gebratenes Rehnüsschen auf Holunder-Preiselbeersauce mit

Pfifferlingen und Schupfnudeln. Das Traditionelle kommt daneben aber nicht zu kurz. Für weniger experimentierfreudige Gäste gibt es Schnitzel, Bratensülze und Wurstsalat. Monatlich wechselnde Menüs versprechen einen angenehmen Abend im Freundes- oder Familienkreis. Mehrmals im Jahr stehen kulinarische und kulturelle Events auf dem Programm, professionell in Szene gesetzt von der Chefin, die sich liebevoll um die immer neue Dekorationen in der gemütlichen Gaststube, im Nebenraum und im Festsaal kümmert.

Wirklich etwas ganz Besonderes und wahrlich ein Schmuckstück ist der wunderschön angelegte Garten, kein Biergarten im herkömmlichen Sinne, sondern ein ruhiger, individueller Platz der Muße zwischen duftenden Blumen, Haselnusssträuchern und Holunderbüschen. Der traumhafte Blick ins so genannte „Goldene Tal", ein wohlschmeckendes Gericht auf dem Teller und dazu ein süffiges Bier aus der Brauerei Graf Arco in Valley (seit über 125 Jahren im Kreuzmair ausgeschenkt) mutet an wie im Himmel. *(bk)*

Holzolling

Spanferkelleber in Balsamicosauce

Zutaten

600 g Spanferkelleber, in dünne Steifen geschnitten
50 g Zwiebel, fein gewürfelt
100 g Butter (davon ein paar Flocken für den Kartoffelschnee)
4–5 EL Balsamico-Essig
1/4 l Bratenjus (Bratensauce)
Gewürze nach Geschmack
Salz, Pfeffer
Zucker
frischer Majoran

Zutaten für die Beilagen

1 kg festkochende Kartoffeln
frisch geriebene Muskatnuss (nach Geschmack)
Blatt- oder Feldsalat nach Saison

Zubereitung

Ca. 50 g Butter in eine Pfanne geben und die Zwiebeln darin andünsten. Dann die Leber hinzufügen und kurz anbraten. Die angebratene Leber aus der Pfanne nehmen. Den Balsamico und den Bratenjus in die Pfanne geben und einkochen lassen, bis eine sämige Sauce entsteht. Die fertige Soße je nach Geschmack mit Salz, Pfeffer, Zucker und frischem Majoran abschmecken. Dann die restliche Butter und die Leber wieder zur Soße geben und kurz erhitzen, jedoch nicht kochen lassen.

Die Spanferkelleber auf einem Teller anrichten und mit frischem Majoran dekorieren.

Die geschälten Kartoffeln im Salzwasser kochen. Dann durch eine Kartoffelpresse drücken und je nach Belieben gleich auf den Teller mit der Leber oder extra anrichten. Ein paar Butterflocken und frisch geriebene Muskatnuss auf den Schnee geben.

Je nach Saison Blattsalate oder Feldsalat in Essig-Öl-Dressing als Beilage servieren.

AUBERGE MOAR ALM

Das breite alte Giebelhaus, eingerahmt von üppigen Laubbäumen, auf einem einzelnen sanften Hügel ist nicht das Einzige, was die Auberge Moar Alm in Sachsenkam zu einer gastronomischen Perle im schönen Tölzer Land macht. „Alpen schauen", heißt es von dort oben, Karwendelmassiv und Wettersteingebirge, in Nachbarschaft von Kloster Reutberg und dem moorigen Kirchsee, begleitet von französischer Gourmetkost, die sich in dieser bäuerlichen Gegend kaum vermuten lässt.

Madame Christine Robert, dort schon seit Jahren etablierte Spitzenköchin mit Leidenschaft, versetzt mit ihrer Kochkunst den Gaumen in Verzückung. „Kochen ist eine Kunst, die Zeit und Hingabe erfordert", sagt sie und daran hält sie sich gerne. Erlesene, fein abgestimmte Zutaten, ausgewählt nur das Beste von den einheimischen Bauern und Gärtnern, machen jedes Gericht einmalig. Liebevoll wird die Wahl à la Carte, das Menü oder die Tagesempfehlung von ihr selbst zubereitet, wie etwa die berühmte französische Fischsuppe „Bouillabaisse" oder das geschmorte Lammnüsschen mit Rosmarinjus und Tomatenconfit und eine Crème Brulée de Chèvre au Compote de Pommes au

Auberge Moar Alm
Inhaberin: Christine Robert

Holzkirchner Straße 14
83679 Sachsenkam

Telefon 0 80 21 / 55 20
Telefax 0 80 21 / 97 56

Ruhetag: Dienstag

Romarin (Gebrannte Crème vom Ziegenkäse mit Apfel-Rosmarin-Kompott). Nicht zu viel und nicht zu wenig, aber immer exquisit. Das ist unverfälschte französische Nouvelle Cuisine, ergänzt mit exzellenten Weinen und Bränden, etwa Calvados, getrunken am offenen Kaminfeuer und das Gemüt erwärmend. Helles, solides Holz und rötliche Fußbodenkacheln machen die Auberge Moar Alm zu einem Ort des Wohlbehagens. Im Sommer, wenn die Terrasse geöffnet ist, erlebt man nicht selten einen atemberaubenden Sonnenuntergang. Dazu kommt ein Service, freundlich, fein und doch unkompliziert, der keine Wünsche offen lässt.

Damit aber nicht genug: Patronin Christine Robert bietet neben Koch- und Genießerkursen Schlemmerabende in Verbindung mit Kunst oder Lesungen und einem Catering-Service, der sich sehen lassen kann, in ihrer „Artgalerie" auch wechselnde Ausstellungen von Künstlern an, die für eine noch stimmungsvollere, inspirierende Untermalung von Lunch und Dinner sorgen. Die Auberge Moar Alm: gemütlich, urig, einladend – ein Platz, sich verführen zu lassen und nicht an das Gestern und Morgen zu denken. *(bk)*

Gefüllte Rotbarbe mit Artischocken und Sauerampfer

Rotbarbe

4 Rotbarben à 250 bis 300 g
1 Bund glatte Petersilie
50 g Parmesan, gerieben
4 Scheiben Toastbrot
4 eingelegte Sardellenfilets
2 EL Kapern
2 EL schwarze Oliven
2 Tomaten, geschält und entkernt
2 Knoblauchzehen
1/8 l Olivenöl
Salz
Pfeffer aus der Mühle

Sauerampfersauce

1/4 l Fischfond
1/8 l Weißwein
20 ml Noilly Prat
1 Schalotte
Meersalz
weißer Pfeffer
1 Bund Sauerampfer
1 Spritzer Zitronensaft
50 g Crème fraîche

Artischockenboden

4 Artischocken
etwas Mehl
1/2 Zitrone
Salz

Zubereitung

Rotbarben, geschuppt, vom Rücken her entgräten und ausnehmen, ohne den Bauch einzuschneiden.

Toastbrotscheiben entrinden, in kleine Würfel schneiden und mit etwas Olivenöl tränken. Alle Zutaten fein hacken und mit geriebenem Käse zum Brot geben. Gründlich vermengen und nach und nach Olivenöl einrühren, damit sich die Mischung gut verbindet. Rotbarben füllen, auf Backpapier legen und im Backofen bei 175 °C ca. 20 Minuten braten.

Fischfond, Weißwein, Noilly Prat und gehackte Schalotten zusammen aufkochen. Sauerampfer klein schneiden und mit Crème fraîche pürieren. Die Sauerampfermischung kurz vor dem Servieren in den warmen Fond einrühren und mit Zitronensaft, Salz und weißem Pfeffer würzen.

Die Artischocken waschen, Blätter entfernen, putzen und abschneiden. Kaltes Wasser in einen Topf geben, etwas Mehl einrühren, salzen und zum Kochen bringen. Die halbe Zitrone und Artischocken zugeben und ca. 30 Minuten kochen lassen.

KLOSTERSCHÄNKE DIETRAMSZELL

Klosterschänke Dietramszell

Inhaberin: Traudi Haindl

Klosterplatz 2
83623 Dietramszell

Telefon 0 80 27 / 90 45 00
Telefax 0 80 27 / 90 45 01

Ruhetag: Dienstag

Ach ja, die Klosterschänke. Wirtshaus mit Leib und Seele. So nennen sich wohl viele, die Klosterschänke Dietramszell aber kann das mit Fug und Recht wirklich von sich behaupten. Seit im Frühjahr 2001 Wirtin Traudi Haindl mit ihrer Familie dort eingezogen ist, haben Leib und Seele ihren Ort zum Genießen und Ausrasten gefunden. Zweimal schon wurde das Augustiner-Kloster Dietramszell im Laufe seiner Geschichte ein Raub der Flammen. Die Klosterschänke selbst – ehemals die Schlossschänke – war nie betroffen und ist somit der älteste Gebäudeteil der Anlage.

Vorbildlich saniert und renoviert, ist es ein Vergnügen, den weitläufigen Gastraum zu betreten. Unter dem eindrucksvollen Kreuzgewölbe stehen lange, aber auch große runde Schänkentische, mit Bänken und Stühlen, die zum Essen, Trinken und Gespräch einladen. Essen will heißen: gestandene bayerische Hausmannkost wie Leberspätzlesuppe, Schweinshaxen mit Knödel, gefüllte Kalbsbrust oder auch einmal ein

„scharfes Brot" als kleiner Imbiss. Als Tipp ein Dessert: Zwetschgenröster mit Vanilleeis! Trinken will heißen: Ein gutes Bier vom Hofbräu in Traunstein, das „Helle" kann auf Wunsch aus einem Holzfass am Tisch selbst gezapft werden. Und der Gedankenaustausch? Wer es möchte, ist schnell mit dem Herrn Nachbarn im Gespräch. Humorvoll und freundlich gibt sich auch die Bedienung – die Chefin macht's vor.
Der alte Gewölbesaal ist augenfällig geschmackvoll dekoriert, mit wunderschönen frischen Blumensträußen und Kerzenlicht, wie es einem gepflegten Keller gebührt. Große Kandelaber mit vielen Kerzen stehen auch im so genannten „weißen Saal", der an die Gaststube anschließt und durch schwere Holztüren von ihr getrennt ist. Dort wurde schon mancher „schönste Tag im Leben" aufs Angenehmste gefeiert, gerade auch deshalb, weil die Wirtsleute praktischerweise Zimmer zum Übernachten bereithalten. Fünf sind es an der Zahl, jedes für sich ein Schmuckstück und für die Hochzeitsnacht, aber nicht nur, bestens geeignet.
Es ist es allein schon wert, nur für ein Bier und eine Brotzeit nach Dietramszell zu fahren, doch begeistert im Sommer zusätzlich noch der liebevoll blumig gestaltete Biergarten, ruhig und abgeschirmt von der Straße, mit allerlei köstlichen Dingen.
Fürwahr: Ein Wirtshaus für Leib und Seele.
(bk)

Feine Kalbsleber mit Balsamicosauce

Zutaten
600 g Kalbsleber
(vom Metzger abgezogen)
1 mittelgroße Zwiebel
250 ml guter Balsamicoessig
300 ml Demi-glace
(aus dem Feinkostladen)
Öl
Salz, Pfeffer
Zucker

Zubereitung
Leber in 1 cm dicke Scheiben schneiden und mehlieren. Zwiebel in feine Würfel schneiden und in Öl anschwitzen, Balsamico zugeben und zur Hälfte einkochen.
Dann das Demi-glace zugeben, Soße abschmecken. Leber in einer Pfanne anbraten, würzen und kurz in der Soße ziehen lassen.
Dazu empfehlen wir hausgemachten Kartoffelbrei, frisches Gemüse der Saison und frischen Schnittlauch.
Nach Geschmack mit Röstzwiebeln garnieren.

MOARWIRT

Eine schmale Straße schlängelt sich auf dem Weg von Dietramszell nach Bad Tölz bergauf durch einen kleinen Wald. Gut beschildert oben angekommen – ein Idyll: In großartiger Natur ein Dorf namens Hechenberg mit einer Hand voll Bauernhöfe, Kirche, Maibaum, Ententeich und dem unweigerlich dazugehörigen Gasthaus, in diesem Fall heißt es Moarwirt. Ansonsten ist es nicht so, wie es zunächst scheint. Das Wirtepaar Aissatou Dramé und Florian Lechner hat schon vor Jahren den geräumigen alten bayerischen Gasthof aus dem Dornröschenschlaf erweckt und daraus einen absoluten Feinschmeckertreff gemacht.

Florian Lechner ist nach eigenen Angaben „reinrassiger“ Bayer und das Rezept seiner fantasievollen und jungen Küche heißt Kreativität und raffinierte Kochkunst, gepaart mit regionalen Ingredienzien. Ein Auszug aus der täglich wechselnden Speisekarte verrät viel vom Esprit des Chefs: scharfes, rahmiges Gangerl vom Muskatkürbis, hausgemachte Nudeltascherl mit Rote Bete und Parmesan, Filet vom „Nachbars“-Ochsen mit Rübengemüse. Berühmt-berüchtigt sind die Hechenberger Schlosszipfel auf Kraut und vor dem Allerhand Bergkäse aus Österreich, Schweiz und Italien noch eine gebrannte Creme von der Gewürzblaubeere, da lohnt der Weg in das zugegeben etwas abgelegene Dorf.

Erlesene Tropfen auf der alles umfassenden Weinkarte tun ihr Übriges, um den Besuch beim Moarwirt zur Krönung eines schönen Tages werden zu lassen. Aissatou Dramé, die Wirtin mit senegalesischen Wurzeln, erfüllt dazu mit Grandezza noch alle übrigen Wünsche, die sie ihren Gästen still von den Augen abliest.

Das große Haus hat viele Stuben und Stüberl, schlichtes und unbehandeltes Holz dominiert als Gestaltungselement. Holz-

Moarwirt

Inhaber: Aissatou Dramé und Florian Lechner

Sonnenlängstraße 26
83623 Hechenberg

Telefon 0 80 27 / 10 08
Telefax 0 80 27 / 90 41 23

Ruhetag: Saisonal unterschiedlich

planken, mit alten Steinen kombiniert, auch auf dem Fußboden. Die Tische sind weiß eingedeckt und auf den Holzbänken liegen Kissen fürs Gemütliche. Feiern oder Tagen im lichtdurchfluteten Saal mit bis zu 150 Personen – kein Problem. Im oberen Stockwerk kann der, der mag, auch übernachten. Etliche Zimmer mit grandiosem Ausblick sind gerichtet. Vogelgezwitscher ist wohl das Einzige, was vielleicht die Ruhe stören könnte.

Die Sonnenterrasse mit ebenso fulminantem Ausblick ist gleichzeitig der Biergarten. Da darf im Sommer auch die eigene Brotzeit mitgebracht werden. Das wäre allerdings ein wenig schade, denn die Schmankerl-Angebote aus der Moarwirt-Küche sind nicht gerade das Übliche: Kaninchenfilet mit Feigensenf oder Zipfelparade auf Sauerkraut passt irgendwie aber schon auch zu einem Reutberger Dunkel aus der Brauerei des nahe gelegenen Klosters. *(bk)*

Hechenberg

Latschenkiefer-Topfenknödel

Zutaten

Etwas Olivenöl
1/2 Zwiebel
250 g Weißbrot
100 g Topfen
3 Eier
125 ml Milch
50 g Weizenmehl
1 fein gehackte Knoblauchzehe
Salz
Pfeffer aus der Mühle
1 Prise Muskatnuss
10 g Latschenkiefernadeln aus Nachbars Garten
50 g Butter

Zubereitung

Zwiebel schälen, klein würfeln und in Olivenöl kurz andünsten. Weißbrot in kleine Würfel schneiden und mit Mehl, Eiern, Milch, Gewürzen, Zwiebelwürfeln und dem Topfen gut vermengen. Mit nassen Händen aus der Masse kleine Knödel formen. Salzwasser zum Kochen bringen, Knödel einlegen und ca. 12 Minuten leicht sieden lassen. Knödel abseihen und anrichten.

Latschenkiefernadeln fein hacken und mit der zimmerwarmen Butter ca. 5 Minuten aufschlagen. Danach ruhen lassen und durch ein feines Sieb streichen. In Klarsichtfolie und Alufolie einrollen, dann kühl stellen.

Die fertigen Knödel in der Latschenkieferbutter schwenken und als Beilage zu Wild oder als Vorspeise mit einem rahmigen Apfelkraut und Parmesan servieren.

HOHENBURGER SCHLOSSSCHÄNKE

Hohenburger Schlossschänke

Holger Hobuß

Hohenburg 5
83661 Lenggries

Telefon 0 80 42 / 97 85 00
Telefax 0 80 42 / 91 09 10

Ruhetag: Dienstag

Fernab jeglichen Lärms und aller Hektik hat im vergangenen Jahr mit gebotener Gelassenheit ein neues Restaurant nahe des geschichtsträchtigen Schloss Hohenburg bei Lenggries seine Pforten geöffnet: die Hohenburger Schlossschänke. Sie liegt idyllisch am Hirschbach und präsentiert sich in gemütlich-rustikalem Ambiente und kleiner, aber sehr feiner Speisenkarte mit täglich wechselndem Angebot. Der 33-jährige Küchenchef Holger Hobuß, gebürtig in der Fränkischen Schweiz und mit interessanten Stationen in namhaften Häusern, bietet seinen Gästen einfache, traditionelle und bodenständige Gerichte, aber auch jede Menge Eigenkreationen mit besonderem Pfiff. Für seine bayerisch-fränkisch ausgerichtete Küche werden vorwiegend einheimische und frische Produkte der Saison verwendet. Der kreative junge Koch hat sich der Slow-Food-Bewegung verschrieben, die sich zum Ziel gesetzt hat, dem Gast Speisen mit unverfälschtem Geschmack zu servieren, um in Ruhe genießen zu können.

Zu Holger Hobuß' Spezialitäten zählen die Roulade von Crèpes und Räucherlachs mit Kräuterdip, Riesengarnele in der Strauchtomate geschmort in Paprikaschaum und rosa gebratener Kalbsrücken mit Portwein-Jus, Spinat mit Pinienkernen und Kartoffel-Gratin. Auf keinen Fall sollte ein Dessert des Franken, wie zum Beispiel bayerische Creme von Holunderblüten mit marinierten Erdbeeren oder Quarksoufflé mit karamellisierten Pfirsich, versäumt werden, auch seine hausgemachte Kuchen sind nur allzu verlockend. Heiß begehrt sind unter Kennern die dreigängigen Themen-Menüs wie „Wald-

mann's Heil" (aus Wald und Flur), „Herbststimmung" (Kürbis und Kastanien) oder „Geflügelte Weihnachten".
Die Gaststube der Schlossschänke bietet 50 Sitzplätze und im dazugehörigen Biergarten mit gepflegten Augustiner-Bieren und Weißbier der Brauerei Hopf finden noch einmal 80 Gäste Platz. Der Weg vom nahe gelegenen Münchner Hausberg Brauneck ist nicht weit und lohnt sich auch außerhalb der Sommerzeit. Hohenburg hat gleichfalls im Winter geöffnet und gewährt nicht nur Skifahrern, Bergsteigern und Spaziergängern eine entspannte Einkehr in gemütlicher Atmosphäre. *(bk)*

Johannisbeerschlupfer mit Vanilleeis

Zutaten für Schlupfer
50 g Brioche oder Hefezopf
50 g Johannisbeeren
1 EL gehobelte Mandeln
1 EL Sultaninen
100 ml Sahne
25 g Zucker
1/2 Vanilleschote
2 Eier
1 Prise Zimt

Zutaten für das Vanilleeis
400 ml Milch
100 ml Sahne
4 Eier
65 g Zucker
1/2 Vanillestange
Rum, Butter, Zucker, Puderzucker

Zubereitung
Den Brioche bzw. Hefezopf einen Tag vorher in ca. 1 cm große Würfel schneiden und trocknen lassen. Die Johannisbeeren waschen, zupfen und mit dem Zucker einzuckern. Die Sultaninen mit etwas Rum einmal aufkochen. Die gehobelten Mandeln in einer Pfanne ohne Fettstoff leicht anrösten.
Soufflé-Förmchen oder Auflaufform mit Butter ausreiben und anschließend mit Zucker ausstreuen.
Den Backofen auf ca. 180 °C vorheizen und eine hohe Form mit Wasser in den Ofen stellen, in der die Aufläufe später pochiert werden. Die getrockneten Würfel nun mit den Johannisbeeren, den Sultaninen und den Mandeln vermischen und in die Förmchen bzw. eine große Form füllen. Die Sahne mit dem ausgekratzten Mark der Vanilleschote, den Eiern und der Prise Zimt verquirlen und nach und nach über die Würfel geben, so dass diese fast bedeckt sind. Die Förmchen in das vorgeheizte Wasserbad im Ofen stellen und ca. 20 Minuten pochieren lassen. Bei einer Auflaufform verlängert sich die Garzeit. Anschließend die Schlupfer rundum mit einem Messer vom Rand lösen und auf einen Teller setzen. Mit Puderzucker bestreuen.
Für das Vanilleeis die Milch, Sahne und die ausgekratzte Vanilleschote einmal aufkochen und ziehen lassen. Die Eigelbe mit dem Zucker weißschaumig rühren. Die noch heiße Flüssigkeit unter Rühren über die Eimasse geben und das Ganze zur Rose abziehen. Anschließend durch ein Haarsieb passieren. Das Ganze so in der Eismaschine frieren, dass es eine cremige Konsistenz hat. Als zusätzliche Komponente eignet sich hervorragend Apfelkompott oder marinierte Heidelbeeren.

ZUM BAYERISCHEN LÖWEN

Zum Bayerischen Löwen

Inhaber: Stefan Huber

Kocheler Straße 16
83673 Bichl

Telefon 0 88 57 / 89 95 99
Telefax 0 88 57 / 89 95 98

Ruhetag: Montag und Dienstag

„Mit der Vorfreude auf gutes Essen und Trinken beginnt schon der eigentliche Genuss." Das ist die Überzeugung von Stefan Huber, Inhaber und gleichzeitig Küchenchef des Landgasthauses Zum Bayerischen Löwen im dörflichen Bichl, gute zehn Kilometer von Bad Tölz entfernt. Diese Vorfreude, die eingeweihte Gäste allemal immer wieder empfinden, wenn sie die aufwändig renovierten Räumlichkeiten in dem alten Anwesen betreten, ist ganz berechtigt.
Die Lust aufs Speisen kommt wie von selbst: Rechts hineinspaziert, im bayerischen Landhausstil gestaltet, die rauchfreie „Stefanistube", links herum, der helle, freundliche, etwas schlichtere Gastraum. Hier die bodenständig-deftige, und dort die zeitgemäß-elegante Küche ausprobiert das ist Genuss pur. Stefan Huber weiß ganz genau, woher seine Zutaten stammen. Er züchtet selbst Heidschnucken für die verschiedensten Milchlamm-Spezialitäten, und auch Fisch kommt sozusagen „aus eigenem Gewässer", aus einem Weiher im heimatlichen Mangfalltal. Der pochierte Saibling an Zitronengrasbutter auf Kartoffel-Lauch-Püree mit hausgeräuchertem Parmesan und glacierten Cocktailtomaten ist ein Gedicht. Die „bodenständigen" Gerichte stehen dem in nichts nach wie der herrliche Bayerische Schweinebraten an Dunkelbiersauce mit Kartoffelknödel und Krautsalat, klassisch und krustig zubereitet. Die Speisekarte – die Menüfolge in bayerischer Mundart übertitelt – ist phantasievoll gehalten und hört mit Süßem auf wie beispielsweise Rhabarberparfait im Biskuitmantel oder der Dessertvariation „Bayerischer Löwe". Neben edlen und seltenen Weinen aus dem hauseigenen Keller gibt es eine wahre Besonderheit bei den Getränken: 20 Sorten aus sechs Ländern umfasst das Tafelwasser-Angebot.

Bichl

Melanie Esterl, der gute Geist im Gasthaus Zum Bayerischen Löwen, sorgt rundherum für Wohlbefinden und bittet nach dem Essen zum Stelldichein an die gemütliche Theke nebenan: „Wir sind ein Wirtshaus für alle, für Hausgäste, Dorfjugend und Kartler gleichermaßen. Auch wer auf einen abendlichen Absacker bei uns vorbeischaut, ist herzlich willkommen." Rustikal und zünftig stehen die Tische für größere Runden und Feste bis zu 100 Personen im „Saalet'l", einem früheren Tanzlokal, bereit. Apropos früher: 1829 eröffnete das Gasthaus in Bichl erstmals seine Tore und wurde im Dorf schnell zum wichtigsten Treffpunkt. Bayerisches Brauchtum wurde dort gelebt und gepflegt.
Sicher ist es heute noch ein besonderes Erlebnis, im ehrwürdigen Löwen einzukehren, nicht zuletzt auch wegen der anheimelnden Holzterrasse, auf der im Sommer in der langen Abendsonne ein schöner Tag ausklingen kann. *(bk)*

Falsche Prinzregententorte

Zutaten

Für die Crêpes:
100 g Mehl
50 g zerlassene Butter
4 Eier
1/8 l Wasser
1/4 l Milch
1 Prise Salz, Muskat, gerieben
Butter

Füllung

100 g Egerlinge
100 g Pfifferlinge
70 g Morcheln, eingeweicht
50 g Schalotten, fein gehackt
50 g Olivenöl
2 EL Blattpetersilie, fein gehackt
Salz, Pfeffer aus der Mühle

Zubereitung

Die Zutaten für die Crêpes in einem Mixer zu einem Teig verarbeiten. In der Pfanne mit Butter sehr dünne Crêpes backen.
Für die Füllung die Pilze in feine Würfel hacken. In einer großen Eisenpfanne die Schalotten in Butter anschwitzen, die Pilze dazu geben und unter ständigem Rührem (mit einem Holzlöffel) garen. Den sich dabei bildenden Fond fast einkochen, die Petersilie dazu geben, noch einige Minuten köcheln lassen, mit Salz und Pfeffer abschmecken. Die Pilzmasse möglichst heiß auf die kalten Crepes streichen und übereinander schichten. Die fertige Torte mit etwa acht Lagen anschließend kalt stellen. Bei Bedarf in Stücke schneiden und mit Folie abgedeckt etwa 10 Minuten im Ofen erwärmen.

E.ON WASSERKRAFT

E.ON Wasserkraft
Walchenseekraftwerk

Altjoch 21
82431 Kochel am See

Telefon 0 88 51 / 7 72 11
Telefax 0 88 51 / 7 72 98

Strom ist schon ein besonderer „Saft". Ob Kochen, Braten, Backen, ohne Strom sind kulinarische Genüsse undenkbar. Ein außergewöhnliches Bauwerk in den bayerischen Alpen zeigt anschaulich den Weg der Energieerzeugung von der Erzeugung bis hin zum Herd. Das zwischen 1918 und 1924 erbaute Walchenseekraftwerk nutzt das Gefälle zwischen Walchensee und Kochelsee zur Stromerzeugung. Eine technische Meisterleistung der damaligen Zeit.
Von München geht die Fahrt über die Autobahn Richtung Garmisch-Partenkirchen. Die Ausfahrt Murnau/Kochel führt zur Bundesstraße nach Kochel am See. Im malerischen Alpenvorland ist das imposante, schon weit-

hin sichtbare Walchenseekraftwerk mit seinem Wasserschloss und den Druckrohrleitungen sicherlich eine Entdeckungsreise wert. Von Kochel aus ist es nur noch ein Katzensprung zur gut ausgeschilderten Straße, die vor den Gebäuden des Kraftwerks endet. Der Parkplatz davor ist so großzügig bemessen, dass er einen wirklich stresslosen Besuch ermöglicht.
Wissenswertes rund um Wasserkraft und Energieversorgung vermittelt das architektonisch hochmoderne Informationszentrum, das dezent in den Berg gebaut ist. Die klassischen Kraftwerksgebäude (1924 trieb das Wasser des Walchensees zum ersten Mal eine Turbine an) – seit 1983 geschütztes Industriedenkmal – bilden dazu einen reizvollen Kontrast. Turbinenmodelle, interaktive Touch-Screen-Terminals, Internet-Stationen und Kommunikationstafeln sind auf Besucher ausgerichtet, die eine ganz persönliche Kraftwerksinspektion erwarten.
Ob es sich um die historische Entwicklung, die Wirkungsweise von Wasserkraftwerken allgemein oder um technische Details handelt, die Ausstellung beantwortet die wichtigsten Fragen. Zudem werden nach Voranmeldung persönliche Führungen angeboten. Eindrucksvoll wird erklärt, dass das Walchenseekraftwerk mit einer Jahreserzeugung von rund 300 Millionen Kilowattstunden nach wie vor eines der größten Hochdruckspeicherkraftwerke Deutschlands ist. Seine Leistung verdankt es den großen Wassermengen und der Fallhöhe von 200 Metern zwischen Walchen- und Kochelsee. Erkennungsmerkmal ist die rund 400 Meter lange Rohrbahn. Über sechs gewaltige Rohre gelangt das Wasser aus dem Ausgleichsbecken des Wasserschlosses hinunter zu den acht Turbinen in der Maschinenhalle, die bei voller Belastung in der Sekunde 84 Kubikmeter schlucken.
Der Technik-Pionier Oskar von Miller nannte die Wasserkraft als einzigen Bodenschatz Bayerns gar „weiße Kohle" und er hatte eine Vision: Er glaubte, Bayern flächendeckend mit Strom versorgen zu können und so die Wirtschaft und den Wohlstand voranzutreiben. Der Bau des Walchenseekraftwerkes war in der Zeit nach dem Ersten Weltkrieg eine revolutionäre Leistung. Bis zu 2000 Arbeiter und Ingenieure fanden am Kochelsee Brot und Arbeit. Unter unvorstellbaren Bedingungen und Anstrengungen mussten schwerste Bauteile wie Rohre, Turbinen und Generatoren herangeschafft werden, im Winter war das manchmal nur mit Schlitten möglich.
Heute gilt das Walchenseekraftwerk als ein Meilenstein in der Geschichte der Elektrizitätserzeugung. In den 1980er Jahren wurde es zum Erlebniskraftwerk umgestaltet. Wasserkraft und Energie hautnah erleben, ist das Motto in diesem teils aufwändig restaurierten, teils hochmodernen Industriemuseum.
Nach dem informativen Ausstellungsbesuch erwartet Hungrige ein zeitgemäßes, adrettes Bistro mit vielseitigen bayerischen Schmankerln und Getränken. Das kommt nicht von ungefähr, läuft der Betrieb doch unter der Regie des Fischerwirts von Schlehdorf. Vom Frühjahr bis zum Spätsommer sitzt man im schönen Biergarten, ungewöhnlicherweise direkt neben den imposanten Druckrohren und ist erstaunt, dass Technik und die wunderschöne oberbayerische Landschaft tatsächlich doch irgendwie hervorragend zusammenpassen.
(bk)

GASTHOF-HOTEL KLOSTERBRÄU

Eingebettet in einem flachen Wiesen- und Moorgebiet, zu Füßen der Hausberge Herzogstand und Heimgarten, liegt am Nordwestufer des Kochelsees ein malerischer Ort, der erstmals im Jahr 763 urkundlich erwähnt wurde: Schlehdorf. Die Entwicklung von Schlehdorf ist von Beginn an mit der Klostergeschichte – auf einem kleinen Hügel steht der Gebäudekomplex des Klosters – unübersehbar verbunden. Und inmitten dieser Atmosphäre unverfälschten dörflichen Lebens steht ein imposanter Gasthof namens Klosterbräu, der seinerseits wiederum auf eine lange Geschichte zurückblicken kann. Seit 1317 gibt es ihn, und im vergangenen Jahr ist eine neue Wirtsfamilie dort eingezogen, die sich mit Herz und gepflegtem Service ihrer Gäste annimmt.

Vor der Kulisse des herrlichen Bergpanoramas, mit je nach Jahreszeit wechselnden Erscheinungsbildern haben Gasthof und Hotel für sich einen einmaligen Platz.

Gasthof-Hotel Klosterbräu
Inhaber: Familie Fröhlich

Seestraße 2
82444 Schlehdorf

Telefon 0 88 51 / 286
Telefax 0 88 51 / 74 55

Ruhetag: Oktober bis Mai Dienstag

Schlehdorf

Drinnen, in einem Gewölbe mit urigen Wandmalereien, befindet sich das Bräustüberl, das auch für kleinere bis mittlere Gesellschaften hervorragend geeignet ist. Ein „Rosa Stüberl" verspricht „rosige Aussichten" und im Wintergarten mit Berg- und Seeblick auf den Kochelsee, findet der Gast nach den zahlreichen Sport- und Freizeitangeboten der Umgebung, bei Kaffee und hausgemachtem Kuchen die verdiente Ruhe.
Haus- und Küchenchef Benjamin Fröhlich, der sein Handwerk im Alpenhotel Krone in Pfronten erlernt hat, verführt mit ausgezeichneter gutbürgerlicher Küche, natürlich traditionell bayerisch, insbesondere aber mit frischem Fisch aus dem Kochelsee oder dem hauseigenen Fischbecken. Seine Spezialität „Kochelsee-Renke" sollten Fischliebhaber auf jeden Fall probieren.
Das Hotel hat 30 gemütliche und großzügig geschnittene Zimmer und wer einmal ganz besonders in Schlehdorf nächtigen will, der sollte sich auf einen königlichen Schlaf in einem der „König-Ludwig-Zimmer" freuen, die die Familie im Andenken an die beiden bayerischen Könige Maximilian II. und Ludwig II. erhalten haben. Die Herrschaften stiegen seinerzeit im Klosterbräu ab, um von dort zu ihrem Lieblingsberg, dem Herzogstand, aufzubrechen. *(bk)*

Kochelsee-Renke in Butter „gekocht"

Zutaten

4 Kochelsee-Renken à 250–300 g
3 Zitronen, 4 Stengel Blatt-Petersilie, Salz, Pfeffer, Butter je nach Größe der Pfanne

Zubereitung

Die ausgenommene Kochelsee-Renke schuppen, mit kaltem Wasser abspülen und anschließend mit Küchenkrepp trocken tupfen. Bauchhöhle mit Zitronensaft beträufeln und salzen. Die Butter in einer entsprechend großen Pfanne langsam erhitzen lassen, bis sie aufschäumt. Petersilie klein schneiden und zusammen mit etwas Butter in die Bauchhöhle geben. Den Fisch von außen würzen, in die schäumende Butter legen. Er sollte mindestens bis zu 1/3 seiner Höhe, besser noch bis zur Hälfte darin schwimmen. Die Hitze sofort etwas erhöhen, da die Butter durch den kalten Fisch abkühlt. Danach die Hitze konstant auf einer Temperatur halten, bei der die Butter leicht kocht (also Blasen wirft), aber nicht verbrennen kann. Die Renke auf beiden Seiten in jeweils 4–6 Minuten fertig garen, anrichten. Butter mit Salz und Zitronensaft abschmecken, als Sauce reichen. Dazu passen mehlige Petersilienkartoffeln.
Bei uns im Klosterbräu servieren wir die Kochelsee-Renke gekocht in Butter nach dem traditionellen Rezept aus dem Kloster Schlehdorf. Für diese Garmethode bedarf es allerdings sehr viel Butter, denn der Fisch wird darin regelrecht „gekocht". Wichtig ist, dass der Fisch in Butter schwimmen kann. Sparen wäre hier also unangebracht. Wieviel Butter dazu nötig ist, hängt von der Größe des Gefäßes ab. Je besser der Fisch die Pfanne ausfüllt, desto weniger Butter ist nötig.

An Tegernsee und Schliersee

Rottach-Egern, Tegernsee

Der Tegernsee übt eine zeitlos magische Anziehungskraft auf Menschen in aller Welt aus. Nicht von ungefähr entstand hier eines der frühesten und anrührendsten Liebesgedichte der deutschen Literatur, niedergeschrieben im 12. Jahrhundert vom Tegernseer Mönch Werinher:

„Du bist min, ich bin din:
des solt du gewiß sin.
Du bist beslozzen in minem herzen:
verlorn ist daz Sluzzelin:
du muost och immer darinne sin.“

Karl Stieler, Münchner Jurist und Mundartdichter des 19. Jahrhunderts, hat seine Liebe zum Tegernseer Tal während der juristischen Ausbildung am Landgericht Tegernsee entdeckt und kam immer wieder hierher: „Eines aber ist unverändert geblieben: der Zauber der Landschaft! Diese blickt uns noch an mit den Augen ewiger Jugend, als ob die Welt seit tausend Jahren nicht älter geworden wäre.“ Wer auf der Welt viel herumgekommen ist, entwickelt ein Gespür für besondere Orte. Das Tegernseer Tal ist ein solcher Ort – eine der geistigen Wiegen des christlichen Abendlandes, eines der glanzvollen Zentren höfischen Lebens und ein weltoffener kultureller Mittelpunkt bis zum heutigen Tag. Allein das Benediktiner-Kloster, 746 gegründet, gehörte bis zur Säkularisation 1803 zu den bedeutendsten und einflussreichsten „Denkfabriken“ Süddeutschlands – mit Ausstrahlung weit über die eigenen Grenzen hinaus. Übrigens, auch München verdankt seine Gründung den Tegernseer Mönchen. Und alle waren sie hier im Laufe der Geschichte: von Friedrich Barbarossa bis zum russischen Zaren Alexander I.; König Max I. von Bayern schlug hier seine Sommerresidenz auf. „Ein Schloss, eine Kirche, ein Bräu“, so empfand der preußische Historiker Heinrich von Treitschke den vielgeliebten Ort am gleichnamigen See als Dreieinigkeit des Altbayerischen.

Geprägt von Dichtern und Denkern, von Malern, Sängern und Komponisten: So feierte der Schriftsteller Ludwig Thoma 1908 die Einweihung seines Hauses auf der Tuften über dem Tegernsee, das heute von der Stadt München für kulturelle Veranstaltungen genutzt wird. Der norwegische Karikaturist, „Simplicissimus"-Zeichner und Wahltegernseer Olaf Gulbransson lebte bis zu seinem Tod auf seinem Schererhof. Ihm ist im Kurpark ein eigenes Museum gewidmet. Der Einfluss auf das oberbayerische Musikleben ist legendär. Vor allem die traditionelle Volksmusik hat hier ihre Wurzeln. Volksmusik und Theaterspielen liegen den Tegernseern im Blut.
Bequem und umweltfreundlich erreicht man den Tegernsee auch mit der Bahn. Große und kleine Eisenbahnfreunde lieben die Fahrt mit dem historischen Dampfzug, der in der Sommersaison an den Wochenenden zwischen Tegernsee und Schaftlach verkehrt. Reich ist die Angebotspalette für Freizeit und Urlaubsaktivitäten, für Kuren und Wellness. Vom Gipfelkreuz des Wallbergs aus bietet sich bei klarem Wetter eine herrliche Fernsicht auf die vertrauten Hausberge bis hin zum Wilden Kaiser, Großglockner und zur Zugspitze.

„Grüß Dich Gott, Herr König!", so sprach die Schlierseer Fischerliesl ganz unbefangen König Max II. von Bayern an, als er 1858 auf seiner legendären Alpenreise an diesen zauberhaften See kam. Was dem König damals so gut gefiel, die selbstbewusste Natürlichkeit der Einheimischen, die Volkstrachten und das Brauchtum der Gegend, ist im Großen und Ganzen bis heute erhalten geblieben – auch zur Freude der Gäste. Alte Bräuche und Trachten werden das ganze Jahr über mit viel Liebe zum Detail gelebt und hochgehalten. Zum Beispiel beim Alt-Schlierseer Kirchtag, bei der traditionellen Leonhardi-Fahrt, beim Almabtrieb, im Bauerntheater oder beim Heimatabend.
Im Ort Schliersee gibt es auch eine bekannte, 950 Meter lange Sommerrodelbahn mit angeschlossenem Ferienpark. Im Miesbacher Oberland, der „Seele Bayerns", liegen der Schliersee, 785 Meter über N.N., und der Spitzingsee, dieser bereits auf 1085 Meter Höhe. Beide Gebirgsseen gelten als Badeseen mit höchster Wasserqualität und sind für ihren Fischreichtum bekannt. Die weißblaue Rautenfahne flattert auf dem Motorschiff „Schliersee III" lustig im Wind. Vom Deck aus bietet sich der schönste Panoramablick über den See mit seiner kleinen Insel Wörth bis hin zur Brecherspitz und dem Spitzingsattel. Auf den umliegenden Schlierseer Almen gedeiht eine üppige Bergflora, die ihresgleichen sucht und die es auf ausgedehnten Wanderwegen zu entdecken gilt.

BISCHOFF AM SEE

Kreativität und Leidenschaft, verbunden mit dem Streben nach Perfektion, das ist der Leitspruch von Petra und Markus Bischoff, die sich mit ihrem „Bischoff am See“, einen Lebenstraum erfüllt haben. Zwischen Seeufer und Waldhang am südlichen Rand von Tegernsee liegt das von außen zunächst eher unspektakuläre Haus mit seinen drei großzügigen Terrassen. Von innen allerdings sucht es Seinesgleichen. Das außergewöhnliche Ambiente ist bestimmt von der Harmonie des Lichtes, den warmen Fraben und natürlichen Materialien. Eine ganz andere Welt tut sich auf, in der es Loslassen, Abschalten, Wohlfühlen und die Zeit vergessen heißt.
Es sind die kulinarischen Highlights des mit Sternen und Kochmützen hoch dekorierten Markus Bischoff, die sinnliche Gaumenfreuden

Bischoff am See

Petra und Markus Bischoff

Schwaighofstraße 53
83684 Tegernsee

Telefon 0 80 22 / 39 66
Telefax 0 80 22 / 17 20

Ruhetag: Montag und Dienstag

versprechen; zu genießen im elegant-modernen Restaurant mit Wintergarten und offenem Kamin oder in der gemütlichen Stube, im Sommer auch auf der Veranda oder der Gartenterrasse. Die immer wieder stattfindenden Degustationsmenüs „Essen und Weine in Harmonie", perfekt begleitet vom Bischoff-am-See-Team und moderiert von Winzern und Weinmachern, sind Köstlichkeiten für sich. Im Weinkeller schlummern übrigens weit mehr als 950 verschiedene Weine, passend empfohlen zum Menü oder Essen á la carte. 25 bis 120 Personen können an exponierter Stelle feiern – Bischoffs Catering macht auch einen Tegernseer Schiffs-Ausflug zu einem unvergesslichen Erlebnis. Die einladende Bar im Hause bietet neben kleinen feinen Snacks klassische und exotische Drinks, internationale Zigarren und – einen atemberaubenden Seeblick.
Diesen Ausblick haben auch die komfortablen Zimmer und Suiten im angeschlossenen Hotel, individuell ausgestattet mit Whirlpool oder Sauna. Wahrlich eine Oase der Entspannung und Ruhe. Ein eigener Badesteg mit Liegen und Hotelservice lädt zum sommerlichen Sonnen und Schwimmen ein.
Ob interessierter Anfänger oder passionierter Hobbykoch, die Kochkurse mit Markus Bischoff sind für jeden etwas ganz Besonderes. Lehrreich und amüsant kann der Teilnehmer sein eigenes Können unter persönlicher Leitung des Küchenchefs verfeinern und perfektionieren – für Special Events unter Freunden sogar individuell für sechs bis acht Personen. Der Neugierde sind keine Grenzen gesetzt.
Markus Bischoff ist aber nicht nur ein begnadeter Koch, seine Leidenschaft zum Feuerwerken eröffnet ihm noch ganz andere Perspektiven: Als ausgebildeter Pyrotechniker kann er je nach Geschmack, Anlass und Geldbeutel eigens komponierte Feuerwerke gestalten. Und wenn an gewissen Tagen die Nacht hereinbricht, staunen Gäste und Besucher über das Spektakel am Himmel, das sich synchron mit Musik wahrlich märchenhaft entfaltet.

(bk)

Variationen vom Milchlamm

Zutaten
ca. 400 g Lammkeule
1 Lammrückenstrang von 20 cm Länge
4 schöne Lammkotelett
4 EL Lammfarce
Schweinenetz, 40 x 15 cm groß
Strudelteigplatte, 30 x 30 cm groß

Für das Ratatouille
3 Paprika rot/gelb/orange
1 kleine Zucchini
1/2 Aubergine
1 Schalotte
100 ml Tomatensauce
Zitronenthymian
Olivenöl

Für das Olivenpüree
120 g entsteinte schwarze Oliven
1 EL Honig
1 Schalotte
2 EL Lammjus
Rosmarin
Olivenöl

Für das Kartoffelcarpaccio
4 mittelgroße, festkochende Kartoffeln
geklärte Butter
frittierter Ruccola
Salz, Pfeffer

Zubereitung
Lammfleisch von Sehnen und Häuten befreien. Die Lammkeule würzen und rundherum in Olivenöl anbraten. Im Ofen rosarot weitergaren. Herausnehmen und an einem warmem Ort ruhen lassen.
2 EL Lammfarce auf dem Strudelteig verstreichen und den Lammrückenstrang darin einpacken. Im Ofen bei ca. 190 °C goldbraun backen. Die Koteletts mit der restlichen Farce einstreichen, im Schweinenetz einpacken und in der Pfanne auf beiden Seiten anbraten. Ebenfalls im Ofen rosa fertig garen.
Die Gemüse in kleine Würfel schneiden, in Olivenöl goldgelb anrösten, mit Salz, Pfeffer und Thymian würzen und mit der Tomatensauce leicht einkochen lassen. Fein geschnittene Schalotten anschwitzen, gehackte Oliven dazu geben, mit Honig und Lammjus ablöschen und einkochen lassen. Mit Salz, Pfeffer und Rosmarin abschmecken und pürieren.
Kartoffeln schälen und in feine Scheiben schneiden. Im kleinen Kranz legen und in der Pfanne in geklärter Butter goldbraun ausbraten. Mit frittiertem Ruccola belegen. Die 3 Gemüse mit dem Fleisch wie abgebildet anrichten. Mit Lammjus beträufeln.

Kirschner Stuben

Kirschner Stuben
Inhaber: Franz-Josef Maier

Seestraße 23a
83700 Rottach-Egern

Telefon 0 80 22 / 27 39 39
Telefax 0 80 22 / 66 26 62

Ruhetag: Mittwoch, Montag- und Dienstagnachmittag

Auf einer kleinen Anhöhe über der Seepromenade in Rottach-Egern, mit phantastischem Blick auf den Tegernsee, liegt, angegliedert an das Hotel Maier zum Kirschner am See, das Restaurant Kirschner Stuben. Der ehemalige Lehenshof des Klosters Tegernsee befindet sich bereits seit fünf Generationen im Besitz der Familie Maier. Edle antike Hölzer und Vertäfelungen, eine Wandverkleidung aus einem Südtiroler Schlösschen, geschickt arrangiert und kombiniert mit den eigenen bayerischen Kostbarkeiten, das ist der stilvolle Rahmen, in dem das junge Gastronomen-Ehepaar vom Tegernsee, Daniela und Franz-Josef Maier, seine Gäste mit bayerischer Eleganz bewirtet. Unzählige Kerzen verschaffen dem Gourmetrestaurant eine einzigartige, sehr gemütliche Atmosphäre.
Die offene Schau-Küche verbirgt keine Geheimnisse. Ein aromatisierender Duft von Gewürzen und ein feiner Hauch von Knoblauch durchzieht die Gaststube und lässt erahnen, was gleich auf den Tisch kommen wird. Franz-Josef Maier ist nach seinen Wanderjahren, unter anderem einem längeren Aufenthalt im italienischen Siena, ein absoluter Perfektionist am Herd. Seine Kochkunst reicht von der feinsten bayerisch-mediterranen Spezialität bis zu duftig asiati-

schen Köstlichkeiten. Eine italienische Edelfischsuppe mit frischen Vongole, Safran und Pilzen, danach ein halbes Stubenküken in Rosmarin, gebraten auf Blattsalaten mit Trüffelvinaigrette oder Sülzerl von der gepökelten Rinderzunge mit Meerettichmousse. Als Zwischengericht eignet sich Steinbutt und Hummer auf marinierten Zuckerschoten mit Wasabimousse. Ein Fischgericht aus der Tagesempfehlung kann als Hauptgericht gereicht werden. Vielleicht ein Tegernseer Saiblingsfilet im Steinpilzschaum pochiert mit Sesamkartoffeln, oder etwas ganz anderes: Filet vom Almochsen mit Gänsestopfleber, Balsamico-Schmorgemüse auf Kartoffelrösti als Hauptgericht. Und jetzt noch ein Dessert, wie etwa eine Egerner Brioche auf Apfelkompott mit Pralineneis. Und dann die Käseauswahl mit Rosmarinhonig und Feigensenf! Der Patron achtet bei der Wahl seiner Produkte neben der Frische stets darauf, daß sie aus der Region kommen, z.B. fangfrische Fische der Tegernsee-Fischerei oder Fleisch vom Biohof Gut Wallenburg. Die kreativen Speisen werden auf edlem, ausgefallenem Porzellan arrangiert, begleitet von besten Weinen, neben Angeboten aus Deutschland, Österreich, Italien, Frankreich

auch eine große Auswahl aus Übersee. Dies alles – im Sommer auch auf der schönen Terrasse mit den liebevoll gedeckten Tischen, umgeben vom Blumenmeer des gepflegten Gartens – serviert von einem besonders aufmerksamen und liebenswürdigen Serviceteam. *(bk)*

Italienische Edelfischsuppe

Zutaten

500 g Fischkarkassen
1 Fenchelknolle
1 Zwiebel
2 Knoblauchzehen
100 g Staudensellerie
1 Karotte
6 Schalotten
600 g reife Eiertomaten
80 g Egerlinge
300 ml Weißwein
4 cl Pernod
4 cl trockener Vermouth
Chilischote
Zucchini
Broccoli

Gemüsejulienne

1 Karotte
1/2 Stange Lauch
1/2 Sellerie
600 g Fischfilets (Lachs, Lotte, Zander, Shrimps, Tintenfischtuben)
100 g Vongole

Zubereitung

Fischkarkassen und helles Wurzelgemüse auf Walnussgröße bringen. Im flachen Topf in Olivenöl anschwitzen, mit Pernod und trockenem Vermouth ablöschen, mit Weißwein und Wasser auffüllen. Frische Tomatenviertel, Lorbeerblatt, Wacholder und Senfkörner zugeben. Den Fond ca. 30 Minuten köcheln lassen, durch ein feines Sieb passieren. Zur Fertigstellung der Suppe die in Scheiben geschnittenen Egerlinge in Olivenöl ansautieren und mit dem Tomaten-Fischfond ablöschen. Safran, Chilischote, Schalotten und Gemüsejulienne hinzugeben, aufkochen lassen. Zucchini und Broccoli blanchieren und die ca. 1 cm großen Fischfiletwürfel im Fond bei mäßiger Temperatur ca. 1 Minute pochieren. Mit Salz, Knoblauch und frischem Basilikum abschmecken.

MAIWERTS FÄHRHÜTTE

Es war einmal eine alte Fährhütte, die im vergangenen Sommer frisch renoviert und mit der Hausnummer 0 versehen ganz neu als Gourmet-Restaurant Maiwerts Fährhütte eröffnet worden ist. Sie liegt ganz versteckt am kleinen Ringsee, der südlichen Spitze des Tegernsees.

Inhaber und Küchenchef ist Dieter Maiwert, der mit seiner modernisierten und mediterran inspirierten klassisch französischen Küche längst zur Sternegastronomie zählt. Der Restaurantführer „Gault Millau“ ehrte ihn 2006 mit zwei Kochmützen, sprich 15 von 20 Punkten. Durch seinen viel reisenden Vater, einen versierten Restaurantkenner, reifte in Dieter Maiwert schon in jungen Jahren der Wunsch, sich als Spitzenkoch zu verwirklichen. Und dies ist ihm unstreitig gelungen. Seine beruflichen Stationen sind in Kennerkreisen allesamt als beste Adressen bekannt. Über zehn Jahre führte er zuletzt den Patrizierhof in Wolf-

Maiwerts Fährhütte
Inhaber: Dieter Maiwert

Ringseebad 0
83700 Rottach-Egern

Telefon 0 80 22 / 18 82 20
Telefax 0 80 22 / 18 82 23

Ruhetag: Montag
(im Winter auch Dienstag)

ratshausen – dort erkochte er sich einen Michelin-Stern – und ist nun nach kurzem Intermezzo im Hotel am Sonnenbichl in Bad Wiessee Patron in seiner Maiwerts Fährhütte. Der „Maître Rôtisseur" und seine Frau Kathrin, ein eingespieltes Team, werden von einer neunköpfigen Mannschaft kräftig unterstützt.
Das neue Restaurant direkt am Ufer hat ein etwas anderes Konzept: Mittags bietet es regionale Spezialitäten, nachmittags hausgemachte Kuchen und ab 18.30 Uhr am Abend verwandelt es sich in das außergewöhnliche Gourmet-Restaurant. Ein Beispiel aus einem der Menüs lässt höchste Gaumenfreude erahnen: Carpaccio vom Seeteufel, Steinbutt auf Steinpilzrisotto, Lammcarré im Thymianjus mit Ratatouille und Auberginentortellini und als krönendes Dessert Himbeertarte mit Sauerrahmeis. Dazu passt das feine Ambiente des gepflegten Gastraumes mit 38 Sitzplätzen.
Aber nicht nur am Abend lässt sich die zauberhafte Umgebung um den See genießen – ein kleiner eigener Badestrand mit Liegewiese und der Biergarten, der bei schönem Wetter täglich von Mai bis Oktober geöffnet ist, laden zum Relaxen in einer autofreien Zone ein. 200 Meter beträgt der kleine Fußmarsch vom Parkplatz zum Haus, der aber mit Sicherheit kulinarisch hoch belohnt wird. Bei Bedarf übrigens ist auch ein Shuttle-Service eingerichtet. *(bk)*

Hummer-Terrine

Zutaten
Muskatgelée
100 ml Muskatwein,
1 1/2 Blatt Gelatine

Hummermousse
Hummerstücke (Hummerscheren u. a.), 120 g Bisque (Hummersauce) siehe probate Rezepte, 4 Blatt Gelatine, 200 g geschlagene Sahne, Salz, Cayenne, Cognac

Terrine
400 g Hummermousse, 100 ml Muskatgelee, 2 Hummer (je 500 g), 2 grüne Zucchini, 2 reife Mangos, 1 Kohlrabi, 6 Scheiben dünn geschnittener Parmaschinken

Zubereitung
Muskatwein leicht erwärmen und die eingeweichte Gelatine darin auflösen. Die Bisque mit den Hummerstücken und der Gelatine im Wasserbad erwärmen, bis sich diese vollständig aufgelöst hat. Die Masse mixen und auf Eis kalt rühren. Anschließend die steif geschlagene Sahne unterheben und abschmecken. Den Hummer 4 Minuten kochen, im Eiswasser auskühlen lassen und ausbrechen. Geschälte Zucchini und Kohlrabi bissfest kochen, abschrecken und abtrocknen. Die Innenfläche der Terrinenform mit Alufolie auskleiden, herausnehmen und auf einem Küchenbrett ausbreiten. Die gesamte Fläche mit Parmaschinken auslegen. Zucchini, Kohlrabi und Mango mit Muskatgelée bepinseln und abwechselnd auf den Parmaschinken schichten. Die Mangoschicht mit Hummermousse dünn verstreichen und die Hummerschwänze in der Mitte platzieren. Die Folie mit der Terrinenmasse zurück in die Form setzen und mit der restlichen Hummermousse füllen. Ca. 4 Stunden kalt stellen.

GASTHAUS ZUM HIRSCHBERG

Gasthaus zum Hirschberg
Inhaber: Axel Winkelmann

Nördliche Hauptstraße 89
83708 Kreuth-Scharling

Telefon 0 80 29 / 315
Telefax 0 80 29 / 99 78 02

„Um mich ist Heimat", dieses Zitat stammt von Ludwig Thoma, dem großen bayerischen Schriftsteller, der seine letzten Jahre in Rottach-Egern am Tegernsee verbracht hat. Heimisch geworden sind hier auch Johanna und Axel Winkelmann, die in dem kleinen Örtchen Scharling bei Kreuth seit März 2000 ihr Gasthaus zum Hirschberg zu einer der ersten Adressen im Tegernseer Tal gemacht haben. Rustikal und schlicht mutet es an, das Gasthaus, das schon seit 1882 breit und beschaulich an einer Nebenstraße von Scharling steht. In den hellen, einfachen Gasträumen freilich sind die Tische dezent gedeckt und dort wird dann auch kompetent serviert, was der Hausherr täglich aufs Neue an Delikatem (ein Klassiker: das Hirschbergschnitzel!) zubereitet: Wild aus den umliegenden Jagdrevieren, Fische – Forelle wie Saibling – lebend-frisch aus dem eigenen Becken und alle anderen Zutaten, den Jahreszeiten entsprechend, sorgfältig in der umliegenden Region ausgewählt. Auf der Speisekarte geht das täglich wechselnde Angebot bodenständiger und mediterraner Kochkreativität mit Gourmet-Menüs genauso einher wie eine zünftige bayerische Brotzeit. Ob Rahmschwammerl mit kleinem Semmelknödel, Stubenküken mit Estragonsauce oder Meerbarbenfilet auf Gemüse, es ist für jeden Gaumen etwas dabei – die köstlichen Desserts ohnegleichen. Gehobene Küche für diejenigen, die etwas davon verstehen, ohne abgehoben zu sein, das ist die Philosophie von Axel Winkelmann, der auch mit seiner reichhaltigen Weinkarte, gut sortiert mit Weinen aus allen bekannten Lagen, bei dieser Philosophie bleibt.

Das „Baumgartner-Stüberl" im Gasthof zum Hirschberg, benannt nach dem bekannten einheimischen Kunstmaler, ist der „Austrag" für kleine Feiern bis zu 25 Personen, das Hauptrestaurant kann 40 Gäste aufnehmen, manches Mal gar noch mit Platz für Musik und Tanz. Vor dem Haus dazu, als kostenloses Geschenk der Natur, eine traumhafte Südterrasse. Kann es jemandem noch irgendwo besser gehen als an einem der vielen sonnigen Plätzchen an der Hauswand? Chefin Johanna Winkelmann schaut charmant und mit unaufdringlicher Aufmerksamkeit darauf, dass diese schönen Augenblicke durch nichts und niemanden gestört werden. *(bk)*

Rehkeule im Salzteig gebacken mit Tannenzweigen und Hagebutte

Zutaten

600 g ausgelöste parierte Rehkeule
250 g fetter, (grüner) Speck

Marinade

1 l Buttermilch
1 Zwiebel
1 kleine Lauchstange
1 Karotte
1/4 Sellerie
1 Lorbeerblatt
2 Nelken
6 Wacholderbeeren
1 Knoblauchzehe
Thymian, Rosmarin
1 Tannenzweig
3 cl Gin

Salzteig

500 g Salz
500 g Mehl
2 Eier
0,25 l Wasser
0,1 l Milch
2 Eigelb

Hagebuttenmark

1 kg Hagebutten
2 l Wasser
600 g Zucker
Saft von zwei Zitronen
1 Zimtstange
5 Nelken

Zubereitung

Die Marinadenzutaten miteinander vermischen, die Rehkeule darin einlegen und ca. 2 Tage ziehen lassen. Für den Salzteig die Zutaten (ohne Milch und Eigelb) zu einem festen Teig verarbeiten. Um den Teig zu bestreichen, Milch und Eigelb miteinander verrühren.

Die Rehkeule aus der Marinade nehmen und mit einem Küchentuch abtrocknen. In einer Pfanne von allen Seiten mit Öl rasch anbraten, herausnehmen und kurz ruhen lassen. Den Salzteig ca. 1,5 cm stark ausrollen. Die angebratene Rehkeule mit dem dünn geschnittenen Speck umlegen, im ausgerollten Salzteig einschlagen, auf ein gefettetes Backblech legen und bestreichen. Im vorgeheizten Ofen bei 200 °C ca. 30 Minuten backen.

Für das Hagebuttenkompott (kann auch fertig gekauft werden) die geputzten Hagebutten halbieren und zusammen mit den Zutaten einen Tag stehen lassen. Anschließend ca. 30 Minuten kochen, bis sie weich sind. Leicht mixen, ohne die Kerne zu verletzen und durch ein Sieb streichen. Nun die Hagebuttensauce zur gewünschten Konsistenz einkochen.

Die Rehkeule in Scheiben schneiden, mit Bratensaft begießen. Als Beilagen: Rosenkohl und handgeschabte Walnussspätzle.

Almgasthaus Café Aibl

Almgasthaus Café Aibl
Inhaber: Anita und Georg Ertl jr.

Berghaus 49
83708 Kreuth-Scharling

Telefon 0 80 29 / 437
Telefax 0 80 29 / 12 42

Ruhetag: Mittwoch und Donnerstag

Ein schöner Platz in der Mittagssonne, mit einem „Haferl" Kaffee und einem Stück selbst gebackenen Kuchen, hoch oben auf der Alm, was kann es Schöneres geben? Nicht so viel, denkt sich der Besucher des Almgasthauses Cafe Aibl, auf 900 Meter ü. d. M. am Fuße des Hirschbergs, wenn er verträumt über das Kreuther Tal blickt.

Zum Süden hin die Blauberge, im Osten der Wallberg, das ist die grandiose Aussicht, die die ehemalige Almhütte mit kleinem Fischweiher und eigener Wasserquelle zusätzlich zu ihrer ausgesprochen guten Küche bietet. Die Almen im Tegernseer Tal lassen sich bis um das Jahr 1200 urkundlich nachweisen. Das Aibl führte früher den Namen Schmied Aibl, gehörte also zum Schmiedhof in der unterhalb gelegenen Ortschaft Point. Mehrfach hat sie im Laufe der Zeit ihren Besitzer gewechselt, zuletzt 1963, als die Familie Buchberger die Alm übernahm und sie bis heute aktiv für das Jungvieh bewirtschaftet. 1965 kaufte der Großvater Toni Buchberger das Anwesen, 1971 erneuerte der Vater des heutigen Almwirts, Georg Ertl, die Almhütte und begann als gelernter Bäcker und Kon-

ditor ein Café und eine Brotzeitstube samt Biergarten zu betreiben. Seit 2001 leitet jetzt Schorsch Ertl jr. mit seiner Frau Anita den Familienbetrieb. Das Kochen hat der gestandene Bayer im Terrassenhof in Bad Wiessee erlernt, perfektioniert mit den Jahren im Innsbrucker Restaurant „Wilder Mann" und in der „Post" in Straßburg. Deshalb kommt der Einfluss der Tiroler Schmankerl bei den bayerischen Gerichten seiner Speisekarte nicht von ungefähr: Schlutzkrapfen, Kalbskopf, Ochsenschwanz geschmort sind genauso im Angebot wie Wild aus den umliegenden Wäldern und Fisch aus einheimischen Gewässern. Krönender Abschluss – neben einem Schnäpschen aus der eigenen „Hausbrennerei Aibl Schorsch" – sind die Nachspeisen, zuvorderst der längst weit über das Tegernseer Tal hinaus bekannte karamellisierte Kaiserschmarrn. Im Keller des Gasthauses liegt recht unvermutet eine Auswahl erstklassiger leichter Tischweine aus den besten Anbaugebieten Deutschlands, Österreichs, Italiens, Südafrikas und Frankreichs, zudem Spitzenweine von ausgesuchten Weingütern. Da ist es leicht, den passenden Tropfen zu finden.
Zum Almgasthaus Café Aibl kommt der Freund gemütlicher Einkehr in einem 25-minütigen Fußweg vom Hirschbergparkplatz aus oder – Sommer wie Winter – mit dem Auto. Als Service gibt es noch einen „Schlechtwetter-Shuttle": Die Gäste werden je nach Witterungsverhältnissen gerne abgeholt und auch wieder zurückgebracht. *(bk)*

Karamellisierter Kaiserschmarrn

Zutaten

100 g Mehl
3 Eier
1/8 l Milch
50 g Zucker
etwas abgeriebene Zitronenschale
20 g Rosinen
60 g Zucker
80 g Butter

Zubereitung

Für den Teig das Mehl, die Eier, Milch, Zucker und Zitronenschale verrühren, mit den Rosinen ergänzen, in die Pfanne geben und auf jeder Seite ca. 5–7 Minuten backen.
Zucker und Butter in heißer Pfanne zu hellbrauner Karamell rühren. Den in Rauten geschnittenen Schmarrn in die heiße Karamell geben und darin schwenken. Auf Teller anrichten und mit Puderzucker bestäuben.

WEINBAUERS SCHOPPENSTUBEN

Weinbauers Schoppenstuben

Familie Eberhard Waitz-Hefert
Im Hotel Bellevue

Hirschbergstraße 22
83707 Bad Wiessee

Telefon 0 80 22 / 6 64 90
Telefax 0 80 22 / 66 49 49

Betriebsferien: November und Dezember

„In vino veritas" – „Im Wein liegt Wahrheit" schrieb vor 30 Jahren der damalige Bundeslandwirtschaftsminister Josef Ertl ins Gästebuch, als er die neue Restauration Weinbauer in den Kellergewölben des Hotels Bellevue in Bad Wiessee eröffnete. Und seine Prognose, dass diese – jetzt mittlerweile älteste – Weinstube am Tegernsee nicht lange ein Geheimtipp bleiben würde, hat sich bewahrheitet.
Das Motto von damals gilt auch noch heute: Essen – Trinken – Genießen. Der rustikal-gemütliche Treffpunkt im Herzen des Kurviertels von Bad Wiessee, liebevoll dekoriert und mit einer ansprechenden Bar ausgestattet, bietet eine bemerkenswert große Auswahl an Qualitätsweinen. Sie werden stilgetreu in Viertel-Liter-Schoppen ausgeschenkt. Die exquisiten Weine aus vielen Anbaugebieten der Welt locken Weinfreunde und prominente Gäste aus Wirtschaft, Film, Theater und Sport: Geselligkeit ist angesagt. An den schweren Holztischen lässt sich auch gleich die zum Haus passende Winzerküche genießen. Neben deftigen Gerichten gibt's auch Ideenreiches und Feines zum Wein.
Beliebt ist der Weinbauer aber auch, weil sich die Gastgeber Ute und Eberhard Waitz-Hefert und ihre Mitarbeiter immer etwas Neues einfallen lassen: In der Sommerzeit wird die historische „Gulaschkanone" ein-

mal wöchentlich mit einer wechselnden herzhaften Suppe gefüllt. Sie ist in Bad Wiessee zur Mittagszeit die Attraktion für den eiligen Gast. Mit den 50 Plätzen des „Weingartens" draußen – dort lässt sich nicht nur Suppe und ein Schoppen Wein probieren – verdoppelt sich das Platzangebot mit der Stube insgesamt.
Das seit Generationen familiengeführte Hotel Bellevue, in dem die Schoppenstube Weinbauer beheimatet ist, lädt zudem zum Wohlfühlen und Wiederkommen ein. Neben behaglichen Zimmern, stilvoll eingerichtetem Frühstücks- und Aufenthaltsraum mit dazugehöriger Hausbibliothek, Liegewiese und Sauna haben Bellevue-Gäste einen überaus geschätzten Heimvorteil: Sie fahren mit dem Lift in die Weinstube – und äußerst führerscheinfreundlich wieder zurück. *(bk)*

Weinbauers geschnetzeltes Schweinefilet

Zutaten

1 kg Schweinefilet
150 g Egerlinge
150 g Champignons
1 große Zwiebel
2 große Tomaten
1 gelbe Paprikaschote
1 kleine Stange Lauch
1 mittelgroße Knoblauchzehe
100–150 g saure Sahne
0,1 l Weißwein
1 Stamperl Weinbrand
2 EL Olivenöl
Salz, Rosenpaprika, Petersilie, Thymian, Salbei

Zubereitung

Schweinefilet in fingerdicke Streifen schneiden, mit Salz und Rosenpaprika würzen und in heißem Olivenöl scharf anbraten. Die angebratenen Filetstreifen in einer separaten Schüssel warm stellen. Den Rest des Olivenöls in der Pfanne erhitzen und jeweils im Minutentakt in dieser Reihenfolge anbraten (das angegebene Gemüse in Größe der Fleischstücke schneiden): die klein gewürfelte Zwiebel, Paprika, Lauch, Egerlinge, Champignons, geschälte Tomaten. Kurz durchrühren und mit Weinbrand ablöschen. Filetstücke hinzufügen und mit Weißwein auffüllen. Einmal aufkochen lassen, vom Herd nehmen und saure Sahne unterrühren. Zum Anrichten vier Brottassen verwenden, am Besten fertig beim Bäcker kaufen oder aus Brotteig bzw. Backmischung selbst backen. Alternative: Vier mittelgroße Pell- oder Folienkartoffeln mit dem Geschnetztelten füllen.

HOTEL ASKANIA

Hotel Askania
Familie Bernhard Kaiser

Adrian-Stoop-Straße 30
83707 Bad Wiessee

Telefon 0 80 22 / 8 40 66
Telefax 0 80 22 / 80 86

Nur wenige Schritte von der Seepromenade des Tegernsees, der Touristeninformation, dem bekannten Musikpavillon und dem Jodschwefelbad liegt im verkehrsarmen Kurzentrum von Bad Wiessee das traditionsreiche Hotel Askania. 1927 wurde es von Franz Kaiser I. erbaut, der aus Köthen in Sachsen-Anhalt stammte und das Haus nach dem dort beheimateten ältesten deutschen Adelsgeschlecht, den „Askaniern" benannte. Kaiser war ursprünglich Baumeister in Saarbrücken, verheiratete sich dort mit seiner Frau Helene, die damals die Kochrezepte aus ihrer Heimat, u. a. die „Schusterpfanne" mit an den Tegernsee gebracht hat. Heute hat sich die Askania-Küche auf gesundheitsbewusste Kurgäste eingestimmt: Diätvollverpflegung von höchster Qualität wird auf Vorbestellung serviert. Dennoch sind spontane „Spanferkel-Essen" und som-

merliche Grillabende im wunderschön angelegten Garten keine Seltenheit.
Das Hotel wurde dann von den Söhnen Franz II. und Franz III. übernommen und weiter geführt. Bis heute, jetzt in der vierten Generation im Besitz der Familie Bernhard Kaiser, steht es für freundlichen Service und ausgesprochen familiäre Atmosphäre. Geschmackvoll im Stil und dem Flair der „guten alten Zeit" eingerichtet, spürt der Gast den Hauch längst vergangener Tage. Einen erlebnisreichen Tag in Bad Wiessee bei einem guten Tröpfchen in der gemütlichen Lobby ausklingen zu lassen, dafür könnte es keinen besseren Ort geben. Die Gästezimmer des Hotels bieten wohnliche Behaglichkeit mit jeglichem Komfort für einen erholsamen Aufenthalt – inbegriffen eine wundervolle Aussicht von jedem Balkon aus auf den Tegernsee oder das umliegende Bergpanorama. Die Handschrift dieses echten Familienbetriebs ist unübersehbar. Bernhard und Bernadette Kaiser mit den Söhnen Franz V., Mathias und Tochter Andrea sind allgegenwärtig und gehen flexibel und unkompliziert auf alle Wünsche der Gäste ein.
Die Vital-Alm mit dem neuen „Königsbad" bietet Wellness pur an – Natur mit wohltuenden Heubädern, Sauna, Solarium, römi-

schem Dampfbad und verschiedenen Fitnessgeräten unter fachkundiger und aufmerksamer Betreuung. Der Duft von frischem Heu und die beruhigende Umgebung laden zum „Seele-Baumeln-Lassen" ein.
Die Leidenschaft von Chef Bernhard Kaiser ist allerdings eine andere: der Whisky. Der Vater hatte ihm anlässlich einer Irland-Reise verboten, Bier zu trinken. Auf diese Weise begann er, sich für diese edle Spirituose zu interessieren und entdeckte seine Liebe dazu.

In der anheimelnden Lobby-Bar hat er über 50 verschiedene Whiskys gelagert. Das Sortiment besteht aus schottischen, irischen, amerikanischen und auch Exoten wie indischen Whiskys, die gläserweise verkostet werden können. Er besitzt Jahrgangsflaschen, Whisky mit mehr als 40 Prozent Alkohol, für Kenner „cask-strenght." Stammgästen wird gar verraten, wo der Schlüssel zum Schrank der flüssigen Kostbarkeiten steckt. *(bk)*

Schusterpfanne

Zutaten
1 kg flache Schweineschulter
8–10 geschälte Kartoffeln
4 harte Birnen
3 Stengel Beifuß
1 Zehe Knoblauch
1–2 Zwiebeln
Karotten und Lauch grob geschnitten
Salz, Pfeffer
Brühe
Bratfett

Zubereitung
Sämtliche Zutaten am Arbeitsplatz zurecht legen. Die Schweineschulter waschen, trocken tupfen und mit der vorbereiteten Würzmischung sorgfältig von allen Seiten einreiben.
In einem Bräter ausreichend Fett erhitzen und das Fleisch mit dem vorbereiteten Gemüse scharf anbraten. Danach mit etwas Brühe (etwa 1/3) aufgießen und den offenen Bräter in das auf 200 °C vorgeheizte Bratrohr geben. Nach etwa 1 Stunde die ganzen Kartoffeln dazu geben und die Hitze auf 160 °C reduzieren. Nach weiteren 30 Minuten die Birnen beilegen und den Braten noch 20 Minuten im Rohr belassen. Die Soße nach Wunsch ein wenig binden und die Schusterpfanne mit den ganzen mitgebratenen Beifußstengeln garnieren. Als Digestif natürlich einen Whisky.

DER MARGARETHENHOF

Der Margarethenhof

Golf-Hotel-Restaurant

Küchenchef: Stefan Klein

Gut Steinberg 1–4

83666 Waakirchen-Marienstein

Telefon 0 80 22 / 7 50 60

Telefax 0 80 22 / 7 48 18

Betriebsferien: November bis April

Die Lage ist einfach wirklich einzigartig und deshalb ist der Margarethenhof auch gar nicht so ganz leicht zu finden. Wer aber einmal dieses einmalige Angebot an Erholung, Genuss, Entspannung und Sport erlebt hat, nimmt die verwunschene Anfahrt – allerdings bestens ausgeschildert – gerne in Kauf. Die Belohnung ist ein traumhafter Blick von der kleinen Anhöhe des Gutes über den

Tegernsee bis hin zum Wahrzeichen der Gegend, dem Wallberg, der mit seinen 1722 Metern alle anderen Tegernseer Berge überragt.

Überragend ist auch die Küche des Restaurants „Gut Steinberg“, das auf zwei Etagen entweder zu „feinen Genüssen“ oder zum „herzhaften Schmausen“ einlädt. Clubdirektor Gastronomie Stefan Klein ist mit seiner Crew auf jeder dieser Ebenen zu Hause: eine Mischung aus bodenständiger, feiner regionaler Küche und Klassikern wie Tafelspitz oder dem hoch gelobten Wiener Schnitzel. Gleichzeitig setzt der Küchenchef experimentierfreudig auf eine kreative, leicht futuristische Küche mit viel Liebe zum Detail. Prominenz, dazu Münchner Geschäftswelt, Reisende und einheimische Gäste treffen im großzügigen Restaurant im Tegernseer Stil

natürlich auf die Golfspieler der Anlage – ein beliebter Treffpunkt auch die herrliche Terrasse mit einem Panorama, das unvergessen bleibt.

Das kleine gemütliche Hotel inmitten eines 18-Loch-Championship-Golfplatzes mit seinen 38 individuell und luxuriös eingerichteten Zimmer und Suiten lädt zum entspannten Urlauben ein, seit 2005 auch im neuen Sauna-, Fitness- und Wellnessbereich. Das Clubhaus mit Seminarzentrum verfügt über modernste Technik, erlaubt ungestörtes Arbeiten in absoluter Ruhe und bietet noch dazu Räumlichkeiten für 150 Personen zu festlichen Anlässen und privaten Feiern.

Im Margarethenhof kommen Golfer und Nicht-Golfer mitten in der Natur gleichermaßen auf ihre Kosten. Gerühmt als einer der schönsten Golfanlagen Deutschlands, ist der Platz für jede Spielstärke eine Herausforderung. Die Golfakademie des Clubs erteilt Kurse und Privatunterricht. Für Nicht-Golfer gibt es in der Umgebung in dem nahe gelegenen Tegernseer Tal vielfältige andere Möglichkeiten abwechslungsreicher Freizeitgestaltung. *(bk)*

Gebratene Mittelmeerlotte mit mediterranem Gemüse und kleinen Kartoffeln

Zutaten

800 g Mittelmeerlotte
je 1 Paprika, rot, grün und gelb
8 Scheiben Zucchini
8 Scheiben Auberginen
20 kleine Kartoffeln
12 Kirschtomaten
0,6 l Sahne,
0,6 l Fischfond
0,6 l Wein

Zubereitung

Die Lotte mit Salz und Pfeffer würzen, leicht in Mehl wälzen und in heißem Olivenöl anbraten. Die Paprika halbieren, kurz in kochendes Wasser geben und sofort kalt abschrecken. Dann vorsichtig die Haut abziehen. Die Lotte bei mäßiger Hitze gar ziehen lassen. Paprika, Zucchini und Auberginen in heißem Olivenöl braten, bis sie weich sind. Weißwein, Fischfond und Sahne erhitzen und auf ca. 1/3 einreduzieren lassen. Kurz vor dem Servieren die Kirschtomaten in die Pfanne zu dem Gemüse geben und weich ziehen lassen. Vor dem Servieren die Soße mit einem Mixstab aufschäumen. Zur Dekoration können frische Kräuter und Balsamicosirup verwendet werden.

GUT KALTENBRUNN

Schöne Plätze gibt es viele, „... der schönste Platz am Tegernsee" aber war für die bayerische Königin Karoline, Gemahlin des ersten bayerischen Königs, das Gut Kaltenbrunn bei Gmund. Mit dieser Meinung ist sie bis heute nicht alleine: Am Eingang des

Tegernseer Tals im Norden ein wenig erhöht am Berg gelegen, erlaubt das historisch gewachsene Gebäudeensemble, Abstand vom Alltäglichen zu gewinnen. Der Blick weitet sich über das umliegende Hügelland, den grünen See bis hin zu den vertrauten Hausbergen.

Der große Vierseithof stammt aus dem 15. Jahrhundert und hat eine lange Geschichte. Seinen Namen erhielt Kaltenbrunn von einem alten Bauerngeschlecht, später erwarb das reiche Benediktinerkloster Tegernsee das Gut. 1821 kaufte es König Max Joseph I. zu seinen Kreuther Almen dazu, züchtete dort Rinderrassen wie das „Miesbacher Alpenfleckvieh" und machte es zu einem landwirtschaftlichen Musterbetrieb. Unter den Wittelsbachern wurde auch der Grundstein zu seiner heutigen gastronomischen Bestimmung gelegt: Das Herrschafts-

Gut Kaltenbrunn
Inhaber: Christine und Josef Brenner

Kaltenbrunn 1
83703 Gmund

Telefon 0 80 22 / 79 69
Telefax 0 80 22 / 7 45 36

Ruhetag: Restaurant Montag
Biergarten je nach Witterung geöffnet

haus des Gutes war weithin bekannt als Herberge für Staatsgäste und die Nobilität des bayerischen Königreiches.
Logiert werden kann in den alten Gemäuern heutzutage nicht mehr, gegessen und getrunken dafür umso besser. Seit 2003 steht Gut Kaltenbrunn unter der Regie von Christine und Josef Brenner, die bereits seit 1974 das Freihaus Brenner und neuerdings auch die Gastronomie im Casino der Spielbank im nahe gelegenen Bad Wiessee betreiben. In Kaltenbrunn steht ein reiches Angebot an feinen Schmankerln und traditionellen Gerichten im Vordergrund, dazu wird das unverwechselbar schmackhafte Bier aus dem berühmten Herzoglichen Brauhaus Tegernsee ausgeschenkt.

Ob gutes oder schlechtes Wetter, die Kaltenbrunner Gastgeber mitten im Postkarten-Panorama, sind für alles gerüstet: In der Wittelsbacher Stube, in den Räumlichkeiten der Gaststätte lässt es sich beschaulich tafeln. In den liebevoll dekorierten Gewölben der ehemaligen Stallungen, dem Saal oder der früheren Reithalle erleben größere Gesellschaften perfekte, professionell organisierte Feste.
Nicht nur die einheimischen Gäste schätzen die Kochkunst der beiden Küchenchefs Markus Kremmelwein und Jan Fischer, sondern auch Besucher „von weiter weg", die ihren wohl schönsten Biergarten der Gegend gefunden haben. Lauschige Plätze unter Kastanienbäumen, der See im Sonnenlicht, die Bergkulisse ringsum – ein bayerisches Paradies. *(bk)*

Gmund

Schweinebraten

Zutaten

800–1000 g Schweineschulter
1 Knoblauchzehe
Kümmel, Salz, Pfeffer
1 Karotte
1 mittelgroße Zwiebel
1 EL Tomatenmark
1/4 l dunkles Bier

Zubereitung

Die Schwarte der Schulter mit einem scharfen Messer einritzen und mit Salz, Pfeffer, Kümmel und Knoblauch einreiben.
Das Fleisch zusammen mit dem in Würfel geschnittenen Gemüse, dem Tomatenmark, ein wenig Wasser und dem Bier in einer Bratreine erhitzen und ins Rohr schieben. Bei nicht zu großer Hitze so lange garen, bis der Braten weich ist (ca. 2–3 Stunden je nach Größe der Schulter und der eingestellten Hitze). Dann das Fleisch aus der Pfanne nehmen und den Bratensaft bei großer Temperatur einreduzieren. Vor dem Servieren dem Bratenstück mit mehr Oberhitze noch eine schöne Kruste geben.

Tipp

Das Wichtigste bei einem guten Schweinebraten ist die Auswahl des Fleisches. Die Verwendung einer Schulter vom Bioschwein hat den großen Vorteil, dass sich das Fleisch beim Braten nicht zusammenzieht, sondern aufgeht. Der Braten sollte möglichst langsam und bei geringer Hitze gegart werden, die Krustenbildung erst zum Schluss durch Einritzen der Schwarte, leichtes Salzen und Erhöhung der Temperatur eingeleitet werden. Eine sehr gute Kruste wird dadurch erzielt, indem sie vom Fleisch abgelöst und so lange unter Oberhitze belassen wird, bis sich Blasen bilden. Am besten schmecken zum Schweinebraten Kartoffelknödel oder lauwarmer Kartoffelsalat.

DESTILLERIE LANTENHAMMER

Destillerie Lantenhammer
Inhaber: Florian Stetter

Urtlbachstraße 1a
83727 Schliersee

Telefon 0 80 26 / 92 48 - 0
Telefax 0 80 26 / 92 48 10

Am seinem Heimatort Schliersee ist der „Lantenhammer“ schon immer ein Begriff. Das schmucke Stammhaus der Destillerie Lantenhammer in der Urtlbachstraße am Eingang des oberbayerischen Luftkurortes beherbergt den hellen, holzgetäfelten Laden, der es wahrlich in sich hat: Edelobstbrände und Liqueurspezialitäten der absoluten Spitzenklasse. Unter dem Motto „Trinkt's weniger, aber trinkt's Qualität“, empfiehlt der junge Destillateurmeister und Inhaber Florian Stetter seine „geistigen“ Produkte. „Natur muss man nicht verändern, was sollen wir auch verbessern? Unsere Brände und Liqueure wurden und werden auch in Zukunft natürlich gebrannt und destilliert.“ Dieser leidenschaftliche Einsatz für optimale Güte wird bei jedem Schlückchen deutlich spürbar.
Der Chef kauft Obst und Früchte in einer Qualität, die seine Lieferanten zum Brennen eigentlich viel zu schade finden, und zwar höchstpersönlich in ganz Europa, dort, wo sie am besten gedeihen. Schlehen aus der Hohen Tatra, Vogelbeeren aus Böhmen und Mähren, Waldhimbeeren aus den Karpaten, die Sauerkirschen aus dem sächsischen Meißen, Mirabellen aus Lothringen und Williamsbirne vom Vintschgau und aus Franken. Überhaupt, die Williamsbirne – eine Ausnahme! Neben der „normalen“ Ausführung wird ein kleines Kontingent von Lantenhammers Williamsbrand nicht gefiltert, weil dabei teilweise aromatische Inhaltsstoffe verloren gehen. Deshalb ist diese Besonderheit mit kaum wahrnehmbarer Trübung vollmundiger und im Duft intensiver als Williams der herkömmlichen Art. Drei lange Jahre muss er reifen und das macht ihn ausgesprochen milde.
Zurück zur Destille: Die vollfruchtigen und unversehrten Früchte aus den ausgesuchten Gebieten – Fallobst ist absolut tabu – werden zunächst auf Makellosigkeit geprüft, dann schonend zerkleinert und „gemust“ langsam vergoren. Nach der kontrollierten und bei Lantenhammer extrem langsamen Gärung beginnt die Destillation in der hochmodernen neuen Brennanlage, mit der Florian Stetter die alte Brennerei ausmusterte. Diese wurde von seinem Großvater Josef Lantenhammer 1928 gegründet, der

seinerzeit vorwiegend Enzian und Kräuter brannte. Sein Schwiegersohn, der Vater des heutigen Inhabers, baute das Unternehmen weiter aus, versorgte Liebhaber des flüssigen Obstes und die gastronomische Umgebung mit den guten „Geistern".

Damit aber gab sich der hochmotivierte Florian Stetter nicht zufrieden. Nach seiner Ausbildung zum Brauer (bei der angesehenen Brauerei Hopf in Miesbach) und zum Destillateurmeister übernahm er den Familienbetrieb und entwickelte seine eigene neue Firmenphilosophie, die auf Qualität und Zeit setzt: „Klasse statt Masse" heißt es im Hause Lantenhammer. Die Brennerei hat damit den Sprung in die internationale Spitze der Spirituosenerzeuger gewagt und geschafft. Für das aromareiche Bouquet und die einzigartige Weiche der exquisiten Destillate gilt: „Nimm Dir Zeit zu genießen ... es ist eine Quelle des Glücks." Die edlen Brände vom Schliersee sind bei Prämierungen hoch dekoriert, gehören zum auserkorenen Angebot von guten Fachgeschäften und gereichen bestens bestückten Digestif-Wagen gehobener Restaurants zur Zierde.

Sorgsam in die typischen schlanken, hohen Lantenhammer-Flaschen abgefüllt, von Hand etikettiert, können die hochwertigen Essenzen und noblen Liqueure am besten aber vor Ort im schon eingangs erwähnten Laden und in der Probierstube verkostet und erworben werden. Raritäten und Kostbarkeiten, sinnlicher Gaumenkitzel durch alte Jahrgangs-Destillate – das gesamte Sortiment ist dort ausgestellt, zusammen mit einer Neuheit: Handgefertigte Trüffel, vermählt mit den edlen Lantenhammer-Bränden, sind für Freunde der Confiserie ein himmlischer Hochgenuss.

Die Welt der handwerklich niveauvollen Edelbrand-Manufaktur kann auch auf einer Brennereiführung erkundet werden – vom engagierten Chef und seiner tatkräftigen Frau Andrea selbst durchgeführt – ein Kennenlernen mit allen Erklärungen, Kostproben inklusive (jeweils Freitagnachmittag und Samstagvormittag).

Der Lantenhammer, immer ein wirklich lohnendes Ziel am reizvollen Schliersee. *(bk)*

AN DER BAYERISCHEN DONAU
ZWISCHEN NEUBURG UND INGOLSTADT

Das prächtige Renaissanceschloß in Neuburg an der Donau

An der Bayerischen Donau zwischen Neuburg und Ingolstadt

Historische Altstadt von Ingolstadt

Wer kennt nicht das Autobahndreieck Holledau, wo A9 und A93 auf dem Weg in den Süden aufeinandertreffen? Wenn man jedoch die Autobahn verlässt, um sich auf sanft geschwungenen Landstraßen dem Reiz der Landschaft hinzugeben, sieht man sie bald grün-berankt gen Himmel streben: die bis zu 7 Meter langen Stangen der Hopfenfelder, die zum größten erschlossenen Anbaugebiet der Welt gehören. In der Holledau, nach einer Fluss-Au der Waldregion Hallert auch Hallertau genannt, werden 20 Prozent der gesamten Welthopfenernte produziert. Nach langer Vorbereitung und mehrjähriger Bauzeit wurde das deutsche Hopfenmuseum 2005 in Wolnzach eröffnet.
Vom späten Frühjahr bis zum frühen Sommer verwandelt sich die Lenbach-Stadt Schrobenhausen zum Mekka der Feinschmecker aus Nah und Fern. Hier gedeiht aufs Prächtigste ein anregendes Edelgemüse, das den feinen, sandigen Boden des städtischen Umlandes ebenso liebt wie die würzige Luft der nahen Holledau. Die Rede ist vom Schrobenhausener Spargel mit seinem typischen, nussigen Geschmack, einer heimatlichen Delikatesse, die ihresgleichen sucht.
Zahlreiche Direktvermarkter bieten ihre Produkte auf Märkten oder gleich ab Hof an, eine Spargelkönigin wird gekrönt und der jährliche Spargelmarkt entfaltet Volksfestcharakter.
Ein Ausflugsatlas versorgt den Spargelliebhaber mit Tipps für Wander- und Radtouren, Kochrezepten und mit zahlreichen Bezugsadressen und Gaststätten.
Im europaweit einzigartigen Europäischen Spargelmuseum erfährt der Gast alles über Geschichte, Anbau, Ernte und Verarbeitung.
Schrobenhausen und Neuburg bilden einen historisch gewachsenen, wirtschaftsstarken Ballungsraum. Bereits zur Renaissance- und Barockzeit erlebte Neuburg, vor allem unter seinem bedeutendsten Fürsten Ott-Heinrich, einen regelrechten

Bauboom, einen Aufschwung der Künste und der Wissenschaften. Die höchst eindrucksvolle Silhouette der Oberen Stadt, auf einem Kalksteinriff des Jura erbaut, hat sich bis heute kaum verändert. Unerwartet imposant thront das Neuburger Schloss hoch über der Donau.
Zu den am schnellsten wachsenden Städten in Deutschland gehört Ingolstadt an der Donau. Die prosperierende Wirtschaft wird vor allem geprägt von der zum Premium-Hersteller gereiften Audi AG und zahlreichen Raffinerien internationaler Öl-Konzerne. Mit dem Audi museum mobile, seiner anspruchsvollen Gastronomie und den attraktiven Jazz Lounges bietet das Audi Forum Ingolstadt ein vielfältiges Angebot für seine Kunden und Gäste. Im neuen Outlet Shopping Center Ingolstadt Village wartet ein einzigartiges Einkaufserlebnis mit großen Marken zu kleinen Preisen. Spaß und Entspannung sind im Erlebnis- und Wohlfühlbad Donautherme Wonnemar angesagt.
Innerhalb der Stadtmauern finden sich historische Schätze wie das Neue Schloss mit dem Bayerischen Armeemuseum, die Hohe Schule – Sitz der Ersten Bayerischen Landesuniversität – und die Alte Anatomie mit dem Deutschen Medizinhistorischen Museum. Giebelhäuser, Tore und Festungsbauten gestalten das Bild der Stadt.
Für die Schriftstellerin Mary Shelley diente sie als historische Kulisse ihres Romans „Frankenstein oder Der Moderne Prometheus“. Zur Erinnerung: Hier wird die Geschichte des Arztes Victor Frankenstein erzählt, der an der damals berühmten Universität Ingolstadt einen künstlichen Menschen erschafft.
Nicht zuletzt: Das Reinheitsgebot für Bier, als älteste heute noch gültige lebensmittelrechtliche Vorschrift der Welt, wurde 1516 vom bayerischen Herzog Wilhelm IV. in Ingolstadt erlassen. Nur aus Hopfen und Malz, Wasser und Hefe dürfe fortan Bier gebraut werden, damals auf wenige Heller und Pfennig je Maß festgelegt.
Die Preise konnten nicht gehalten werden, bei der Qualität ist es jedoch erfreulicherweise geblieben, nicht nur in Ingolstadt, sondern in ganz Bayern.

Ländliche Idylle bei Maria Zell

Hopfenstangen in der Holledau

SPARGELHOF SIGLLECHNER

Spargelhof Sigllechner
Inhaber: Hans Sigllechner

Neuburger Straße 4
86558 Hohenwart

Telefon 0 84 43 / 15 31 + 252
Telefax 0 84 43 / 91 66 66

Die Ägypter sollen ihn schon vor 4500 Jahren gekannt haben, die Griechen und Römer schätzten ihn 200 Jahre v. Chr., und Letztere brachten ihn ins alte Germanien. den Spargel. Anfangs hauptsächlich wegen seiner Heilkräfte geschätzt, bekam das lilienverwandte Gewächs im Laufe der Jahrhunderte zunehmende Wertschätzung als kostbares Lebensmittel.
Das Potenzial des Schrobenhausener Landes für den Spargelanbau entdeckte ein aus Groß-Gerau stammender Landvermesser zu Beginn des 20. Jahrhunderts, anfangs wenig beachtet von den Bauern der Umgebung. Dabei sind die Böden der Region für das königliche Gemüse genau richtig, locker, sandig, nicht zu feucht.
Auf dem Spargelhof Sigllechner gibt es das Edelgemüse seit 1954, zu dieser Zeit war der heutige Eigentümer Hans Sigllechner noch ein Volksschüler. Den Anbau der empfindlichen Stangen lernten die Sigllechners durch das Zuschauen bei den anderen Spargelbauern der Umgebung. Die eigene Praxis und die landwirtschaftliche Aus- und Weiterbildung erbrachten detaillierte Fachkenntnis für den Spargelanbau und seine Verarbeitung. Der Erfolg zog erst Augsburger und Münchner Feinschmecker auf den Hof, inzwischen reicht das Einzugsgebiet längst über den gesamten oberbayerischen Raum. Die ursprünglichen zwei Hektar Spargel haben sich verzehnfacht. Während sich in vielen landwirtschaftlichen Bereichen die Maschinen durchgesetzt haben, ist der Spargelanbau vor allem Handarbeit und erfordert eine jahrelange Planung. Der Humusgehalt des Bodens wird über zwei Jahre vorbereitet, immerhin wachsen die zerbrechlichen Stangen beim richtigen Wetter bis zu sieben Zentimeter am Tag. Ist der Spargel gesetzt, kommt ein weiteres Jahr Wartezeit hinzu bis zum ersten Mal gestochen werden kann. Und bereits nach sechs Ernten braucht das Feld eine Ruhezeit oder eine völlig andere Bepflanzung.
Die Spargelstecher und Mitarbeiter/-innen auf dem Hof kommen zumeist aus dem

benachbarten osteuropäischen Ausland und sind schon seit Jahren für die Familie Sigllechner tätig. Dadurch ist gewährleistet, dass alle Arbeitsabläufe vertraut sind und die Saison sofort reibungslos anlaufen kann. Dieser enge Verbund zwischen Spargelhof und Saisonkräften ist ein elementarer Garant für die Qualität der Ware.
Ein wichtiges Qualitätssiegel ist die Zertifizierung nach den QS- und Eurep-GAP-Normen für frisches Obst und Gemüse. Jedes Frühjahr werden Bodenproben gezogen und akribisch die Zusammensetzung geprüft. Erst dann wird das Siegel für den integriert-kontrollierten Anbau erneuert. Ebenfalls glänzen darf der Premium-Spargel des Sigllechner Hofes mit dem Qualitätssiegel des Schrobenhausener Spargelverbandes und dem Herkunftssiegel „Qualität aus Bayern".
Tagesfrisch gestochen kommt der Premium-Spargel dann zum Genießer. Mit acht Transportern werden die frisch gestochenen Stangen speziell gekühlt zu den oberbayerischen Kunden in Weiden, Ingolstadt, Neuburg, Rosenheim, Garmisch-Partenkirchen und München gebracht. Für die Großkantinenkunden und Restaurants erfolgt die Lieferung bereits als geschälter Spargel. Besonders stolz sind die Sigllechners auf ihre Stellung als Hoflieferant der Audi AG, die bei den Lebensmitteln für ihre Werkskantine den gleichen hohen Standard ansetzt wie für ihre Pkw-Herstellung.
An den Verkaufsständen auf den Viktualienmärkten stehen seit Jahren die gleichen bewährten, dem Hof verbundenen Verkäuferinnen und stehen den Interessierten in allen Fragen über das Produkt Rede und Antwort.
Die gesamte Produktpalette der Sigllechners ist auch im Hofladen zu finden, den Spargelliebhaber von nah und fern rege frequentieren. Der weiße Bleichspargel ist in 15 verschiedenen Handelsklassen erhältlich, die dem Eingeweihten Farbe, Krümmung und Durchmesser verraten. Übrigens: Ob dünn oder dick, der typische fein-nussige Geschmack ist der gleiche, nur mehr Arbeit beim Schälen macht der

dünne. Wenn sich violette Töne ins Spargelweiß mischen, so hat er schon in die Sonne hinausgespitzt, bleibt geschmacklich aber identisch. Erst wenn die Farbe ins Grüne wechselt, wandelt sich die zarte Genießerstange zum gemüsig-leckeren Grünspargel, der sich als Beilage zu allerlei Gerichten längst einen eigenen Namen gemacht hat.

Während sich das Qualitätsbewusstsein der Sigllechners alljährlich unverändert an der höchsten Messlatte orientiert, hat sich in anderen Bereichen einiges verändert.
Der jetzige Betriebsleiter Hans Albert Sigllechner, verheiratet mit Johanna, ist als Spargelbauer der zweiten Generation auf dem Hof und bereitet langsam die Übergabe

an die dritte Generation vor: Sohn Andreas und dessen zukünftige Frau Kristina, die Schrobenhausener Spargelkönigin des Jahres 2005, arbeiten beide bereits im Saisonbetrieb auf dem Hof mit.
Ein großer Umzug steht bevor, von der alten Hofstelle in das gegenüber liegende Anwesen der ehemaligen Brauerei von Hohenwart, eingangs der Kapellenstraße. Hier hat der Spargelhof nach den erforderlichen Umbauten genug Raum, technische Erweiterungen durchzuführen und einen opulenten Verkaufsraum für seinen Hofladen einzurichten. Der alte Hof dient dann den Saisonkräften als angenehme Bleibe während der Erntemonate.
Schon seit Jahren setzt Hans Sigllechner auf die Verfrühung der Spargelernte durch den Einsatz der Minitunnel-Technik. Die transparente Tunnelfolie wirkt wie ein kleines Treibhaus, selbst wenn die Sonnenstrahlen zu Jahresbeginn noch wenig Kraft haben. Bis zu 50 Grad warm wird es dennoch unter den Folien, sogar schon im Februar. Als angenehmer Nebeneffekt sind die Spargelspitzen des Folienspargels weitaus zarter als die des Freilandspargels. So kann der Spargel in kontrollierter und noch hochwertigerer Premium-Qualität um einige Wochen früher angeboten werden. Dies erfreut alte und neue Sigllechner-Kunden, allen voran renommierte Werkskantinen und stets auf frische Top-Qualität bedachte Restaurants. *(ne)*

Grünspargel
à la Sigllechner

Zutaten
Grünspargel
Butter oder Traubenkernöl
Schinkenstückchen nach Wahl
Salz
Weißwein und Brühe
1 Becher süße Sahne
Maccheroni (kurz, dünn)

Dazu nach Belieben Schweinefiletscheiben

Zubereitung
Beim rohen Grünspargel nur die untere Hälfte schälen. In etwa 3 cm lange Stücke schneiden, die Köpfe beiseite legen. Die restlichen Stücke in der Pfanne mit Butter oder neutralem Öl wie Traubenkernöl langsam anbraten. Salzen, mit Weißwein und Brühe aufgießen. Die zurückbehaltenen Köpfe dazugeben und ein paar Minuten weich dünsten lassen. Mit einem Becher süßer Sahne aufgießen, die Soße einköcheln lassen, mit kalter Butter binden, abschmecken und über gekochte Nudeln wie kurze dünne Maccheroni geben.
Für den etwas deftigeren Geschmack können bereits zum Anbraten Schinkenstückchen zugegeben werden. Oder, wenn es noch etwas mehr sein darf, passen auch kurz angebratene Schweinefiletscheibchen gut dazu.

Weißer Spargel
à la Sigllechner

Zutaten
Weißer Spargel
Salz, Zucker,
Butter
Crème fraîche mit Kräutern
gekochter Schinken und Kartoffeln
wahlweise Weißbrot

Zubereitung
Spargel großzügig abschälen, erst unterhalb des Kopfes ansetzen.
Um das feine Aroma des Spargels voll auszukosten, wird weißer Spargel nur mit etwas Salz, Zucker und einem Stückchen Butter gekocht. Auf dem Sigllechner Hof wird der Spargel vorzugsweise nur mit zerlassener Butter oder etwas Crème fraîche mit Kräutern genossen.
Als Beilage gibt es gekochten Schinken und Kartoffeln oder auch Weißbrot

ZU MÜLLERS-WINKELHAUSEN

Wer der Spargelversuchung in Schrobenhausen widersteht, findet wenige Minuten nordwestlich in herrlicher Alleinlage das 3-Sterne-Haus Zu Müllers in Winkelhausen. 1911 schon hatten die Müllers dort ein kleines Bierdepot erworben. Eine Speisekarte gab es nicht in jener Zeit, „a boar Handwürst mit Brot“ genügten vollauf. In den sechziger Jahren wurde die Wirtsstube neu gebaut und ein Speiseangebot regionaler Spezialitäten machte das Lokal bekannt.
1995 setzte sich nach arbeitsreichem Leben die zweite Generation der Müllers zur Ruhe und vererbte das Stammhaus an ihren Neffen Thomas Felbermaier. Dieser mitsamt Frau Heidemarie bereicherte erst die Speisekarte mit allerlei Schmankerl und errichtete dann einen neuen Hoteltrakt mit 21 großzügigen Einzel- und Doppelzimmern. Schnell sprach sich herum, dass man nun nach gutem Essen auch nächtigen konnte, und so freuen sich die Felbermeiers heute über einen hohen Prozentsatz an Stammgästen aus Augsburg, Ingolstadt und sogar München.
Die Rollenverteilung im Haus ist eindeutig. Chef in der Küche ist Thomas Felbermaier, der in erstklassigen Häusern wie bei Winkler in Aschau und bei Käfer in München gelernt hat. Nach der Meisterschule heiratete er seine Frau Heidemarie. Diese ist die Meisterin aller Zahlen und steht ihm als gelernte Bankkauffrau und Absolventin des Bayerischen Wirtsbriefes beruflich perfekt zur Seite.
Das Erfolgsgeheimnis von Thomas Felbermaiers Küche sind regionale und saisonale Themenwochen mit Spargel, Fisch und Wild – wie alle Gerichte auf der Karte zu ehrlichen, bezahlbaren Preisen. Besonderheiten wie das monatliche Wok-Buffet haben durchaus Geheimtippcharakter. Durstige Kehlen dürfen die guten Biere der Privatbrauerei Nordbräu und des Schlossguts Kühbach oder eine kleine Auswahl guter Weine genießen. Wer groß feiern möchte, ist ebenfalls an der richtigen Adresse. Der hauseigene Catering-Service bringt vom Personal über Tische bis

Zu Müllers-Winkelhausen
Inhaber: Thomas Felbermaier

Römerstraße 9
86571 Langenmosen

Telefon 0 84 33 / 9 41 80
Telefax 0 84 33 / 94 18 18

zum kleinen Löffel alles mit und versorgt bis zu 500 Gästen kulinarisch bestens. Familienfreundlichkeit wird groß geschrieben bei Zu Müllers-Winkelhausen. Kinder finden drinnen und draußen genug Unterhaltung, die Kinderkarte bietet reichhaltige Auswahl und Knirpse unter 1,30 m dürfen beim Mittagstisch kostenfrei essen. Wenn die Sonne lockt, speist es sich am schönsten im Biergarten, wo auch sonst? Mit großzügigem Platzangebot lädt er zu gemütlichem Genießen ein.

An Ideen und Plänen mangelt es den beiden Felbermaiers kaum. Nur Freizeit, die ist schon manchmal ziemlich knapp, zumal in Schrobenhausen auch noch zwei große Werkskantinen von ihnen betrieben werden. Um so wichtiger ist es dann, sich gelegentlich frischen Wind um die Nase wehen zu lassen, je nach Jahreszeit beim Skifahren oder beim Besuch eines Kollegen. *(ne)*

Spargel in Blätterteig mit Sauce Hollandaise

Zutaten

1 kg Spargel
1 Packung Blätterteig (tiefgefroren)
5 Scheiben Gouda-Käse
125 g Margarine
50 g Butter
5 Scheiben Schinken
20 g Mehl
1/4 l Spargelsud
2 Eigelb
2 EL Sahne
Petersilie, Salz, Cayennepfeffer, Zucker, Zitronensaft oder Weißwein

Zubereitung

Geschälten Spargel in kochendes Salzwasser mit Butter und 1 Prise Zucker geben, ca. 20–25 Minuten sieden lassen.
Spargel halbieren und in Käse und Schinken einrollen, die Spargelröllchen in einen ausgerollten Blätterteig einpacken. Mit Eigelb bestreichen und bei 225 °C ca. 20 Minuten backen.
Mehl mit Spargelsud und Eigelb verrühren. Unter ständigem Rühren mit dem Schneebesen im Wasserbad oder bei kleinem Feuer erhitzen, bis die Masse dick wird. Weiter rühren und die kalte Butter flockenweise darunter schlagen. Die Soße darf nicht kochen, da sie sonst gerinnt. Vom Herd nehmen, Gewürze zugeben und mit Zitronensaft oder Weißwein abschmecken. Die Röllchen auf einer vorgewärmten Platte anrichten und Sauce Hollandaise dazu reichen.

Café Barista
Inhaber: Andreas Lettenmayer

Weinstraße 120
86633 Neuburg / Donau

Telefon 0 84 31 / 53 89 89
Telefax 0 84 31 / 53 89 91

Wenn in Neuburg an der Donau sich die Nasen in den Wind drehen, um sehnsüchtig-verträumt einem besonderen Duft nachzugehen, dann ist gewiss Andreas Lettenmayer am Werk. Mit Gefühl und Hingabe entlockt er in seiner Kaffeerösterei jeder einzelnen Kaffeebohne das Kaleidoskop an Aromen, die vor dem Erhitzen wie ein Schatz in ihr verborgen liegen.

Das Café Barista mitsamt Rösterei ist der Lebenstraum von Inhaber Andreas Lettenmayer. Aufgewachsen im Drogeriehandel des elterlichen Hauses, sind seine Kindheitserinnerung getaucht in herrliche Kaffeedüfte und schokoladige Farben. Obwohl die Eltern einen Umbau zur Parfümerie beschlossen, ein Konzept, in dem die Rösterei nicht mehr vorgesehen war, blieben die

kaffeedufterfüllten Jahre unvergessen. Und nach 16 Jahren der Mitarbeit in der benachbarten Parfümerie seiner Eltern bahnten sich die alten Bilder mit Macht den Weg zurück ins Leben.
Da machte sich Andreas Lettenmayer im Jahre 2001 selbständig – mit seiner eigenen Kaffeerösterei. Die Kaffeeschütten, Waagen, Mühlen und Originalröster stammen allesamt noch aus 1950, aus der Drogerie seiner Kinderzeit, liebevoll eingelagert und bewahrt. Ein Glücksfall auch, dass Vater Ernst-Sebastian sich als wahrer Fundus erwies für das seit Jahrhunderten nur mündlich überlieferte Handwerk der Kaffeeröster. Mischungsverhältnisse, Rösttemperaturen, Röstdauer, das alles war bestens erprobt und abrufbar bereit.
Die Besonderheit an allen Barista-Kaffees ist der niedrige Säuregrad und die Komplexität der Aromen, das Ergebnis von traditioneller Handarbeit. Andreas Lettenmayer steht selbst drei Mal die Woche in der Rösterei und bereitet in kleinen Chargen und speziellen Mischungen den Kaffee auf. Die Langzeitröstung bei niedrigen Temperaturen baut die in der Bohne enthaltenen Säuren ab und setzt den Reichtum der über 800 verschiedenen ätherischen Öle frei. Die so genannte Trommelröstung sorgt auch für hohe Verträglichkeit. So wurde schon mancher Teetrinker bekehrt.
Wer Kaffee röstet, der will ihn auch Ausschenken. Deshalb war von Anfang an klar, dass eine kleine Bar im italienischen Stil dazugehören muss, mit allem, was das Kaffeetrinkerherz begehrt. Der Name ist Programm. Der Barista ist in Italien der Mann hinter der Espressomaschine. Espressi, Cappuccini, Latte Macchiatos rinnen samtig in die Tassen. Dazu gibt es zum Mitnehmen oder gleich vor Ort die Brände und Spirituosen aus dem Hause Laux und Edelschokolade von Leysieffer und Wagner.
Aus dem weltgrößten Lager für Kaffee in Hamburg und dort von den Spezialitätenhändlern, die sich auf Arabica-Sorten kleiner Anbaugebiete spezialisiert haben, kommt der Rohkaffee für die Barista-Sorten. Ausschließlich beste Ware mit der Qualitätsstufe 1 verwendet Andreas Lettenmayer für seine Kaffees. Die Herkunftsländer reichen rund um den Äquator: Guatemala, Äthiopien, Ecuador, Costa Rica, Mexiko, Kenia, und ein großer Teil der Ernte sogar von den Galapagos-Inseln findet seinen Weg über Hamburg nach Neuburg. Eine der erfolgreichsten Barista-Sorten stammt aus den ecuadorianischen Anden, der Ecuador especial de Vilcabamba, der nach der Trommelröstung ein verführerisch schokoladig-nussiges Aroma entwickelt.
Dass in Neuburg ein Kaffeeröster nach alter Tradition sein Handwerk betreibt, hatte sich nach der Eröffnung wie ein Lauffeuer herumgesprochen. Um der großen Nachfrage Herr zu werden, bot sich alsbald der Online-Handel an, der die aromatischen Raritäten höchst erfolgreich auch für weit entfernte Genießer erreichbar macht.
Sechs Tage in der Woche ist der Kaffeemacher im Café Barista anzutreffen, beim Rösten, Ausschenken, persönlichen Plauschen und auch beim Träumen – von einer gläsernen Rösterei für die Kunden. Doch der siebte Tag, der Sonntag, ist reserviert für die kleine Tochter Letizia und zum Krafttanken. *(ne)*

Kaum denkbar, dass Ernst Widmann einen anderen Weg hätte wählen können als den des Gastronoms. Der Hort seiner Kindheit und Jugend war die Gaststätte der Eltern, und so machte er seine Lehre im Gutsgasthof Zum Goldenen Pflug in Ising und kochte sich während seiner Wanderjahre durch etliche gute Häuser.
Früh stellte ihn das Schicksal vor die Frage, wie sich sein weiterer beruflicher Weg gestalten sollte. Doch seine Entscheidung mit gerade mal 24 Jahren war eindeutig. Er übernahm die elterliche Gaststätte mit der Vision, diese in einen richtigen Restaurantbetrieb zu verwandeln. Keine zwei Jahre später stellte er seinen ersten Koch ein, noch ein Jahr, und der Wandel zum erfolgreichen Restaurant Widmann war vollzogen.
Was passiert, wenn ein Deckel genau auf einen Topf passt? Dann bleiben sie zusammen. Genauso war es bei Gastronom Ernst Widmann mit seinem ersten Koch, Reiner Karel. Gleich vom ersten Tag an passte einfach alles, und die beiden genossen es, in Teamarbeit die kulinarischen Höhen der bayerischen Küche auszuloten.

Restaurant Widmann
Mercure Hotel Ingolstadt
Inhaber: Widmann Betriebsführungs GmbH

Hans-Denck-Straße 21
85051 Ingolstadt

Telefon 0 84 50 / 9 22 - 0
Telefax 0 84 50 / 9 22 - 100

INGOLSTADT

An den Töpfen ist Reiner Karel Meister seines Fachs. Absolute Frische, Geradlinigkeit und eine gehoben bodenständige Ausrichtung kennzeichnen seine Arbeit. Nicht nur in Ingolstadt mag wohl mancher von seinen Leckerbissen wie Jungbullenfilet in Senf-Zwiebelkruste mit Rotweinsauce und Speckbohnen träumen.
Die Weinkarte macht einen Streifzug durch die deutschen Lande, verhehlt aber keinesfalls die Vorlieben des Chefs, die eindeutig bei den italienischen und spanischen Rebensäften liegen. Eine Vorliebe, die auch immer wieder die Kompositionen auf der Speisekarte inspiriert. Carpaccio vom Rinderfilet mit gegrilltem marinierten Gemüse und Parmesan oder Lammcarrée in der Tomaten-Olivenkruste mit Koblauchjus schmecken nach Toskana und Mittelmeersonne.
Die Gäste tafelten stets lange und ausführlich – und wären gerne am Ende des Abends in weiche Betten gestiegen statt ins Auto. Konsequent setzte Ernst Widmann diese Anregung um und beschäftigt inzwischen insgesamt 30 Mitarbeiter im ausgebauten Mercure Hotel Ingolstadt. Mit 4 Sterne Komfort und ruhigem Ausblick kann der Besucher leicht die Nähe des Stadtzentrums und den Alltag vergessen.
Über 70 großzügige Zimmer bietet das zur Accor-Gruppe gehörende Mercure Hotel, mehrere Tagungsräume für zehn bis 35 Teilnehmer sind für Veranstaltungen zeitgemäß ausgerüstet.
Die langjährigen Mitarbeiter stehen für die Philosophie des Hauses, die Natürlichkeit. Dementsprechend heißen Daniela Stöckl und Silvia Kolodziecyk mitsamt Team die Gäste an der Rezeption willkommen. Umfassende Organisation aller Hotelzimmer bietet Hausdame Tanja Hammer und der Service unter Christan Frey und Gerda Hauser ist vorbildlich. Allen gemeinsam ist, dass das Wohlbefinden der Gäste an erster Stelle steht. Mittelpunkt des Hauses ist, natürlich, das Restaurant Widmann. Durch alle Wandlungen ist es bei seiner individuellen Ausrichtung geblieben und überzeugt mit Ess- und Weinkultur – und allemal mit weichen Betten im Hotel. *(ne)*

Crème brulée

Zutaten
750 ml Sahne
250 ml Milch
150 g Zucker
10 Eigelb
Mark von 2 Vanilleschoten
1–2 Tonkabohnen
brauner Rohrzucker

Zubereitung
Eigelb und Sahne verrühren. Milch mit Zucker, Vanille und Tonkabohnen aufkochen. Langsam in die Eigelb-Sahne-Mischung rühren und kühl stellen.
Flache Förmchen in ein tiefes Blech stellen, mit der Masse befüllen und Blech gut mit Frischhaltefolie abdecken. Bei 99 °C etwa 20 Minuten im Konvektomat mit Dampf garen.
Einige Stunden gut durchkühlen und mit etwas Rohrzucker karamellisieren. Mit Früchten der Saison und passendem Eis servieren.

ARA HOTEL COMFORT

Wer in Ingolstadt einen Ara-Papagei in lichter Höhe erblickt – hat soeben das zentral gelegene Ara-Hotel Comfort entdeckt. Weithin sichtbar leuchtet der Ara als Zeichen seines Namen am modernen Design der Außenfassade.

Mit 4 Sternen darf sich das Hotel schmücken, das 1997 als Businesshotel konzipiert und gebaut wurde, in örtlicher Nähe zu seinem 3-Sterne-Schwesterhotel gleichen Namens. Unter der Leitung von Hoteldirektor Stefan Schindler kann es seine Stärken gut ausspielen: modernste technische Ausstattung der acht Tagungsräume für parallel bis zu 300 Konferenzgäste und über 100 komfortable Zimmer, einschließlich neun Business- und vier Exklusiv-Suiten, alles maßgeschneidert für die speziellen Ansprüche der Businessklientel. Dabei locken Verwöhnpakete längst auch Wochenendgäste zum Erkunden der Donau und des schönen Altmühltals.

Das Restaurant Berlin mit 120 und das gemütliche Bistro mit 40 Plätzen finden ungewöhnlich regen Zuspruch bei Hotelgästen wie der hiesigen Bevölkerung. Die Speisekarte lädt zu individuellen Menü-Zusammenstellungen ein und selbst sehr späte Gäste dürfen berechtigt auf ein leichtes Essen hoffen. Die Restaurantleiterin Karina Taube, seit der Hoteleröffnung am Platz, sorgt für Leib und Seele der Gäste und für den reibungslosen Ablauf.

Küchenchef Michael Levacher und seine zehn Mitarbeiter kreieren eine ambitionierte Küche mit internationalen und mediterranen

Ara Hotel Comfort
Inhaber: Ara-Hotel-Betriebs-GmbH

Theodor-Heuss-Straße 30
85055 Ingolstadt

Telefon 08 41 / 95 55 - 0
Telefax 08 41 / 95 55 - 100

Ingolstadt

Anklängen. Schalen- und Krustentiere bilden beliebte kulinarische Schwerpunkte. Saisonale Highlights sind Spargel aus Schrobenhausen – woher sonst? Wild und Pilze, Obst und Gemüse kommen tagesfrisch vom meist regionalen Erzeuger.
Das eingespielte Team an der Rezeption kennt jeden Stammkunden und hat ein offenes Ohr für alle Wünsche. Direktor Stefan Schindler: „Was uns so besonders macht, ist der persönliche und individuelle Service unseres gesamten Teams. Das unterscheidet uns! Und darauf legt der Kunde Wert."
Der gebürtige Berliner, den seine Lehr- und Wanderjahre nach Bayern gebracht haben, freut sich immer über überregionale Events. Es ist schon etwas Besonderes, wenn dann die Scorpions oder Udo Lindenberg in seinem Ara-Hotel einchecken, oder ein Lamborghini-Club-Treffen mit 50 Traumautos nicht nur Männeraugen zum Glänzen bringt. Zu den großen Herausforderung gehört die jährliche Weihnachtsfeier für einen bekannten Elektrogroßmarkt mit annähernd 3000 Leuten!
Kraft schöpft Direktor Schindler aus der Familie, die Unabhängigkeit des privat geführten Hauses schafft Spielräume, die eigene Kreativität gemeinsam mit dem Team umzusetzen – alles für den Gast! *(ne)*

Gebratene Seeteufelmedaillons auf Krebsragout mit Blattspinat und Mosaik-Reistimbale

Zutaten für 2 Personen
4 Seeteufelmedaillons blank pariert
à ca. 80 g
180 g Blattspinat
100 g Flusskrebsschwänze, gekocht
100 ml Krebsfond (aus Krebskarkassen hergestellt / wahlweise Fertigprodukt)
60 g Wildreis
100 g Langkornreis (lose)
100 g Crème fraîche
6 cl Weißwein
2 cl Cognac
50 g Butter
1 Limette
2 Knoblauchzehen
1 Zweig Rosmarin und Thymian
Olivenöl, Kurkuma, Salz, frischer Pfeffer, etwas Mehl

Zubereitung
Wildreis in Salzwasser weich kochen. Auch Langkornreis hälftig normal, andere Hälfte mit 1 TL Kurkuma in Salzwasser weich kochen. Blattspinat im kochenden Salzwasser kurz blanchieren, im Eiswasser abschrecken. Seeteufel salzen, pfeffern, mehlieren und in heißem Olivenöl anbraten. Fischfilets wenden, 1 Knoblauchzehe, Thymian, Rosmarin und Butterflocken zugeben und im vorgeheizten Ofen bei ca. 120 °C 10 Minuten gar ziehen lassen. In der Zwischenzeit Krebsfond mit Weißwein und Cognac aufkochen, Crème fraîche zugeben, mit Limettensaft, Salz und Pfeffer abschmecken sowie gekochtes Krebsschwanzfleisch unterheben, beiseite stellen. Zwiebelwürfel mit gehacktem Knoblauch in Pfanne anschwitzen, ausgedrückten Blattspinat zugeben und würzen. Gekochten, bunten Reis mischen, erhitzen und mit Blattspinat, Krebsragout und Seeteufel anrichten.

Restaurants | Audi Forum Ingolstadt

Ettinger Straße
85057 Ingolstadt

Telefon 08 41 / 89 - 4 10 71
Telefax 08 41 / 89 - 4 10 72

Wenn in Ingolstadt herausragende Pkw-Kultur und Gourmet-Genuss in vollendeter Symbiose zusammentreffen, handelt es sich um eines der bedeutendsten Zentren der Stadt: das Audi Forum mit seinem faszinierenden Flair und der vielfältigen Erlebnis-Gastronomie. Seit dem Jahr 2000 kommen Kunden der Audi AG und Menschen aus dem Umland und dem Münchner Raum, um sich auf dem erlebnisorientierten Gelände des Audi Forums einem Fest der Sinne aus transparenter Architektur, großzügiger traditioneller Moderne, eleganter Atmosphäre und der Gastronomie auf Spitzenniveau hinzugeben. Dem Besucher bietet sich ein Feuerwerk kulinarischer Höhepunkte. Im Marktrestaurant locken herrliche Düfte zahlreiche Gäste an. Gekocht wird live für alle Sinne.
Das Café A51 feiert die Kaffeebohne in jeder nur denkbaren Weise für Kunden der Audi AG

und ihre Mitarbeiter. Im gläsernen Verbindungsbau zwischen museum mobile und Kundencenter befindet sich die Bar & Lounge mit anregenden Cocktails, Wein und Hochprozentigem aus aller Welt.
Auch die Ohren genießen mit – dreimal im Monat erwacht die After Work Jazz Lounge mit Live-Musik unterschiedlichster Couleur zum Leben.
Eine Weingalerie mit integriertem Shopbereich bietet erlesene Weine aus aller Welt zum Degustieren und Mitnehmen.
Die von Audi verantworteten Gastro-Bereiche werden mit hoher Ambition und perfektem Service in traditioneller Partnerschaft vom Mövenpick-Team unter Gastronomie-Direktor Uwe Seifert geführt. Audi-Chefgastronom Christian Surrow und das 80-köpfige Kreativteam zaubern täglich kulinarische Kompositionen der Extraklasse.
Das edle Fine Dining Restaurant Avus ist das Flaggschiff der Audi Gastronomie und ein Traumziel für Genießer. Der Name ist inspiriert vom legendären Auto Union Typ C von 1937, das im angrenzenden museum mobile im Original zu bewundern ist. Von den Restaurant-Kritikern längst vermerkt, werden im Avus außergewöhnliche Gourmet-Kreationen dargeboten. Ein erlesenes Weinangebot mit einer reichhaltigen Auswahl herrlicher Gewächse rundet das Feinschmecker-Erlebnis ab.

Die regelmäßigen Themen-Abende kitzeln den Gaumen: ‚Meisterköche zu Gast' – Kochen mit Witzigmann & Co, ‚Austern und Hummer meerfrisch', ‚Whisky & Cigar', ‚Trüffelabende' – das ist nur eine kleine Auswahl der stets ausverkauften Gourmet-Programme. Wer sich in kleiner Gesellschaft zusammenfinden möchte oder die Gaumenfreuden auf eine handgerollte Havanna auszudehnen gedenkt, dem bieten sich diskrete Clubräume und üppige Zigarrenlounges.
Auf dem Weg dorthin kreuzt der Gast das kühne Design der Audi Avus Quattro Studie von 1991, die als Herzstück der Avus Philosophie Perfektion und kreative Höchstleistung verkörpert. *(ne)*

Hummer Thermidor mit grünem Spargel

Zutaten
4 frische Hummer
2 EL Olivenöl
2 Schalotten
500 ml trockener Weißwein
300 g Butter
8 frische Eigelbe
400 g grüner Spargel
etwas Zitronensaft
Salz und Pfeffer

Zubereitung
Salzwasser in einem Topf aufkochen. Die Hummer einzeln, mit dem Kopf voran, in das sprudelnde Wasser geben. Nach etwa 5–6 Minuten entnehmen, der Länge nach halbieren, Scheren mit einem Messer anschlagen.
Das Hummerfleisch aus den Schalen lösen, in Scheiben schneiden, in die Schalen zurücksetzen und mit 2 EL Olivenöl beträufeln. Den Backofen auf 200 °C vorheizen. 40 g Butter in einem Topf erhitzen, Schalotten schälen, fein hacken, zur Butter hinzufügen und glasig dünsten. Mit 400 ml Weißwein ablöschen und fast einkochen lassen.
200 g Butter in einem Topf schmelzen. Die Eigelbe in eine feuerfeste Schüssel geben, 100 ml Weißwein zufügen und im heißen Wasserbad aufschlagen, bis eine luftige Creme entsteht.
Die Schüssel von der Kochstelle nehmen, die geschmolzene Butter und die Schalottenbutter teelöffelweise unterschlagen und mit frischem Pfeffer und etwas Zitronensaft abschmecken.
Die Hollandaise auf den Hummerhälften verteilen und in den Backofen schieben, Hummer 5 bis 8 Minuten gratinieren.
Den grünen Spargel schälen und in Salzwasser ca. 8 Minuten blanchieren, mit etwas Butter, Salz und Pfeffer würzen.

NH AMBASSADOR INGOLSTADT

Spanische Inspiration für bayerische Regionalität, geht das? Den lebenden Beweis dieses besonderen Konzeptes findet man in Ingolstadt im NH Ambassador. Während das Raumangebot insbesondere für regionale wie internationale Geschäftskunden konzipiert ist und neben 119 komfortablen Zimmern mit zehn Tagungsräumen so gut wie allen Bedürfnissen gerecht wird, lässt die Küche die mediterrane Lebensart hochleben.

Von den insgesamt 40 bestens geschulten Mitarbeitern unter General Manager Matthias Heermann sind allein zehn für das hauseigene Restaurant Maximilian zuständig, das mit seinem großzügigen Wintergarten und der angrenzenden Bar inspirierte Küche zu bieten hat.

Küchenchef Manfred Jarsen, seit dem Jahr 2000 im Hause, ist überzeugt, dass sich regionale Gaumen auch gerne von mediterranen Anklängen streicheln lassen. Und setzt dabei vor allem auf spanische Einflüsse. So gibt es, statt wie üblich Brot und Butter, auf den Tischen Essig und Öl und dazugehöriges dunkles Brot zum Dippen.

Flamenco für die Geschmacksnerven bietet die Weinkarte. 25 Weine, temperamentvolle Spanier und gaumenschmeichelnde andere Europäer, sind offen zu verkosten. Und nur was der Gast auch wirklich goutiert, findet sich später auf der Rechnung wieder.

Eine regionale Besonderheit mit Kultstatus sind die eigenen Events des NH Ambassador, die durch besondere Menü-Kreationen aus der Küche begleitet werden. Alexander Paulus, der sonst professionell im Service wirkt, belebt meisterlich die Bühne zwischen den Gängen und schürt die Lust der Gäste auf weitere kulinarische Freuden. Da gibt es Rezitierungen in leichter Münchner Mundart von der Oper „Carmen", feurig-verführerisch begleitet von einem spanischen 4-Gänge-Menü. Der Freischütz, ebenfalls zur mundartlichen Redekunst erhoben, weckt Abenteuerlust mit einem Menü von Wild. Der Reigen könnte beliebig fortgesetzt werden mit dem Barbier von Sevilla, Maxim's und dem Vogelhändler.

An drei Tagen in jedem Jahr wird der klassische Hotelbetrieb regelrecht aus den Angeln gehoben. Seit 1983 ist das NH Ambassador zusammen mit dem Audi Forum Hauptveranstaltungsort für die Ingolstädter Jazztage.

NH Ambassador Ingolstadt

Goethestraße 153
85055 Ingolstadt

Telefon 08 41 / 50 30
Telefax 08 41 / 50 37

Und so stehen bis zu 800 Gäste im Restaurant Maximilian, das sich in einen veritablen Jazzkeller verwandelt hat, und feiern die Stars auf der Bühne.
General Manager Matthias Heermann begeistert vor allem die Möglichkeit, international im Verbund der 250 NH-Hotels zu denken und zu handeln und gleichzeitig hier in Ingolstadt ganz regional an der Stadtentwicklung mitarbeiten zu können. In der Vernetzung miteinander sieht er die Chance, Synergien zu bilden, miteinander zu wachsen und für alle eine langfristige Perspektive zu entwickeln. *(ne)*

Seeteufelmedaillons in Orangen-Basilikumsauce, provencalisches Gemüseragout und Schupfnudeln

Zutaten

3 x 150 g Seeteufel
100 g gemischte Paprikarauten
20 g Zucchinirauten
80 g Schupfnudeln
1 TL Tomatenmark
1 EL Tomaten, gewürfelt
3 EL Orangensaft
200 cl Fischsauce
1 EL Pesto aus: Olivenöl, Basilikum, Parmesan, Knoblauch, Pinienkerne, Salz, Pfeffer
außerdem: Olivenöl, Butter, Rosmarin, Thymian, Cayenne-Pfeffer, Knoblauch, Salz

Zubereitung

Die Seeteufelmedaillons würzen und in Olivenöl goldbraun von beiden Seiten ca.1 1/2 Minuten anbraten. Orangensaft auf ein Drittel einkochen, dann mit der Fischsauce aufgießen. Gemüserauten (Paprika, Zucchini) in Olivenöl anschwitzen, mit Salz, Pfeffer, Knoblauch, Rosmarin, Thymian würzen. Tomatisieren und mit gewürfelten Tomaten angießen. Die Schupfnudeln in Butter anschwenken.
Das provencalische Gemüseragout in der Tellermitte platzieren, darauf die Seeteufelmedaillons, die Schupfnudeln außen anordnen, dann Soße und Pesto zugeben.

ART' HOTEL PFEFFERMÜHLE

Pfeffer ist im Art' Hotel Pfeffermühle nicht nur im Namen, sondern im gesamten Ideenreichtum rund um Restaurant und Hotel. Unter der Führung von Annemarie Schwankl mit Sohn Torsten Happel als Küchenchef hat sich die ehemalige Pension seit Anfang der 1980er Jahre zu einem inhaltlich außergewöhnlichen Haus entwickelt.
A wie Art, ganz vorne im Telefonbuch, so war die Idee. Umgesetzt in die gastronomische Realität ergibt das zur Freude des Gastes über 30 individuell gestaltete Räume von A wie afrikanisches Zimmer bis Z wie Zitronenzimmer. Den äußeren Rahmen gibt der leuchtende türkis-blaue Anstrich der Mauern.

Das Kochen liegt der Familie in den Genen. Küchenchef Torsten Happel ist praktisch in der Küche aufgewachsen und wünschte sich bereits mit 13 Jahren Kochbücher zu Weihnachten. Frühzeitig und mit Feuer und Flamme entschied er sich beruflich für die Gastronomie und absolvierte seine Ausbildung mit Bravour beim renommierten Restaurant Dallmayr in München. Weitere erstklassige Häuser folgten, bis er schließlich in die Pfeffermühle zurückkehrte, um Gäste und Gaumen zu verzaubern.
Die Speisekarte hat Anklänge aus aller Welt: italienisch, spanisch, französisch und fernöstlich angehauchte Gerichte warten auf ihre Entdeckung. Neben aller Internationa-

Art' Hotel Pfeffermühle
Inhaberin: Annemarie Schwankl

Manchinger Straße 68
85053 Ingolstadt

Telefon 08 41 / 96 50 20
Telefax 08 41 / 6 61 42

lität wird auch die klassisch regionale Küche in hohen Ehren gehalten.
„Ihr Mund wird Augen machen", verspricht das Art' Hotel Pfeffermühle – zu Recht – für die eigenen Events, zu denen regelmäßig geladen wird. Zum thematisch maßgeschneiderten Menü als kulinarische Sinnesfreude kommen dann auch Ohrenschmaus und Augenweide. „Die Nacht der Tracht" lockt mit bayerischen Anklängen, „Art und Fashion" gibt regionalen Künstlern Ausdrucksraum und 1970er Jahre-Partys lassen mit original Shellackplatten und stilsicher gekleideten Gästen alte Zeiten wieder auferstehen. Abende mit Piano, Austern und viel Champagner erfreuen den klassisch inspirierten Gast. Selbst die Erotik findet einen Weg in die Bäuche: als Kamasutra auf Zitronengras und mit einem Mousse de Sade als Gute-Nacht-Kuss.
Das Wohlergehen des Gastes steht immer ganz oben auf der Tagesordnung. Mit sehr persönlichem Blickwinkel auf die Bedürfnisse eines jeden wirkt Annemarie Schwankl im Hotel. Derweil experimentiert Torsten Happel in der Küche und entwickelt neue Pläne für eine Kochschule, speziell für die jetzige Generation junger Leute, die besser im Dosenöffnen sind als im Umgang mit einem Kochlöffel. Bei aller Lust an neuen Plänen liebt er im Hier und Jetzt seine achtköpfige Mannschaft – und die gastronomische Kunstfertigkeit und Herzlichkeit seiner Mutter: „Wir zwei – wir sind ein Dream-Team!" *(ne)*

Gebeiztes Rinderfilet im Kräutermantel auf Pilzrisotto

Zutaten

2 EL Olivenöl
300 g Rinderfilet (Mittelstück)
1 EL grober Senf
Meersalz
1 Thymian-, Basilikum- und Rosmarinzweig
1 Markknochen
75 g frisch geriebener Parmesan
350 g Vialone- oder Avorio-Reis
1 l Brühe (Rind- oder Geflügelbrühe)
5 EL Butter
1 Döschen Safranfäden
1 kleine Zwiebel
50 g weiße Champignons
Salz, frischer Pfeffer

Zubereitung

Rinderfilet in Olivenöl anbraten und auskühlen lassen. Filet mit Senf bestreichen, Meersalz, Pfeffer und Kräuter hinzugeben. Über Nacht im Kühlschrank, eingewickelt in Klarsicht- und Alufolie, marinieren.
Wasser auf 70 °C erwärmen und das Filet im Wasserbad etwa 20 Minuten zwischen 53 °C und höchstens 60 °C (Fleischthermometer!) pochieren, bei geöffneter Alufolie auf Zimmertemperatur auskühlen.
Den Markknochen in eiskaltem Wasser abschocken, Mark herausdrücken, mit Krepp trocknen, klein würfeln. Safran mit 2 El kochendem Wasser übergießen. Zwiebel fein würfeln, 1l Fleischbrühe erhitzen.
Butter mit den Markwürfeln in einer Kasserolle aufschäumen, Zwiebeln zugeben und bei moderater Hitze unter Rühren glasig braten.
Reis einstreuen und unter Rühren braten, bis er durchscheinend ist. 1 Tasse Brühe aufgießen, etwa 15 Min. rühren und Brühe zugeben, dass der Reis bedeckt bleibt.
Safran, Champignons zugeben und 7 Min. mit weiterer Brühe garen. Je nach Biss der Reiskörner, Restbutter und Parmesan einrühren. Salz und Pfeffer dazu, 1 Min. quellen lassen und servieren, nach Belieben Parmesan dazureichen.

NORDBRÄU INGOLSTADT

Die älteste heute noch gültige lebensmittelrechtliche Vorschrift der Welt ist das Reinheitsgebot für Bier, 1516 erlassen vom bayerischen Herzog, Wilhelm IV. in Ingolstadt. Hier begann auch die Erfolgsgeschichte der Privatbrauerei Nordbräu mit ihrem Begründer Simon Wittmann, der übrigens seinerzeit den Hopfenanbau in der Hallertau einführte. Bereits in fünfter Familien-Generation setzt Eva Kristine Wittmann-Ott als geschäftsführende Gesellschafterin die Tradition einer der bedeutendsten Privatbrauereien Bayerns fort. Die gelernte Betriebswirtin beherrscht den Spagat zwischen der Nordbräu-Tradition und den heutigen Anforderungen des Marktes. So lagert das Bier nach wie vor – statt des kostengünstigeren Schnellverfahrens – mindestens zwei Monate, ehe es in den Handel kommen darf. Für den Ausstoß von 150 000 Hektoliter jährlich ist modernste Brautechnik verwirklicht, und eine innovative Photovoltaik-Anlage sorgt umweltfreundlich für erneuerbaren Brauereistrom.
Zu den heute besonders erfolgreichen Produkten, deren Naturrohstoffe wie ehedem aus der Hallertau und den umliegenden landwirtschaftlichen Flächen des Guts Oberhaunstadt bezogen werden, gehört das feinherbe, schlanke Privat Pilsener und das alkoholfreie Promillos extra herb, das durch ein eigenes Vakuumdestillationsverfahren seinen überzeugenden Pilsgeschmack behält.

Nordbräu Ingolstadt
GmbH & Co.KG
Inhaberin: Eva Wittmann-Ott

Gutsstraße 5
85055 Ingolstadt

Telefon 08 41 / 9 55 96 - 0
Telefax 08 41 / 9 55 96 - 40

Brauereischänke
Kastaniengarten
Inhaber: Elmar Diepold

Gutsstraße 4
85055 Ingolstadt

Telefon 08 41 / 5 55 41
Telefax 08 41 / 3 70 87 87

Bierrahmsupp'n

Zutaten
2 Weißwürste, 1 Zwiebel, 3/4 l Kalbsfond, 1/2 l Sahne, 1/4 l Anno Domini, 20 g Stärke (Speise), 200 g Butterschmalz, Kümmel, Pfeffer, Salz

Zubereitung
Zwiebel in feine Würfel schneiden und in Butterschmalz glasig anschwitzen. Den Kalbsfond mit der Sahne hinzugeben. Etwa 15 Min. köcheln lassen, mit Kümmel, Salz und Pfeffer würzen. Die Speisestärke mit einem Schuss Bier anrühren und in die Suppe geben. Die Weißwürste pellen und in 1 cm dicke Scheiben schneiden und panieren (Mehl-Ei-Semmelbrösel). In Schmalz goldgelb ausbacken. Das Bier in die Suppe geben und baldigst anrichten. Die gebackenen Weißwurstscheiben mit einigen Röstzwiebelringen als Einlage nehmen.

Der steigenden Nachfrage nach alkoholfreien Getränken wird Nordbräu mit der hauseigenen Jesuiten Quelle seit vielen Jahren erfolgreich gerecht. Das hochwertige Tiefbrunnenwasser bildet die Basis für eine gut 30 Sorten umfassende Palette von gesunden Natursäften und trendgerechten Wellnessgetränken, Limonaden und Schorlen mit einem Ausstoß von gut 55 Millionen Füllungen.
Zusammen mit den 16 Nordbräu-Biersorten platziert die gut aufgestellte Privat Brauerei als Vollsortimenter damit mehr als 135 verschiedene Artikel am Markt.
Eine sehr beliebte Biersorte, das kellertrübe Dunkle, ist ausschließlich für die oberhalb der Brauerei gelegene Brauereischänke Kastaniengarten reserviert, die von Gastronom Elmar Diepold und seiner Frau Monika mit viel Liebe zum Detail bewirtschaftet wird. Der schattige Biergarten mit den hohen, alten Kastanienbäumen und die große Sonnenterasse schaffen ein einzigartiges Ambiente. Innen dominieren großzügige Räumlichkeiten, auch für größere Feiern bis zu 120 Personen, mit geölten Holzböden, einer originalen Apothekentheke von 1870 und stilvollen Biergartenszenen von vor 100 Jahren an den Wänden.
Das Konzept knüpft an jahrhundertealte Wirtshaustradition an. So fertigt das Team um Küchenchef Raimund Kuppe, der Erfahrung aus gehobenen Häusern mitbringt, mit Verve und Kreativität frische, bodenständige Gerichte, die im Preis-Leistungs-Verhältnis stimmen und für den Bürger bezahlbar sind.
Elmar Diepold: „Wir wollen den Kastaniengarten mit seiner Tradition und unserer Qualität erhalten, wie er ist.“ *(ne)*

FISCHEN
VERBOTEN

Der Bruckturm an der alten Holzbrücke in Essing und Josef Deifl, der Infanterist und Kriegsberichterstatter

Deutschlands größter Naturpark und einer der schönsten dazu ist das Altmühltal mit einer Fläche von rund 3 000 Qudratkilometer. Das hervorragend erschlossene Freizeitparadies zwischen der Donau im Süden und dem Neuen Fränkischen Seenland im Norden lädt zu Wanderungen, Radtouren oder Bootsfahrten ein, zum Beispiel mit dem Panoramaschiff Altmühlperle von Mai bis Oktober.

Vorbei geht es an bizarren Felswänden, trutzigen Burgen, lauschigen Tälern und goldgelben Rapsfeldern zu sehenswerten Dörfern und Städten.

Die Altmühl bei Walting

Viele römische Zeugnisse im Altmühltal sind gegenwärtig: Gutshöfe, Kastelle und Wachtürme wurden wieder so aufgebaut, wie sie einst am Limes standen.
Die Ortschaften Greding und Berching haben dazu ihr mittelalterliches Stadtbild bewahrt. Schloss Prunn gilt als eines der romantischsten Schlösser Bayerns, nicht weniger beeindruckend sind Schloss Hirschberg bei Beilngries und die Gebäude rund um das Ellinger Stadttor zu Weißenburg.

Die Residenzstadt Eichstätt im Herzen des Altmühltals verbindet Lebensgefühl und südliches Flair mit kirchlichen und barocken Schätzen zu einer überwältigenden Kulisse. Noch weiter zurück in die Geschichte der Region entführt das Fossilienmuseen. Dort können wertvolle Funde aus dem einstigen Jurameer bestaunt werden – zum Beispiel der einzigartige Urvogel Archaeopteryx, dessen gut erhaltene Überreste weltweit nur im Altmühltal gefunden wurden.

Der Naturpark Altmühltal als über die Jahrtausende gewachsene Kulturlandschaft bedeutet den Menschen, die hier leben, Heimat und Bodenständigkeit mit Tradition und Brauchtum. Dort sind auch die Schäfer zu Hause, die mit ihren Herden die charakteristisch bukolische Landschaft beweiden. So wächst ein Naturprodukt von besonderer Qualität heran. Das Altmühltaler Lamm ist zu einer Marke geworden.

Schäfer, Metzger und Gastwirte, die dieses anspruchsvolle Qualitätssiegel tragen dürfen, müssen hohen Anforderungen genügen. Die Stückzahlen der Tiere pro Fläche ist begrenzt, die Böden dürfen nur nach ökologischen Kriterien bewirtschaftet werden. Die Schafherden tragen überdies dazu bei, dass die Lebensräume von Silberdistel, Enzian oder Schwalbenschwanz erhalten bleiben.

Wer also im Naturpark und im Neuen Fränkischen Seenland in einem der guten Gasthäuser ein köstliches Stück Altmühltaler Lammfleisch verzehrt, trägt seinen Teil zum Erhalt dieser Landschaft bei.

Dom in Eichstätt

Der Marienbrunnen auf dem geschichtsträchtigen Residenzplatz in Eichstätt

HOTELGASTHOF-BRAUEREI AMBERGER

Hotelgasthof-Brauerei
Amberger
Inhaber: Sabrina Rauscher

Marktplatz 8
85092 Kösching

Telefon 0 84 56 / 9 13 95 - 0
Telefax 0 84 56 / 91 39 5 - 30

Wenige Fahrminuten östlich von Ingolstadt liegt der traditionsreiche Markt Kösching. Unmittelbar neben dem Rathaus, in bereits zehnter Generation, ist der Brauereigasthof Amberger angesiedelt. Schon seit 1648 führt die Familie Amberger die Brauerei und den Gasthof. Anton Amberger errichtete 1903 das alte Gasthaus, das sein Sohn 1934 mit dem Anbau der Gaststube, der Nebenräume und des Festsaals ausbaute. Der Enkel Max Amberger hat das Anwesen am Marktplatz 1997 übernommen und zum beliebten Treffpunkt des städtischen Lebens gemacht. Die von ihm eingesetzte Pächterfamilie Rauscher stellt dazu ein umfassendes Service-Angebot bereit. Das rege Vereinsleben in Kösching findet hier seine Heimat, zahlreiche Familienfeste und Firmenveranstaltungen werden im Festsaal ausgerichtet, der gut 200 Personen fasst. Für Gäste, die gleich da bleiben möchten, stehen 20 zeitgemäß ausgestattete Hotelzimmer bereit. Richard Rauscher und seine Tochter Sabrina arrangieren liebevoll abendliche Buffets, Partys und Sonderveranstaltungen bis hin zum Show-Programm.
Die traditionelle bayerische Küche, die maßgeblich von regionalen Erzeugern gespeist wird, hält eine breite Auswahl an tagesfrischen Gerichten bereit, die auch im wunderschönen Biergarten, mit etwa 60 Plätzen direkt am Marktplatz, genossen werden können.
Typische Gerichte sind das nebenstehende Bayerische Pfandl, das Spätzlepfandl mit

viel frischem Gemüse und Putenfleisch und für Genießer das Bergbauernpfandl mit Schweinelendchen. Saisonale Angebote mit Spargel aus Schrobenhausen und Wild- und Schwammerl-Gerichte runden das Angebot ab.

Engagierte Mitarbeiter bieten auch den kleinen Gästen eine vielseitige Küche und informieren auf Wunsch die Gäste mit hohem Fachwissen über die Herkunft von Fleisch, Gemüse und Salaten.
Von der Brauerei Amberger kommen ober- und untergärige Biere. Das süffige Weißbier ist über die Grenzen bekannt als Huber Weisse. In Freising, das mit Weihenstephan die älteste Brauerei der Welt beherbergt, ist der Hauptsitz der Brauerei Amberger. Von dort werden die eigenen Häuser und Vertragsgaststätten beliefert sowie die Geschäfte der verbundenen Bayerischen Graf zu Toerring Brauereien geführt.
In Freising hat auch Richard Rauscher 35 Jahre als Gastronom gewirkt – bis Max Amberger ihn nach Kösching holte. So wie sein Vater ihn seinerzeit erfolgreich zum Wirt brachte, hofft auch er, dass seine Tochter Sabrina dem Reiz des schönen Altmühltals erliegt, in seine Fußstapfen tritt und den Hotelgasthof Amberger in seinem Sinne weiterführen wird. *(ne)*

Bayerisches Pfanderl

Zutaten
400 g frischer, magerer Schweinebraten
600 g geräuchertes Wammerl (Bauchspeck)
500 g gekochtes Sauerkraut
4 frische Semmelknödel
1/4 l Fleischbrühe
1 Zwiebel, etwas Schinkenspeck
1/2 l Bratensauce
1 Prise Zucker

Zubereitung
Schweinebraten in Scheiben schneiden und im Rohr bei etwa 170°C erhitzen. Das Wammerl 40 Minutem in Wasser kochen, Zwiebel und Speck andünsten, vorgekochtes Sauerkraut und 1/4 l Fleischbrühe hinzugeben, bei Bedarf mit etwas Zucker abschmecken.
1/2 l Wasser in die Fettpfanne gießen, mit Hilfe einer Bratenbürste den Bratenfond lösen und daraus eine Bratensauce herstellen.
In der vorgewärmten Pfanne Bratenscheiben, Wammerl, Semmelknödel, Sauerkraut und Bratensauce einige Minuten köcheln lassen und servieren.

ERZEUGERGEMEINSCHAFT CW ÖKO EI

„Ich wollt', ich wär ein Huhn", dieser Schlager mag wohl so manchem Federvieh wie blanker Hohn vorgekommen sein. Wenn, ja wenn da nicht CW Öko Ei wäre ...
In den kleinen bäuerlichen Zulieferhöfen in Süddeutschland darf ein Huhn noch wirklich Huhn sein. Gepickt wird grundsätzlich 100 Prozent Bio-Futter und geflattert und gegackert wird mit maximal 3000 Artgenossen an der frischen Luft, jedenfalls, wenn es Huhn danach ist. Selbst bei Kälte und Schnee gibt es genug Auslauf in den extra dafür vorgesehenen Wintergärten.
Mit diesem Konzept hat CW Öko Ei in der eierlegenden Branche bei der Einführung eine Menge Wirbel ausgelöst – und inzwischen eine Reihe Nachahmer gefunden. Erklärtes Ziel von CW Öko Ei ist die Vermarktung von Bioprodukten und der Erhalt der ursprünglichen, ländlichen Strukturen in der Region. Der Verbraucher profitiert und kann echte bäuerliche Eier aus dem eigenen Umfeld im Handel kaufen. Damit soll ein Gegengewicht zu den Großkonzernen geschaffen werden, die bis zu 150000 Hühner an einem Standort horten und die Eier dann deutschlandweit verteilen.
Die Bio-Zertifizierung der Höfe ist obligatorisch. Geradezu revolutionär erschien seinerzeit die Idee, auch das Futter der Hühner auf 100 Prozent Bio umzustellen. Dabei war die Entscheidung für reines Bio-Futter nur konsequent, denn der Geschmack eines Eis hängt ganz wesentlich von der Qualität des Futters ab. Qualitätssicherung bei der zuständigen Futtermühle ist deshalb erste Pflicht.
Besondere Regeln herrschen auch beim vorgeschriebenen Platzangebot für die Hühner. Während sich nach EU-Richtlinien 60 Bio-Hühner 10 Quadratmeter teilen müssen, dürfen sich bei CW Öko Ei 45 Hennen auf gleichem Raum tummeln. Entstanden ist diese Vorgabe aus der tatsächlichen Praxis; so gibt es die besten Ergebnisse für Huhn und Mensch.

Weil man dem Ei nicht ansehen kann, wie Huhn gelebt hat, setzt CW Öko Ei die innovative Biophotonen-Analyse ein, um dem wichtigsten Qualitätsstandard neben Gewichtsklasse, Frische und Sauberkeit auf den Grund zu gehen.
Hier wird das Licht gemessen, das ein lebendiger Organismus ausstrahlt. Dies hängt, neben anderen Kriterien, von der Menge Sonnenlicht ab, die im Laufe eines Lebens aufgenommen wird. Käfighuhn-Eier erzielen die schlechtesten, Federvieh-Eier kleiner bäuerlicher Betriebe die besten Werte. Je ungünstiger ein Huhn gehalten wird, desto weniger Licht strahlt das Ei aus. Je mehr Platz zur Verfügung steht und je mehr Licht und Luft vorhanden sind, desto höher wird der messbare Lichtfaktor sein. So entscheiden die Lebensumstände des Huhns maßgeblich über die Güte des Ei.
Also: Geht's dem Huhn gut, freut sich der Mensch. Vor allem Sonntag morgens, wenn die kleine Sonne im Eierbecher aufgeht. Wer könnte je den satten Klang vergessen, wenn sich die Messerklinge gezielt und schwungvoll durch Eierschale und Eiweiß gräbt? Und wie das schmeckt, wenn sich wachsweich der gelbe Dotter schmeichelnd um Gaumen und Zunge legt. Aber warum schmeckt es? Neben glücklichen Hühnern und Bio-Futter entscheidet noch ein Faktor wesentlich über den Grad der Köstlichkeit: die Frische. Wer jetzt denkt, das Ei sei am besten gleich nach dem Legen, der irrt – und zwar gewaltig. Im Gegensatz zu vielen anderen Lebensmitteln gehorchen Eier eigenen Gesetzen. Am ersten Tag „danach" schmeckt ein Ei geradezu fad und leer, das Eiweiß ist in der Konsistenz grieselig. Um ein wirklich leckeres Frühstücksei zu werden oder dem Kuchen zur Ehre zu gereichen, braucht ein Ei mindestens zehn Tage Reifezeit. Erst dann hat sich der Geschmack optimal entwickelt und bleibt auch für die nächsten drei Wochen erhalten.

Erzeugergemeinschaft CW Öko Ei GmbH
Inhaber: Walter Höhne

Habichtstraße 42
85088 Vohburg

Telefon 0 84 57 / 93 45 - 0
Telefax 0 84 57 / 93 45 - 29

Erzeugergemeinschaft CW Öko Ei

Mensch und Federvieh, wie kommt das zusammen? Laut Walter Höhne, Geschäftsführer von CW Öko Ei, war es der reine Zufall. Hühner mögen da anders denken. Jedenfalls wollte er immer schon lieber draußen mit der Natur arbeiten, statt die Schulbank zu drücken. Eine Lehre als Obstbaugärtner brachte endlich Freude und Sinn in sein Leben und war der Beginn eines verwundenen Weges, der über Kulturheidelbeeren zur Hühnerhaltung nach Mooseurach führte. Dort pickten sich Perlhühner, Hähnchen und Puten gemütlich durch das gepachtete Stück Land bis zum Mästgewicht. Mit reichlich Naturtalent bedacht, wurde er bald zum besten Vermarkter seiner Produkte innerhalb der Region. Die anderen Bauern suchten die Zusammenarbeit mit ihm und nach ein paar bewegten, wachstumsreichen Jahren gründeten sie gemeinsam die eigene Firma CW Öko Ei in neuen Räumen in Vohburg. Dort führt Walter Höhne seitdem einfallsreich und solide die Geschäfte und vermarktet mit großem Erfolg CW Öko Eier in den gesamten süddeutschen Raum, während seine Frau, Gerlinde Wagner, als Sortierschichtoberleitung den Weg eines jeden Eis und auch die Hände, durch die sie laufen, überwacht.

Die Gesellschafter von CW Öko Ei, 5 Bauernhöfe, die gemeinsam mit Walter Höhne als Geschäftsführer die Firma gegründet haben, sehen in ihrem System die besten Zukunftschancen. Bio-Qualität und Regionalität sind heutzutage gleichermaßen wichtig, auch für den Handel stehen kurze Wege zunehmend im Vordergrund. Die echte bäuerliche Tierhaltung senkt zudem erheblich die Anfälligkeit für Krankheiten.

Längst wurde auch die Notwendigkeit erkannt, für die eigenen Überzeugungen die politische Bühne in Anspruch zu nehmen. „Freiheit für Geflügel“ heißt das Aktionsbündnis, das von CW Öko Ei und einer großen Anzahl Bauern, Bioverbänden, Natur- und Tierschützern ins Leben gerufen wurde. Das Bündnis (www.hühnerfreiheit.de) versteht sich als Lobby für die Tiere, jenseits eigener finanzieller Interessen.

Äußerst kritisch wird die drohende Aufweichung des gesetzlichen Verbots zur Käfighaltung öffentlich diskutiert und breite Front für artgerechte Haltung von Legehennen und Geflügel gemacht. Zumal bei den Befürwortern der Käfighaltung, denen die Vogelgrippe gerne als Argumentationshilfe dient, sichtlich handfeste finanzielle Interessen im Vordergrund stehen.

Walter Höhne sieht derlei Engagement durchaus als Pflicht für Wirtschaftsbetriebe an und plädiert dafür, den eigenen Aktionsrahmen nicht durch die Kosten-Nutzen-Rechnung diktieren zu lassen.

Wer viel bewegt, braucht auch Zeit zum Auftanken. Das geht für Walter Höhne am besten beim Motorradfahren. Seine Leidenschaft gilt ausschließlich dem Geländefahren. Der hohe körperliche Einsatz ist ein guter Ausgleich zum Schreibtisch und zum Telefon. Und lässt ihn danach beflügelt zu seiner selbsterwählten Aufgabe zurückkehren. (ne)

Der Eiercode
Beispiel: 0-DE-23456-2

1 Die erste Ziffer kennzeichnet die Art der Legehennen-Haltung: Die Nummern 0 bis 3 geben an, ob das Ei aus Öko- (0), Freiland-(1), Boden-(2) oder Käfighaltung (3) stammt. Unser Beispiel-Ei ist also aus Öko-Haltung.

DE Der Buchstabencode ist die Länderkennung für das Herkunftsland. In Deutschland erzeugte Eier tragen den Aufdruck DE. Andere Länderkennungen sind zum Beispiel AT (Österreich) oder BE (Belgien).

23456 Die mehrstellige Nummer identifiziert den Betrieb und seine -02 Stallnummer.

Die Gewichtsklassen

S ... als kleinste Größe nicht im Handel erhältlich

M ... meist von jüngeren Hennen gelegt

L und XL ... weitgehend von Hühnern gelegt, die älter als ein Jahr sind

Das Mindest-Haltbarkeits-Datum MHD

Wenn man 28 Tage vom Mindest-Haltbarkeits-Datum zurückrechnet, erhält man das tatsächliche Legedatum des Ei. Die Differenz zum aktuellen Datum zeigt, wie frisch das Ei ist.

MHD minus 7 Tage = das letzte erlaubte Verkaufsdatum. Ab dem 22. Tag nach dem Legen dürfen Eier nicht mehr an den Verbraucher abgegeben werden.

LANDHOTEL GUT MOIERHOF

Landhotel Gut Moierhof GmbH

Inhaber: Gregor Wittmann

Leonhardistraße 11
85137 Walting

Telefon 0 84 26 / 9 87 80
Telefax 0 84 26 / 9 87 81 88

Inmitten der toskanisch anmutenden Naturregionen des Altmühltals liegt das Landhotel Gut Moierhof. Die ursprüngliche Juralandschaft ließ sich früher schon herrlich zu Fuß erkunden, und so ergab es sich, dass eine zunehmende Schar hungriger und müder Wanderer an die Türen des Moierhofs klopfte, um Speis und Unterkunft zu begehren. Da beschloss in den 80er Jahren Hans Wittmann samt Familie der Nachfrage gerecht zu werden und den bislang landwirtschaftlich ausgerichteten Hof in eine gastliche Stätte zu verwandeln.

Das Restaurant und die Tagungsräume des Moierhofs stellen heute ein liebevoll restauriertes Juwel des Eichstätter Barocks dar. Die historischen Wurzeln der so genannten Zehentscheune reichen an die 1000 Jahre zurück. Alte Originalvorlagen verwandelten Hölzer halb verfallener Jurahäuser in Tische oder Stühle und ließen Galerie und Holz-Ornamente in neuem Leben wieder auferstehen. Mittelpunkt ist der alte Kamin, an dem der Küchenchef vor den Augen seiner Gäste kulinarisch zaubert.

Gregor Wittmann, ältester Sohn des Hauses und Zögling des Waginger Spitzenkochs Alfons Schubeck, beherrscht virtuos das kulinarische Spektrum von veredelter bayerischer Hausmannskost und mediterranen Delikatessen. Unverzichtbares Ritual ist für den Küchenchef die frühmorgendliche Fahrt in die Großmarkthalle. Jeden Lieferanten kennt er, jedes Produkt hat er geprüft, bevor es den Weg in seine Küche findet. Seine Weine kommen aus allen Weinländern Europas, deutsche Weißweine zählt er zu den besten.

Die Kochkunst Gregor Wittmanns ist auch bei Spitzensportlern begehrt. Als Mitglied der Deutschen Fußballmannschaft der Spitzenköche & Restaurateure e.V. sorgt der ausgezeichnete Eurotoque-Koch gemeinsam mit Alfons Schuhbeck für das leibliche Wohl der Fußballer vom FC Bayern München, spontan und plötzlich auch als schnelle „Feuerwehr", wenn die Spieler in der Ferne sich nach vernünftiger Küche sehnen.

Die von Schwester Johanna aufgebaute Schönheitsfarm erfüllt Wünsche rund um Schönheit und Gesundheit. Hochwertige Anwendungen wie Thalasso, Sauerstofftherapie und die original Oberstaufener Schrothkur entgiften und erneuern den Körper von innen nach außen. Der frisch überholte Gast kann

sich im geschmackvoll ausgestatteten Hotelzimmer betten oder ein Bad der Düfte im Rosenmeer des Biergartens nehmen.
Die kulinarischen Gene der Familie wirken auch in Bruder Ferdinand. In der hofeigenen Brennerei destilliert er sortenreine und allesamt ausgezeichnete Edelbrände. Zu seiner Profession gehören gewichtige Ressorts wie Finanzen und Management-Aufgaben, die mit Umsicht und Geschick von ihm gemeistert werden.
‚Querbeet' heißt die Sendung des Bayerischen Rundfunks, für die Gregor Wittmann regelmäßig kocht und Rezepte hinterlegt. Jeden Montag dürfen sich interessierte Freizeitköche am Fernseher von seiner Kochkunst verführen lassen.
Sein kleiner Sohn, gute Gespräche mit Freunden und ein jährlicher Urlaub am Gardasee sind ihm Lebensqualität und Kraftspende zugleich, ihm, der sich als Koch berufen fühlt und ehrgeizig und präzise seine vielen Ziele mit unglaublichem Willen verfolgt – letztlich wie seine Eltern auch, die immer noch mit vollem Elan mitarbeiten.

(ne)

Lammrücken auf Zucchini-Tomaten-Gemüse und Minzsauce

Zutaten (für 2 Personen)
2 Lammcarré à ca. 250 g–280 g
Salz, Pfeffer, Knoblauch, Rosmarinzweig

Gemüse
1 Zucchini
5 Schalotten
2 Tomaten
2 EL gehackter Rosmarin

Sauce
1/4 Knollensellerie
6 Schalotten
1/2 l Gemüsebrühe
1/4 l Sahne
Salz, Pfeffer
2–3 Scheiben Ingwer
10–15 Zweige Minze (nur Blätter)

Zubereitung
Lammcarré mit Salz und Pfeffer von beiden Seiten würzen, in der Pfanne mit heißem Rapsöl von beiden Seiten scharf anbraten. 2–3 ganze Knoblauchzehen und Rosmarinzweig dazugeben. Jetzt das Fleisch in eine Ofenpfanne geben und bei 180 °C 4–5 Minuten im Backrohr ruhen lassen.

Minzsauce
Rapsöl in vorgewärmten Topf geben, klein gehackte Schalotten anschwitzen, bis sie glasig sind. Gewürfelte Knollensellerie kurz mitschwitzen, mit Gemüsebrühe ablöschen. Sahne und Ingwer dazugeben, im Mixer pürieren. Jetzt Minzeblätter hinzu und wieder pürieren.
Lammcarré und geschmortes Gemüse anrichten und Minzsauce dazugeben.

RESTAURANT DOMHERRNHOF

Restaurant Domherrnhof
Inhaber: Rupert Waldmüller

Domplatz 5
85072 Eichstätt

Telefon 0 84 21 / 61 26
Telefax 0 84 21 / 8 08 49

Ruhetag: Montag

Wo im Barock die Domherren über Schuld und Sühne philosophierten, lässt es sich heute ganz lebensnah und fürstlich speisen: im Domherrnhof in Eichstätt.

Von der Zeit mit vielen Narben bedacht, wurde das historische Gemäuer 1984 vom Ehepaar Waldmüller übernommen, das seinen Reichtum an alten Glanzstücken liebevoll restaurieren ließ, um sich kunstfertig in die Herzen der Menschen zu kochen.

Schnell sprach sich bis ins weite Umfeld herum, dass hier eine ambitionierte Küche entstanden war, die den Bogen von starken regionalen Wurzeln bis zu internationalen Höhenflügen aufs Köstlichste spannte. Grundlage dafür sind top-frische Waren regionaler Erzeuger und aus eigener Herstellung. Die beständigen Höchstleistungen wurden auch bald von Gourmet-Führern geadelt.

Die Kochleidenschaft von Rupert Waldmüller zeigte sich schon in der Küche seiner Großmutter. Klar, dass sein weiterer Weg schließlich zur Meisterschule nach Altötting führte. Wie ein guter Wein ist seine Koch-

kunst längst herrlich gereift – und bleibt doch immer mit ihren Ursprüngen verbunden. Das Bekenntnis des 1995 mit dem begehrten Titel „Maître Table Restaurateur" ausgezeichneten Küchenchefs heißt: ehrliche Küche, ehrliche Arbeitsweise! Wer das Ergebnis dieser schlichten Wahrheit einmal kosten durfte, kehrt garantiert zurück.
Leidenschaftliche Sammlerin und Herrin über gängige Weine sowie Bordeaux- und Burgunder-Raritäten ist Theresa Waldmüller. Mit Expertise berät die Trägerin des „L'Ordre des Côteaux" ihre Gäste. Die deutschen Weißweine gelten ihr als die besten weltweit. Konsequenterweise bilden einen Schwerpunkt die besten Winzer aus Franken und dem Badischen. Weitere kostbare Tropfen kommen aus Frankreich, Italien, Spanien und den Ländern der neuen Weinwelt.
Während im Restaurant Domherrnhof mit Muße die hohen Gaumenfreuden gefeiert werden, darf es beim Tafeln in der zugehörigen traditionellen Schänke deutlich leutseliger zugehen. Barocke Ledertapeten, ein prachtvoller Kachelofen und lange Bänke laden zum Verweilen ein, gestatten aber auch den Kurzbesuch.
Auch junge Nachwuchsgourmets hat dieses Konzept längst angelockt. Sie schätzen die kulinarischen Feinheiten genauso wie den regen Austausch mit der Hausherrin. Nicht selten kommt der Nachwuchs mit einer raren Flasche in die Schänke, um dort die Neuentdeckung mit Theresa Waldmüller zu goutieren. Diese unterstützt den sinnesfreudigen Erfahrungsaustausch mit Kostbarkeiten aus den eigenen Kellern. So sind im Domherrnhof von heute himmlische Lebensphilosophie und bodenständige Gastfreundschaft versammelt, die auch schon die damaligen Domherren zu schätzen wussten. *(ne)*

Steinbutt auf dreierlei Paprikasauce und Wildreis

Zutaten

2 grüne, rote und gelbe Paprika
2 Schalotten
500 g Steinbuttfilet
100 g Wildreis
4 EL Sahne
4 EL Weißwein
Fischfond
Salz, Pfeffer, Olivenöl, Butter

Zubereitung

Paprika in kochendes Wasser geben, 1 Minute kochen lassen, abschrecken und abziehen, klein schneiden und mit Schalotten in Öl anbraten, mit Weißwein und Fischfond ablöschen, mit dem Pürierstab mixen und durch ein Sieb streichen. Mit Sahne verfeinern und abschmecken.
Wildreis kochen, Steinbuttfilets in 4 Portionen schneiden und in Butter anbraten.
Servieren: Jeweils einen Löffel der 3 Paprikasaucen auf die Teller geben, dazu Reis und Steinbuttfilets anrichten.

SIDI SILBERMÜHLE

SIDI Silbermühle
Dienstleistungs GmbH

Inhaber: Friedrich Bauer

Silbermühle 4
91781 Weißenburg

Telefon 0 91 41 / 86 76 - 0
Telefax 0 91 41 / 86 76 - 76

Schon zu Beginn des 15. Jahrhundert ist die Silbermühle vor den Toren Weißenburgs urkundlich erwähnt. Nach wechselvoller Geschichte erhielt die damals direkt dem Kaiser unterstellte freie Mühle ihren heutigen Namen.

1996 erwarben der Architekt Friedrich Bauer und seine Frau Ingrid Minnameier die Silbermühle und eröffneten nach sechsjährigen, umfassenden Bauarbeiten auch einen Gastronomiebetrieb. Zwischen dem Fränkischen Seenland und dem Naturpark Altmühltal ent-

wickelte sich dieser bald zur gefragten Adresse für kulinarische Genießer, Ausflügler, Künstler, Hochzeiter und Kultur-Liebhaber.

Das barocke Hauptgebäude beherbergt ein liebevoll restauriertes à-la-Carte Restaurant mit antikem Ofen sowie ein gemütliches Stüberl für Familienfeiern. Gleich nebenan bieten großzügige Räumlichkeiten Platz für Veranstaltungen aller Art.

Der reizvolle Biegarten, direkt am Ufer der Rezat gelegen, lädt dazu ein, das mediterrane Ambiente und die ausgezeichnete Küche im Freien zu genießen. Saisonale Spezialitätenwochen mit Fisch, Bärlauch, Spargel, Pilzen, Wild und – die jeweils dazu hervorragend komponierten Beilagen – sind gefragte Höhepunkte des Küchenchefs und seines hochmotivierten Teams.

Perfekt darauf abgestimmt, liefert das Weinhaus Dantonello aus Oettingen im Ries erstklassige Weine aus Franken und anderen deutschen Weinregionen sowie erlesene Tropfen aus den klassischen Weinländern auf die stilvoll angerichteten Tische.

Weißenburger Bratwurstsuppe

für 6 Personen

Zutaten

6 große fränkische Bratwürste à 100 g
100 g Karotten
100 g Sellerieknolle
100 g Lauch
100 g Zwiebeln
100 g Petersilienwurzel
frischer Majoran, etwas Fett
1–1,2 l kräftige Rindsbouillon
frisch gehackte Petersilie

Zubereitung

Das gesamte Gemüse in gleichmäßige Rauten schneiden und mit Fett im flachen Topf glasig anschwitzen. Die Bouillon und den Majoran dazugeben, leicht ziehen lassen.
Die Bratwürste etwa 5–6 Minuten gut anbraten, etwas auskühlen lassen und in fingerdicke Scheiben schneiden. Die Bratwürste zu der Suppe geben und leicht köcheln lassen.
Vor dem Servieren mit gehackter Petersilie bestreuen.

Frische Produkte werden weitgehend von Mitgliedern des Regionalbuffets (www.regionalbuffet.de) bezogen, unter dessen Qualitätssiegel sich Erzeugerbetriebe und Gasthäuser wie auch die Silbermühle zusammengeschlossen haben. Das süffige Bier liefert ein weiteres Mitglied des Regionalbuffets, das Fürstliche Brauhaus zu Ellingen, das mit seinen vorzüglichen Fürst-Carl-Edelbieren durstige Kehlen löscht.
Die Silbermühle bietet der Region aber auch ein kulturelles Highlight: Hier ist die Luna Bühne zu Hause. Thomas Hausner und Brigitte Brunner sorgen in der liebevoll eingerichteten Kleinkunstbühne regelmäßig für beste Unterhaltung. Vom klassischen Theater über Kabarett, Musik, Kindertheater und Literatur ist für jeden etwas dabei und das Vergnügen ist ein doppeltes: Der Theaterabend lässt sich verbinden mit einem stilvollen Essen im Restaurant Silbermühle.
Im Sommer bietet das herrliche Gelände rund um die Luna Bühne die Möglichkeit zu Freilichtaufführungen. Hier können nicht nur die Gäste, sondern auch die Künstler im wahrsten Sinne „die Seele baumeln lassen"! *(ne)*

LANDGASTHOF SIEBENKÄS

Hell und gemütlich laden die Gasträume des Landgasthof Siebenkäs den Besucher zum Platznehmen ein. Die zahlreichen Holzarbeiten verraten eine kundige handwerkliche Hand, die tatsächlich dem Küchenchef gehört. Ulrich Riedel ist ein Mensch vieler Begabungen und er liebt es zu schreinern, zu schweißen und handwerkliche Herausforderungen jeder Art anzunehmen! Der Grundstein zu seiner Kochkunst wurde von der Großmutter gelegt, die in der Familie berühmt war für ihre Fähigkeit, aus einem Nichts an Zutaten ein leckeres Menü zu bereiten. Ein Praktikum bei einer der renommiertesten Adressen im Stuttgarter Raum unter Max Benzing in der Alten Sonne und dessen ernst gemeinter Ansporn brachte den endgültigen Entschluss. Kochlehre, Hotelfachschule, Betriebswirt, Kantinenchef für die Verköstigung von mehr als 4500 Menschen an drei Standorten, so lesen sich bald zwei Jahrzehnte seiner beruflichen Laufbahn. Und dann kam der Landgasthof Siebenkäs. Drei Jahre plante und baute er mit viel handwerklicher Eigenleistung mit Architekt Ferdinand Mödl den Landgasthof, bevor er sich mit seiner Frau Edith dort selbständig machte. Die gelernte Erzieherin eignete sich selbst ihr jetziges Fachwissen mit hohem Engagement an und managt heute den Service für bis zu 100 Gäste und den zugehörigen Hotelbetrieb.

Landgasthof Siebenkäs
Inhaber: Ulrich und Edith Riedel GbR

Kirchenstraße 1
91785 Pleinfeld

Telefon 0 91 44 / 82 82
Telefax 0 91 44 / 83 07

Ruhetag: Montag

Ulrich Riedel, seit 1996 bei Eurotoque, der Gilde der europäischen Spitzenköche, kocht pur, unverfälscht und traditionsbewusst, was die Natur in der Region hergibt. Die saisonale Ausrichtung ergibt sich dabei von selbst. Die Zubereitung ist immer à la Minute, tagesfrisch. Die Küche wurde bereits mehrfach vom Bayerischen Hotel- und Gaststättenverband ausgezeichnet und hat das Bayerische Umweltsiegel in Gold. Längst ist sein Können auch für exklusive Veranstaltungen außer Haus gefragt. Als Vorstandsmitglied beim Regionalbuffet (www.regionalbuffet.de) wirkt er aktiv mit an der hochwertigen Grundlage für seine Küche. Unter dem Siegel haben sich über 120 Direkterzeuger von Fleisch, Gemüse und Obst und direkt abnehmende Gasthäuser zusammengetan. Der wohlgefüllte Keller des Siebenkäs enthält reichlich Auswahl an ausgezeichneten deutschen Weingütern, allen voran weiße Frankenweine, doch auch das Bordeaux und das Burgenland belegen so manches Regal. Beim Bier vertraut er auf die Edelbiere des Fürstlichen Brauhaus Ellingen, das Weizen der Brauerei Gutmann und das Ökobier von Lammsbräu. Als Italienliebhaber genießt er es, seine Nudeln selbst zu machen, Ravioli mit Thymian und Zucchinifüllung sind eine seiner Spezialitäten, dazu Weine und Grappe vom Trentin bis zum Piemont.

Bei so viel Einsatz bleibt wenig Zeit für die Familie. Ulrich Riedels Credo lautet dennoch, für den Gast das bestmögliche Produkt, unverfälscht, unverändert anzubieten, zum fairen Preis-Leistungs-Verhältnis. Da ist er sich mit seiner Frau einig: „Das machen wir, solange es uns Spaß macht.“ *(ne)*

Rhabarber-Ofenschlupfer mit Vanillesauce und Eis

Zutaten (für 6 Personen)

1/2 Hefezopf oder eine Brioche, in Kastenform gebacken oder vom Bäcker
250 g Rhabarber
5 g Ingwer
225 ml Sahne
3 Eier
1/2 Teelöffel Zimt, gemahlen
Butter für Förmchen
1 Vanilleschote
2 Eigelb
50 g Zucker
250 ml Sahne
Vanilleeis
Minze

Zubereitung

Hefezopf/Brioche in 2 x 2 cm große Würfel schneiden. Rhabarber putzen und in 2 cm große Stücke schneiden. Ingwer schälen, fein würfeln, mit Sahne, Eiern, Zucker und Zimt mit dem Schneebesen verrühren.
Kleine Förmchen oder Muffinform mit Butter auspinseln. Hefeteig, Rhabarberwürfel und Sahnemasse gut vermischen. Masse gleichmäßig in den Förmchen verteilen und im Backofen bei 160 °C Umluft 30 Min. backen.
Für die Soße: Vanilleschote halbieren, Mark herauskratzen und mit der Sahne aufkochen. Eigelb und Zucker gut verrühren, Sahne zügig in Eigelbgemisch einrühren, durch ein Sieb in den Topf füllen und rühren, bis die Soße cremig wird.
Ofenschlupfer dem Ofen entnehmen, auf der Vanillesauce anrichten, das Eis anlegen und mit Minze garnieren.

Almgasthaus Café Aibl 200
Berghaus 49
83708 Kreuth-Scharling
Telefon 00 49 (0) 80 29 / 437
Telefax 00 49 (0) 80 29 / 12 42
www.aibl.de

NH Ambassador Ingolstadt 230
Goethestraße 153
85055 Ingolstadt
Telefon 00 49 (0) 841 / 50 30
Telefax 00 49 (0) 841 / 50 37
nhambassadoringolstadt@nh-hotels.com
www.nh-hotels.com

ARA Hotel Comfort 226
Ara-Hotel-Betriebs-GmbH
Theodor-Heuss-Straße 30
85055 Ingolstadt
Telefon 00 49 (0) 841 / 95 550
Telefax 00 49 (0) 841 / 95 55 100
info@ara-hotel.de
www.ara-hotel.de

ArabellaSheraton
Airport Hotel München 90
Arabella Hotelbetriebs GmbH
Freisinger Straße 80
85445 Schwaig-Oberding
Telefon 00 49 (0) 89 / 9 27 220
Telefax 00 49 (0) 89 / 9 27 22 800
airporthotel.muenchen@arabellasheraton.com
www.arabellasheraton.com

Art' Hotel Pfeffermühle 232
Manchinger Straße 68
85053 Ingolstadt
Telefon 00 49 (0) 841 / 96 50 20
Telefax 00 49 (0) 841 / 66 142
art-hotel-pfeffermuehle@t-online.de
www.arthotel-pfeffermuehle.de

Hotel Askania 204
Adrian-Stoop-Straße 30
83707 Bad Wiessee
Telefon 00 49 (0) 80 22 / 84 066
Telefax 00 49 (0) 80 22 / 80 86
Hotel-askania@t-online.de
www.hotel-askania.

Hotelgasthof-Brauerei Amberger 240
Marktplatz 8
85092 Kösching
Telefon 00 49 (0) 84 56 / 91 39 50
Telefax 00 49 (0) 84 56 / 91 39 530
Info@hotelgasthof-amberger.de
www.hotelgasthof-amberger.de

Restaurants | Audi Forum
Ingolstadt 228
Ettinger Straße
85057 Ingolstadt
Telefon 00 49 (0) 841 / 89 41 071
Telefax 00 49 (0) 841 / 89 41 072
Restaurant.audi-forum@moevenpick.com
www.audi.de/foren

Aurora 82
Hotel – Sauna – Restaurant
Roßwachtstraße 1
85221 Dachau
Telefon 00 49 (0) 81 31 / 51 53 28
Telefax 00 49 (0) 81 31 / 51 53 32
info@aurorahoteldachau.de
www.aurorahoteldachau.de

Brauereigasthof Aying 112
Zornedinger Straße 2
85653 Aying
Telefon 00 49 (0) 80 95 / 90 650
Telefax 00 49 (0) 80 95 / 90 65 66
brauereigasthof@ayinger-bier.de
www.ayinger-bier.de

Backspielhaus 40
Weltenburger Straße 6
81677 München
Telefon 00 49 (0) 89 / 92 87 090
Telefax 00 49 (0) 89 / 92 87 09 15
info@backspielhaus.de

Café Barista 222
Weinstraße 120
86633 Neuburg/Donau
Telefon 00 49 (0) 84 31 / 53 89 89
Telefax 00 49 (0) 84 31 / 53 89 91
info@cafe-barista.de
www.cafe-barista.de

Zum Bayerischen Löwen 182
Stefan Huber
Kocheler Straße 16
83673 Bichl
Telefon 00 49 (0) 88 57 / 89 95 99
Telefax 00 49 (0) 88 57 / 89 95 98
Bayerischer.Loewe@t-online.de
www.bayerischer-loewe.com

Bischoff am See 192
Schwaighofstraße 53
83684 Tegernsee
Telefon 00 49 (0) 80 22 / 39 66
Telefax 00 49 (0) 80 22 / 17 20

Brauerei Kühbach 102
Freiherr von Beck-Peccoz
Großhausener Straße 2
86556 Kühbach
Telefon 00 49 (0) 82 51 / 89 66 34
Telefax 00 49 (0) 82 51 / 89 66 99
hermann@brauereikuehbach.de
www.brauereikuehbach.de

Bräu im Moos 136
Eugen Münch
Bräu im Moos 1
84577 Tüßling
Telefon 00 49 (0) 86 33 / 10 41
Telefax 00 49 (0) 86 33 / 79 41
braeuimmoos@t-online.de
www.braeuimmoos.de

Restaurant am Chinesischen Turm 18
Englischer Garten 3
80538 München
Telefon 00 49 (0) 89 / 38 38 73 27
Telefax 00 49 (0) 89 / 38 38 73 73
info@chinaturm.de
www.chinaturm.de

Corretto 64
Haldenbergerstraße 28
80997 München
Telefon 00 49 (0) 89 / 14 34 81 48
Telefax 00 49 (0) 89 / 58 98 73 75
info@pizzeria-corretto.de
www.pizzeria-corretto.de

Dechants Kleines Restaurant
und Laden 158
Hauptstraße 20
82319 Starnberg
Telefon 00 49 (0) 81 51 / 12 106
Telefax 00 49 (0) 81 51 / 77 38 08
mail@dechants-fischladen.de
www.dechants-fischladen.de

Destillerie Lantenhammer 210
Urtlbachstraße 1a
832727 Schliersee
Telefon 00 49 (0) 80 26 / 92 480
Telefax 00 49 (0) 80 26 / 92 48 10

Restaurant Domherrnhof 248
Domplatz 5
85072 Eichstätt
Telefon 00 49 (0) 84 21 / 61 26
Telefax 00 49 (0) 84 21 / 80 849
waldmueller@domherrnhof.de
www.domherrnhof.de

Emilia im OEZ 54
Feinkost aus Italien
Hanauer Straße 68
80993 München

Emilia im PEP
Ollenhauerstraße 6
81737 München
Telefon 00 49 (0) 89 / 14 34 64 20
Telefax 00 49 (0) 89 / 14 34 64 21
info@emilia.de
www.emilia.de

E.ON Wasserkraft 184
Walchenseekraftwerk
Altjoch 21
82431 Kochel am See
Telefon 00 49 (0) 88 51 / 77 211
Telefax 00 49 (0) 88 51 / 77 298

Erzeugergemeinschaft CW
Öko Ei GmbH 242
Habichtstraße 42
85088 Vohburg
Telefon 00 49 (0) 84 57 / 93 450
Telefax 00 49 (0) 84 57 / 93 45 29
info@diebiohennen.de
www.diebiohennen.de

Fleming's 28
Hotel & Restaurant
Leopoldstraße 132–134
80804 München
Telefon 00 49 (0) 89 / 20 60 900
Telefax 00 49 (0) 89 / 20 60 90 999
muenchen@flemings-hotels.com
www.flemings-hotels.com

Freisinger Hof 22
Oberföhringer Straße 189
81925 München
Telefon 00 49 (0) 89 / 95 23 02
Telefax 00 49 (0) 89 / 95 78 516
freisinger.hof@t-online.de
www.freisinger-hof.de

Golfhotel Kaiserin Elisabeth 150
Tutzinger Straße 2
82340 Feldafing
Telefon 00 49 (0) 81 57 / 93 090
Telefax 00 49 (0) 81 57 / 93 09 133
info@kaiserin-elisabeth.de
www.kaiserin-elisabeth.de

Landhotel Gut Moierhof GmbH 246
Leonhardistraße 11
85137 Walting
Telefon 00 49 (0) 84 26 / 98 780
Telefax 00 49 (0) 84 26 / 98 78 188
info@gut-moierhof.de
www.gut-moierhof.de

Hotel Restaurant Hallnberg 86
Hallnberg 2
85469 Walpertskirchen
Telefon 00 49 (0) 81 22 / 99 430
Telefax 00 49 (0) 81 22 / 99 43 99
info@hallnberg.de
www.hallnberg.de

Restaurant Hardthaus 134
Marktplatz 31
84539 Kraiburg am Inn
Telefon 00 49 (0) 86 38 / 7 30 67
Telefax 00 49 (0) 86 38 / 7 30 68
mail@hardthaus.com
www.hardthaus.com

Herrmannsdorfer Landwerkstätten 126
Glonn GmbH & Co.KG
Herrmannsdorf 7
85625 Glonn
Telefon 00 49 (0) 80 93 / 90 940
Telefax 00 49 (0) 80 93 / 90 94 10
glonn@herrmannsdorfer.de
www.herrmannsdorfer.de

Das Wirtshaus zum Schweinsbräu
Herrmannsdorf 7
85625 Glonn
Telefon 00 49 (0) 80 93 / 90 94 45
Telefax 00 49 (0) 80 93 / 90 94 42
wirtshaus-schweinsbraeu@herrmannsdorfer.de
www.schweinsbraeu.de

Gasthaus zum Hirschberg 198
Nördliche Hauptstraße 89
83708 Kreuth / Scharling
Telefon 00 49 (0) 80 29 / 315
Telefax 00 49 (0) 80 29 / 99 78 02
anfrage@gasthaus-hirschberg.de
www.gasthaus-hirschberg.de

Hohenburger Schlossschänke 180
Hohenburg 5
83661 Lenggries
Telefon 00 49 (0) 80 42 / 97 85 00
Telefax 00 49 (0) 80 42 / 91 09 10
info@schlossschaenke.hohenburg.de
www.schlossschaenke-hohenburg.de

Restaurant Schloss Hohenkammer 104
Schloßstraße 25
85411 Hohenkammer
Telefon 00 49 (0) 81 37 / 99 65
Telefax 00 49 (0) 81 37 / 99 65 55
info@schlosshohenkammer.com
www.schlosshohenkammer.com

Kaisergarten 68
Kaiserstraße 34
80801 München
Telefon 00 49 (0) 89 / 34 02 02 03
Telefax 00 49 (0) 89 / 33 07 95 26
markus@kaisergarten.com
www.kaisergarten.com

Gut Kaltenbrunn 208
Kaltenbrunn 1
83703 Gmund
Telefon 00 49 (0) 80 22 / 79 69
Telefax 00 49 (0) 80 22 / 74 536
info@gutkaltenbrunn.de
www.gutkaltenbrunn.de

Forsthaus Kasten 118
82131 Gauting
Telefon 00 49 (0) 89 / 85 00 360
Telefax 00 49 (0) 89 / 85 00 350
info@forst-kasten.de
www.forst-kasten.de

Kirschner Stuben 194
Seestraße 23a
83700 Rottach-Egern
Telefon 00 49 (0) 80 22 / 27 39 39
Telefax 00 49 (0) 80 22 / 66 26 62
kontakt@kirschner-stuben.de
www.kirschner-stuben.de

Gasthof-Hotel Klosterbräu 186
Seestraße 2
82444 Schlehdorf
Telefon 00 49 (0) 88 51 / 286
Telefax 00 49 (0) 88 51 / 74 55
info@klosterbraeu-schlehdorf.de
www.klosterbraeu-schlehdorf.de

Klosterschänke Dietramszell 176
Klosterplatz 2
83623 Dietramszell
Telefon 00 49 (0) 80 27 / 90 45 00
Telefax 00 49 (0) 80 27 / 90 45 01
info@klosterschaenke-dietramszell.de
www.klosterschaenke-dietramszell.de

Kochschule Joseph Peter 52
Im Mangostin-Asia
Maria-Einsiedel-Straße 2
81379 München
Telefon 00 49 (0) 89 / 72 32 031
Telefax 00 49 (0) 89 / 72 39 847
restaurant@mangostin.de
www.mangostin.de

Der KramerHof 164
Ringstraße 4 – Riederau
86911 Diessen
Telefon 00 49 (0) 88 07 / 92 40 60
Telefax 00 49 (0) 88 07 / 92 40 629
info@der-kramerhof.com
www.der-kramerhof.com

Wirtshaus zum Kreuzhof 88
Kreuzstraße 1
85764 Oberschleissheim
Telefon 00 49 (0) 89 / 31 05 289
Telefax 00 49 (0) 89 / 37 48 80 35
info@wirthaus-zum-kreuzhof.de

Gasthaus Kreuzmair 172
Westerhamerstraße 12
83629 Holzolling
Telefon 00 49 (0) 80 63 / 324
Telefax 00 49 (0) 80 63 / 67 84
info@gasthaus-kreuzmair.de
www.gasthaus-kreuzmair.de

Kugler Alm 114
Linienstraße 93
82041 Oberhaching
Telefon 00 49 (0) 89 / 61 39 01 20
Telefax 00 49 (0) 89 / 61 39 01 90
info@kugleralm.de
www.kugleralm.de

Küche & Bar 30
Brunnstraße 1
80331 München
Telefon / Telefax 00 49 (0) 89 / 26 03 931
info@kuechebar.de
www.kueche-und-bar.de

Kustermann GmbH 50
Viktualienmarkt 8
80331 München
Telefon 00 49 (0) 89 / 23 72 50
Telefax 00 49 (0) 89 / 23 72 51 94
verkauf@kustermann.de
www.kustermann.de

Osteria Laurus 124
Maria-Eich-Straße 67
82166 Gräfelfing
Telefon 00 49 (0) 89 / 89 89 99 98
Telefax 00 49 (0) 89 / 85 89 68 89
info@osteria-laurus.de
www.osteria-laurus.de

Lebensart R. Wittgenstein 66
Blumenstraße 17
80331 München
Telefon 0 89 / 24 23 46 00
Telefax 0 89 / 24 23 46 01
info@rwittgenstein.com
www.rwittgenstein.com

Seerestaurant Lido 148
St. Heinricher Straße 113
82402 Seeshaupt
Telefon 00 49 (0) 88 01 / 533
Telefax 00 49 (0) 88 01 / 789
Lidoseeshaupt@aol.com
www.seerestaurant-lido.de

Lindengarten Trattoria 34
Agnes-Bernauer-Straße 115
80687 München
Telefon 00 49 (0) 89 / 56 44 52
Telefax 00 49 (0) 89 / 58 98 73 75
info@trattoria-lindengarten.de
www.trattoria-lindengarten.de

Maiwerts Fährhütte 196
Ringseebad 0
83700 Rottach-Egern
Telefon 00 49 (0) 80 22 / 18 82 20
Telefax 00 49 (0) 80 22 / 18 82 23
maiwertsfaehrhuette@web.de
www.maiwertsfaehrhuette.de

Der Margarethenhof 206
Gut Steinberg 1-4
83666 Waakirchen / Marienstein
Telefon 00 49 (0) 80 22 / 75 060
Telefax 00 49 (0) 80 22 / 74 818
info@margarethenhof.com
www.margarethenhof.com

Auberge Moar Alm 174
Holzkirchner Straße 14
83679 Sachsenkam
Telefon 00 49 (0) 80 21 / 55 20
Telefax 00 49 (0) 80 21 / 97 56
info@moar-alm.de
www.moar-alm.de

Moarwirt 178
Sonnenlängstraße 26
83623 Hechenberg
Telefon 00 49 (0) 80 27 / 10 08
Telefax 00 49 (0) 80 27 / 90 41 23
kontakt@moarwirt.de
www.moarwirt.de

München Airport Marriott Hotel 98
Alois-Steinecker-Straße 20
85354 Freising
Telefon 00 49 (0) 81 61 / 96 60
Telefax 00 49 (0) 81 61 / 96 66 281
mhrs.mucfr.ays@marriotthotels.com
www.marriott.com/mucfr

Markthalle Englschalking 48
Freischützstraße 9-11
81927 München
Telefon 00 49 (0) 89 / 93 75 55
Telefax 00 49 (0) 89 / 99 30 05 14
Markthalle.englschalking@t-online.de

Menzinger's 46
Trattoria – Bar- Biergarten
Menzinger Straße 123
80997 München
Telefon 00 49 (0) 89 / 89 16 19 41
Telefax 00 49 (0) 89 / 59 98 375
info@menzingers.de
www.menzingers.de

MichaeliGarten 42
Feichtstraße 10
81735 München
Telefon 00 49 (0) 89 / 43 55 240
Telefax 00 49 (0) 89 / 43 55 25 13
info@michaeligarten.de
www.michaeligarten.de

Zu Müllers-Winkelhausen 220
Römerstraße 9
86571 Langenmosen
Telefon 00 49 (0) 84 33 / 94 180
Telefax 00 49 (0) 84 33 / 94 18 18
info@zu-muellers.de
www.zu-muellers.de

Nordbräu Ingolstadt
GmbH & Co.KG 234
Gutsstraße 5
85055 Ingolstadt
Telefon 00 49 (0) 841 / 95 59 60
Telefax 00 49 (0) 841 / 95 59 640
info@nordbraeu.de
www.nordbraeu.de

Brauereischänke Kastaniengarten
Gutsstraße 4
85055 Ingolstadt
Telefon 00 49 (0) 841 / 55 541
Telefax 00 49 (0) 841 / 37 08 787
mail@kastaniengarte.de
www.kastaniengarten.de

Hofbrennerei Oberkorb 94
Oberkorb 1
84405 Grüntegernbach
Telefon 00 49 (0) 80 86 / 13 71
Telefax 00 49 (0) 80 86 / 94 61 17
info@hofbrennerei.de
www.hofbrennerei.de

Schloßbräustüberl Odelzhausen 93
Am Schlossberg 1
85235 Odelzhausen
Telefon 00 49 (0) 81 34 / 99 87 100
Telefax 00 49 (0) 81 34 / 99 87 150
Schloss-braeu@t-online.de
www.schlossgut-odelzhausen.de

Drehrestaurant im Olympiaturm 60
Spiridon-Louis-Ring 7
80809 München
Telefon 00 49 (0) 89 / 30 66 85 85
Telefax 00 49 (0) 89 / 30 66 85 88
info@drehrestaurant.de
www.drehrestaurant.de

VERZEICHNIS DER REZEPTE

Vorspeisen

Hauptspeisen

Dessert

ISBN 3-86528-313-6

ISBN 3-86528-314-4

ISBN 3-86528-315-2

ISBN 3-86528-327-6

KULINARISCHE ENTDECKUNGSREISEN ...

... DURCH DIE SCHÖNSTEN URLAUBSREGIONEN

ISBN-13: 978-3-86528-333-7
ISBN-10: 3-86528-333-0

ISBN-13: 978-3-86528-341-2
ISBN-10: 3-86528-341-1

ISBN-13: 978-3-86528-322-1
ISBN-10: 3-86528-322-5

ISBN 3-86528-311-X

ISBN 3-86528-328-4

ISBN-13: 978-3-86528-321-4
ISBN-10: 3-86528-321-7

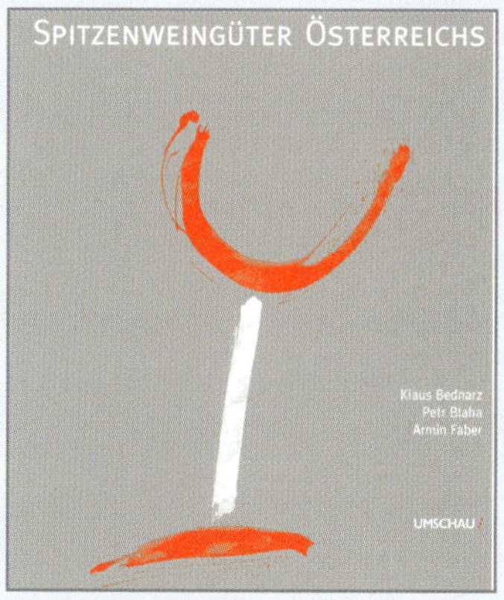

ISBN 3-86528-303-9
23,5 cm x 27 cm

ISBN-13: 978-3-86528-323-8
ISBN-10: 3-86528-323-3

ISBN-13: 978-3-86528-342-9
ISBN-10: 3-86528-342-X
23,5 cm x 27 cm

ISBN-13: 978-3-86528-339-9
ISBN-10: 3-86528-339-X
23,5 cm x 27 cm

ISBN 3-86528-317-9
23,5 cm x 27 cm

ISBN 3-86528-329-2
23,5 cm x 27 cm

Im Sommer und Herbst 2006 erscheinen …

Andreas Neubert, Lisa Wieser
Wildküche – Pfalz, Kurpfalz, Odenwald
ca. 112 Seiten, 250 Farbfotos, Rezepte und 1 Karte
ISBN-13: 978-3-86528-345-0
ISBN-10: 3-86528-345-4
€ (D) 29,90, € (A) 30,80, CHF 48,00

Magdalena Ringeling, Charles de Beaulieu
Eine kulinarische Entdeckungsreise durch Münsterland und Osnabrücker Land
ca. 200 Seiten, 350 Farbfotos, Rezepte und 1 Karte
ISBN-13: 978-3-86528-338-2
ISBN-10: 3-86528-338-1
€ (D) 29,90, € (A) 30,80, CHF 48,00

Barbara Kagerer, Thomas Nehm, Johann Scheibner
Eine kulinarische Entdeckungsreise durch München, Oberbayrische Seenlandschaft und das Altmühltal
ca. 264 Seiten, 450 Farbfotos, Rezepte und 1 Karte
ISBN-13: 978-3-86528-340-5
ISBN-10: 3-86528-340-3
€ (D) 34,90, € (A) 35,90, CHF 56,00

Christian Schneider
Eine kulinarische Entdeckungsreise durch Kärnten – vom Lesachtal zum Wörthersee
ca. 200 Seiten, 400 Farbfotos, Rezepte und 1 Karte
ISBN-13: 978-3-86528-335-1
ISBN-10: 3-86528-335-7
€ (D) 34,90, € (A) 35,90, CHF 56,00

Hans-Jörg Vogler, Gabriele Bender
Eine kulinarische Entdeckungsreise durch Westfalen
ca. 232 Seiten, 450 Farbfotos, Rezepte und 1 Karte
ISBN-13: 978-3-86528-348-1
ISBN-10: 3-86528-348-9
€ (D) 34,90, € (A) 35,90, CHF 56,00

Günther Schreiber, Gerhard Friedrich Kunz
Trends und Lifestyle in Wien und Umgebung – Besonderheiten einer Großstadt
ca. 248 Seiten, 450 Farbfotos, Rezepte und 1 Karte
ISBN-13: 978-3-86528-351-1
ISBN-10: 3-86528-351-9
€ (D) 34,90, € (A) 35,90, CHF 56,00

Martine Maurer, Lily Grynstock, Xenia Blum
Eine kulinarische Entdeckungsreise durch Wien – Internationale Küche
ca. 128 Seiten, 250 Farbfotos, Rezepte und 1 Karte
ISBN-13: 978-3-86528-350-4
ISBN-10: 3-86528-350-0
€ (D) 29,90, € (A) 30,80, CHF 48,00

Silke Martin, Rainer Kussler
Eine kulinarische Entdeckungsreise durch das Bergische und Oberbergische Land, Siegerland und Sauerland
ca. 200 Seiten, 400 Farbfotos, Rezepte und 1 Karte
ISBN-13: 978-3-86528-347-4
ISBN-10: 3-86528-347-0
€ (D) 29,90, € (A) 30,80, CHF 48,00

Roland Spoerri, Björn Kray Iversen
Eine kulinarische Entdeckungsreise durch Zürich und Umgebung
ca. 176 Seiten, 350 Farbfotos, Rezepte und 1 Karte
ISBN-13: 978-3-86528-346-7
ISBN-10: 3-86528-346-2
€ (D) 29,90, € (A) 30,80, CHF 48,00

Christiane Freuck, Kurt Ries, Gabriele Walter
Eine kulinarische Entdeckungsreise auf Rügen und Usedom
ca. 200 Seiten, 400 Farbfotos, Rezepte und 1 Karte
ISBN-13: 978-3-86528-349-8
ISBN-10: 3-86528-349-7
€ (D) 29,90, € (A) 30,80, CHF 48,00

Alle Titel erhalten Sie bei Ihrer örtlichen Buchhandlung. Für weitere Informationen über unsere Reihe wenden Sie sich direkt an den Verlag:

UMSCHAU

Neuer Umschau Buchverlag | Theodor-Körner-Straße 7 | 67433 Neustadt/Weinstraße
Telefon 0 63 21/877-852 | Telefax 0 63 21/877-859
e-mail: info@umschau-buchverlag.de | www.umschau-buchverlag.de

IMPRESSUM

2006 Neuer Umschau Buchverlag GmbH,
Neustadt an der Weinstraße

Gestaltung, Satz, Reproduktion
Posi.tiff Dienstleistungen GmbH, Frankfurt/Main

Autoren
Barbara Kagerer, München
Thomas Nehm, Eurasburg

Fotografie
Johann Scheibner, Berlin

Redaktionelle Mitarbeit
Alfred Brems, München

Karte
Thorsten Trantow, Kenzingen
www.trantow-atelier.de

Herausgeberin
Katharina Többen, Neckargemünd

Lektorat
Monika Stumpf

Druck und Verarbeitung
Druckerei Uhl GmbH & Co. KG, Radolfzell

Printed in Germany
ISBN-13: 978-3-86528-340-5
ISBN 10: 3-86528-340-3

Die Ratschläge in diesem Buch sind von den Autoren und dem Verlag sorgfältig erwogen und geprüft, dennoch kann eine Garantie nicht übernommen werden. Eine Haftung der Autoren und des Verlages für Personen-, Sach- und Vermögensschäden ist ausgeschlossen.

Sofern nicht anders angegeben, sind die Rezepte für vier Personen vorgesehen.

www.umschau-buchverlag.de

Titelfotografie
Blick auf den Schliersee, fotografiert von Johann Scheibner.
Rehkeule im Salzteig gebacken mit Tannenzweigen und Hagebutte, zubereitet im Gasthaus zum Hirschberg und fotografiert von Johann Scheibner.

Wir bedanken uns für die uns freundlicherweise zur Verfügung gestellten Fotos bei:

Restaurant am Chinesischen Turm (S. 18f), Romans (S. 25 oben links und unten), Der Pschorr (S.27 oben), Kochschule Joseph Peters (S. 52f), Lebensart R. Wittgenstein (S. 66 rechte Bildreihe), Christian Bullinger (S. 86f), Die Post (S. 96 unten links), Freiland Puten Fahrenzhausen GmbH (S. 100), Brauerei Kühbach (S. 102f), Laurus (S. 124 oben), André Chales de Beaulieu (S. 134f), Bräu im Moos (S. 136), Metzgerei Packlhof (S. 160 oben), Zum Bayerischen Löwen (S. 182f), E.ON Wasserkraft (S. 184 oben rechts, S. 185 unten), Gasthof-Hotel Klosterbräu (S. 186 oben und unten), Bischoff am See (S. 192f), Maiwerts Fährhütte (S. 196f), Ara Hotel (S. 226 unten), SIDI Silbermühle (S. 250 oben links).

Wir bedanken uns für den uns freundlicherweise zur Verfügung gestellten Text bei: Petra Wagner (S. 134f).